全国高等职业教育财政金融类规划教材　**理实一体化系列**

国际金融实务

（第2版）

侯迎春　赵书海　主　编
王　波　李安荣　王桂丽　副主编

電子工業出版社
Publishing House of Electronics Industry
北京·BEIJING

内 容 简 介

本书共 9 章内容，从教学认知的角度系统安排了各章知识，具体内容包括：国际收支与国际收支平衡表、国际收支调节与国际储备、外汇与汇率、外汇市场与外汇交易、外汇风险与管理、国际金融市场与国际融资、国际资本流动与国际债务、国际货币制度、国际金融机构。

在编写结构上突出理实一体化特点，每章由章前引例、学习目标、正文知识、案例分析示例、本章小结、课后阅读和课后练习几部分组成。其中正文中穿插知识链接、小资料等内容帮助读者更深入地掌握重点知识；课后练习安排技能训练和复习思考两部分，通过设计多种题型，来训练学生的实际操作能力及分析、解决问题的能力。

本书可作为高职高专财经类各专业，特别是金融专业、国际金融专业和国际贸易专业的教材，也可作为金融证券和其他金融机构管理人员的学习参考用书。

图书在版编目（CIP）数据

国际金融实务 / 侯迎春，赵书海主编. —2 版. —北京：电子工业出版社，2015.8
全国高等职业教育财政金融类规划教材

ISBN 978-7-121-26631-7

Ⅰ. ①国… Ⅱ. ①侯… ②赵… Ⅲ. ①国际金融—高等职业教育—教材 Ⅳ. ①F831

中国版本图书馆 CIP 数据核字（2015）第 159862 号

策划编辑：贾瑞敏
责任编辑：郝黎明
印　　刷：北京虎彩文化传播有限公司
装　　订：北京虎彩文化传播有限公司
出版发行：电子工业出版社
　　　　　北京市海淀区万寿路 173 信箱　邮编　100036
开　　本：787×1 092　1/16　印张：14.75　字数：408 千字
版　　次：2010 年 9 月第 1 版
　　　　　2015 年 8 月第 2 版
印　　次：2021 年 1 月第 6 次印刷
定　　价：33.00 元

凡所购买电子工业出版社图书有缺损问题，请向购买书店调换。若书店售缺，请与本社发行部联系，联系及邮购电话：（010）88254888，88258888。

质量投诉请发邮件至 zlts@phei.com.cn，盗版侵权举报请发邮件至 dbqq@phei.com.cn。

本书咨询联系方式：（010）88254019，jrm@phei.com.cn。

前　　言

国际经济和国际金融的一体化是世界经济发展的必然趋势，加入 WTO 后，我国金融行业对外开放的步伐逐渐加快，现在几乎所有的商业银行都有国际金融业务，国际金融知识和理论的学习和对国际金融业务操作的掌握急需好的《国际金融》的教材；《国际金融》也是金融专业、国际金融专业和国际贸易专业的基础理论、基础知识性课程，也是核心课程，还是投资理财等专业的必修课，学位课，在教学中处于十分重要的地位，一本好的《国际金融》教材对提升相关专业的教学质量极为关键，对于提高专业人才的培养质量也极为关键；同时，根据教育部《关于全面提高高等职业教育教学质量的若干意见》“加强教材建设，重点建设好3000 种左右国家规划教材，……确保优质教材进课堂”的要求，我们编写了这本教材。

本书的编写特点体现在以下几个方面：

1．基础理论贯彻“实用为主、必须和够用为度”的原则。

2．实践性强。教材的编写突出“高职”特色，有大量的业务实例、案例分析、实训内容等，注重学生能力的培养；

3．前瞻性。本书注意将将国际金融专业领域的发展趋势及实际业务操作中的新知识、新技术和新方法纳入其中。

4．针对性强。针对高职高专金融专业、国际贸易等专业对国际金融基本理论、基本技能的培养要求为出发点，对教学内容进行调整，使教材内容更能满足各专业的需要；

5．“模块式”结构。采用模块式编写思路。每个模块既是教材的有效组成部分，本身又是相对完整的、独立的内容，模块之间存在逻辑的演进和联系；

6．“以例释理”的编写风格。本书给出较多的实例，通过举例阐明概念，将基础理论融入大量的例题中，使学生在不知不觉中消化吸收理论知识。

本教材的主要内容包括 9 章内容，主要有国际收支、外汇与汇率、外汇市场与外汇交易、外汇风险管理、国际储备、国际金融市场、国际货币体系、国际金融组织等内容。课程每任务前都有学习目标，任务后有小结和练习题，并提供了与教材配套的电子课件和练习题答案。

本书由山西金融职业学院副教授侯迎春博士担任第一主编，负责大纲的拟定和对全书的总纂定稿，并主要负责本次修订工作，第二主编山西金融职业学院副教授赵书海负责对各章节的具体审核工作，王波、李安荣和王桂丽为副主编。各章具体的修订分工是：山西金融职业学院侯迎春修订第 1 章，赵书海修订编写第 2 章，侯迎春、韩笑修订第 3 章，李安荣修订第 4 章，王桂丽修订第 7 章，刘洁修订第 8 章，王小林修订第 9 章；山西省财政税务专科学校王波修订第 5 章，湖南大众传媒职业技术学院邹浩修订第 6 章。

教材中案例分析和实训设计等占有一定比例。实践教学在该书的教学中非常重要，教材的每个章节都有相应的实践教学内容。参考教学计划如下表，各专业可以根据专业需要进行适当的调整。

参考教学计划

主 要 内 容	教 学 时 数	实 训 时 数
第 1 章　国际收支与国际收支平衡表	4	2
第 2 章　国际收支调节与国际储备	6	2
第 3 章　外汇与汇率	4	2
第 4 章　外汇市场与外汇业务	6	4
第 5 章　外汇风险与外汇风险管理	4	2
第 6 章　国际金融市场与国际融资	6	2
第 7 章　国际资本流动与国际债务	6	2
第 8 章　国际货币制度	4	2
第 9 章　国际金融机构	4	2
小计	44	20
总复习	4	
合计	68	

该书还可以作为金融、国际金融、国际贸易等专业的大中专学生以及相关的专业人士的学习参考用书。

本书在编写过程中参考了大量的同类教材和研究资料，谨向有关作者表示感谢。

由于编者的学识水平有限、编写时间仓促，可能存在不少遗漏和见识粗浅之处，还望业内专家和同行学者不吝赐教，编者将会虚心接受，并作出改进！

编　者

2015 年 6 月

目　录

第 1 章

国际收支与国际收支平衡表

学习目标

1．知识目标

（1）理解国际收支的基本含义；
（2）熟练掌握国际收支平衡表的账户构成、记账原理及记账方法；
（3）读表并熟悉国际收支平衡表的格式；
（4）阅读和了解近几年中国的国际收支平衡表。

2．技能目标

（1）掌握编制国际经济交易的会计分录的技能；
（2）掌握编制国际收支平衡表的技能；
（3）能够分析一国国际收支平衡情况；
（4）能够对解决国际收支的平衡问题提出相关政策建议。

章前引例

2013 年，我国国际收支交易总规模为 8.27 万亿美元，较上年（下同）增长 12.1%。其中，货物贸易进出口总额 40 781 亿美元，增长 7.54%。其中出口 22 190 亿美元，进口 18 191 亿美元，顺差 3599 亿美元，增长 12%，仅次于 2008 年的 3606 亿美元。国际收支再回“双顺差”，其中，经常项目顺差 1828 亿美元，较上年下降 103 亿美元；资本和金融项目顺差 3262 亿美元，上年为逆差 318 亿美元。

服务贸易逆差创历史新高，2013 年服务贸易收入 2060 亿美元，较上年增长 8%；支出 3305 亿美元，增长 18%；逆差 1245 亿美元，扩大 39%，其中，旅游和运输两大逆差项目分别增长 48% 和 21%。2013 年，货物与服务贸易顺差合计为 2354 亿美元，较上年增长 2%。

（资料来源：国家外汇管理局网站。）

思考下列问题：

1．什么是国际收支？
2．什么是货物贸易？
3．什么是“双顺差”？什么是经常项目？
4．国际收支对一国国民经济的影响如何？

1.1 国际收支及其经济意义

1.1.1 国际收支概述

1. 国际收支的概念

国际收支有广义与狭义之分。狭义的国际收支是指一个国家或地区在一定时期内，由于经济、文化等各种对外交往而发生的，而结清的外汇收入与支出。

广义的国际收支是指一国或地区居民与非居民在一定时期内全部经济交易的货币价值之和。它是以交易为基础，既包括贸易收支和非贸易收支，又包括资本的输出和输入；既包括已实现外汇收支的交易，又包括尚未实现外汇收支的交易。

国际货币基金组织在《国际收支手册》（1993年，第五版）中对国际收支做出如下解释："国际收支是某一时期的统计表，它表明：①某一经济体同世界其余国家或地区之间商品、劳务和收益方面的交易；②该经济体所持有的货币、黄金、特别提款权以及对世界其余国家或地区的债权、债务的所有权的变化和其他变化；③从会计意义上讲，对平衡不能相互抵消的上述交易和变化的任何账目所需的无偿转让和对应项目。"

2. 国际收支的特征

（1）国际收支是一个流量概念，也是一个事后的概念。国际收支记录的是在一段时期（通常指1年）内，一国与他国发生的各项经济往来情况。根据统计学的定义，流量是一定时期内发生的，是变动的数值，因此国际收支是一个流量概念。常见的还有一个季度、半年内发生的国际收支。因为国际收支是对过去一段时期内对外经济交易货币价值的汇总，所以也是一个事后的概念。

（2）国际收支记录的交易必须是在一个国家居民与非居民之间进行的。判断一项经济交易是否应包括在国际收支范围内，所依据的不是交易双方的国籍，而是依据交易双方是否分属居民与非居民的范畴。居民与居民之间的经济交易属于国内交易，不属于国际收支范畴。只有居民与非居民之间的经济交易才属于国际收支范畴。

所谓居民，是指在一个国家的经济领土内居住达1年或1年以上的具有一个经济利益中心的机构单位，否则为非居民。居民是一个经济上的概念，是以居住地来设计划分的，包括个人、政府、企业和非营利机构等。

提醒

居民与非居民的判别：

（1）移民属于其工作所在国的居民，逗留时间在一年以上的留学生、旅游者也属于所在国的居民。

（2）一个企业国外子公司是其所在国的居民，是其母公司所在国的非居民。

（3）法人组织是其注册国的居民。

（4）官方外交使节、驻外军事人员是派出国的居民，所在国的非居民。

（5）国际性机构，如联合国、国际货币基金组织、世界银行等是任何国家的非居民。

（3）国际收支所反映的内容是以经济交易为基础，而不是以外汇支付为基础的。国际收支中的经济交易涉及所有的从一个经济实体向另一个经济实体转移的经济价值，既包括用外汇收付的经济交易，也包括以实物、技术形式进行的经济交易。主要包括：①物物交换，商品和劳务与商品和劳务之间的交换，如双边贸易是以货易货、以商品为报酬的劳务输入；②物币交换，金融资产与商品劳务之间的交换，如国际贸易中支付外汇获得外国商品、劳务；③金融资产与金融资产之间的交换，如国际证券筹资；④无偿的商品转移，如国际间实物捐赠、义务援助；⑤无偿的金融资产转移，如国际捐款、赠款、银行存款形式的遗产继承等；⑥对外投资收益的再投资。

3．国际收支与国际借贷的联系与区别

国际借贷是指一个国家或地区在一定日期对外资产和对外负债的汇总记录，它反映的是某一时点上一国居民对外债权、债务的综合情况，是一个存量概念。而国际收支是一个流量概念，反映一个国家或地区在某一时间段（通常为一年）内，由于经济交易而引起的对外资产和对外负债的变动情况。

国际借贷与国际收支既存在联系也存在区别，其联系具体体现在：它们之间是一对因果关系。国际借贷是产生国际收支的直接原因。一般来说，国际间债权债务关系发生后，必然会在其国际收支平衡表上有所反映。但有时，国际收支又反作用于国际借贷，因为国际收支的某些变化会引起国际借贷活动的展开。因此，两者之间相辅相成、互为因果。

国际借贷与国际收支的区别具体表现为：国际借贷表示一个国家在一定日期对外债权、债务的综合情况，而国际收支则表示一个国家在一定时期对外全部经济交易的综合情况；国际借贷是个静态的概念，表示的是一种存量（余额），国际收支是个动态的概念，表示的是一种流量（发生额）；国际借贷只包括形成债权、债务关系的经济交易，范围小；国际收支则包括一切对外发生的经济交易，范围大。例如，对外捐赠属国际收支范畴，但并未体现国际借贷关系。

小资料

中国国际收支规模延续多年快速增长，1982—2013 年间，我国国际收支交易总规模年均增长 31%，由 540 亿美元升至 8.27 万亿美元，占国内生产总值的比重由 19%升至 90%（2007 年国际收支交易总规模占国内生产总值的 128%），国际收支交易对中国宏观经济形势特征的影响力也越来越大。

2013 年末，我国对外金融资产 59 368 亿美元，对外负债 39 652 亿美元，对外金融净资产 19 716 亿美元。

（资料来源：国家外汇管理局网站数据整理。）

1.1.2　国际收支与宏观经济

1．国际收支的宏观经济分析

（1）经常账户与进出口贸易。经常账户（CA，详见 P8）反映货物、服务和收益等在国际间的流动净额。若不考虑净要素收入，经常账户等于贸易账户差额（出口收入 X，减去进口支出 M），即 CA＝X－M。贸易账户差额即商品和劳务的进出口差额，是构成国民收入的一部分，也反映了一国的产业结构、产品质量和劳动生产率状况和一国的国际竞争力。

（2）经常账户与国内吸收。若不考虑净要素收入，开放经济条件下的国民收入恒等式为：

国民收入（Y）＝个人消费需求（C）＋投资需求（I）＋政府公共需求（G）＋进出口贸易差额（X－M）

上式表示，国民收入由净出口和对国内供给部分构成（C、I、G）。定义国内吸收（A）包括消费、投资和政府支出三项内容，即：A＝C＋I＋G，对上式移项后得到，经常账户就等于国民收入与吸收的差额：

$$CA=X-M=Y-A$$

该公式表示：经常账户余额反映国民收入与国内吸收之间的关系。由于经常账户不必为0，所以在开放条件下，一国的国民收入与国内支出可以不必相等。该公式还说明，当一国的支出超出其产出的产品和服务总值时，必须通过进口外国产品与服务来满足这一支出。所以，经常账户顺差表明国民收入超出国内支出，逆差表明国民收入小于国内支出。

（3）经常账户与国际投资头寸。国际投资头寸是指一国在某一时点上对世界其他地方的资产与负债的净额，是一个存量概念，将一国对外资产与对外负债相减后所得的净值就是净国际投资头寸。

当 A 国居民向 B 国出口商品时，实施了出口这一实物交付行为；B 国购买者获得商品的同时，需要实施支付货款的金融行为；A 国居民就获得了一笔外国金融资产或债权。

知识链接

国际投资头寸表

国际投资头寸表是反映特定时点上一个国家或地区对世界其他国家或地区金融资产和负债存量的统计报表，其变动情况是由特定时期内交易、价格变化、汇率变化和其他调整引起的。国际投资头寸表在计价、记账单位和折算等核算原则上均与国际收支平衡表保持一致，并与之一起构成该国家或地区完整的国际账户体系。

一国某一时期内的经常账户余额，会形成国外资产的增加或减少，造成本期的净国际投资头寸相对于上期发生变化。

可见，经常账户余额会直接带来国际投资头寸的变化。同时会通过影响一国的财富总量等多种途径，从而作用于一国经济。例如，如果经常账户出现逆差造成某国净国际投资头寸下降为例，由于该国的对外资产有限，而对外债务需要偿还，因此，国际投资头寸问题意味着经常账户可以在某一个或几个时期内出现逆差。

小资料

截至 2013 年年末，我国对外金融资产 59 368 亿美元，较上年年末增长 14.73%；对外金融负债 39 652 亿美元，增长 15.32%；对外金融净资产 19 716 亿美元，增长 13.55%。

在对外金融资产中，对外直接投资、证券投资、其他投资和储备资产分别为 6091 亿美元、2585 亿美元、11 888 亿美元和 38 804 亿美元，分别占对外金融资产的 10%、4%、20%和 65%。在对外金融负债中，外国来华直接投资、证券投资、其他投资 23 475 亿美元、3868 亿美元和 12 309 亿美元，分别占对外金融负债的 59%、10%和 31%。

（4）经常账户与储蓄。在同一时点，国民收入以支出法和收入法计算应该相等，即

$$Y=C+I+G+X-M=C+S+T$$

整理得

$$X-M=S-I+T-G=S-I \text{（假定 } T=G\text{）}$$

即

$$CA=S-I$$

其中，T 代表税收收入，S 代表储蓄水平。

该式表明，开发经济条件下，一国投资与储蓄不必相等，两者的差额由对外贸易进行平衡。根据该等式，如果一国经常项目顺差，则意味着该国的储蓄大于国内投资；该国的产出（收入）高于国内对商品和劳务的支出（即吸收或消费）；该国对外投资净额是正的（即该国是其他国家的净贷款供给国或投资国）。相反，若一国经常项目存在逆差，则意味着该国国内储蓄少于投资，支出超过产出（或收入），该国是净对外借款国。

当本国储蓄不足以满足本国投资时，可以通过产生经常账户赤字的方法以产品净进口满足投资需求，形成国内资产。实际上是利用外资弥补本国的储蓄缺口。

当本国储蓄超过国内投资时，则需要通过净出口带来的资本流出形成海外资产。如果将投资、储蓄细分：

$$CA=(S-I)+(T-G)$$

将一国的经济行为划分私人部门和政府部门两部分，那么经常账户的变动也需分开考虑：如果私人部门的投资储蓄行为比较稳定，那么政府收支因素就直接导致了经常账户的变动；如经常账户赤字与预算赤字都很突出，预算赤字是导致经常账户赤字的主要因素，反映了政府财政政策与经常账户的关系。

由此可见，经常账户作为反映经济开放性的重要变量，与其他变量之间存在着密切关系，可以通过其自身调整使宏观经济获得许多在封闭条件下所不具备的条件，使经济运行得更好，从而体现出经济开放的合理性。

2. 国际收支同国内货币流通的关系

在开放经济条件下，一国的货币供给（Ms）包括两个部分：国内创造部分（D）和来自国外部分（R），其公式如下所示：

Ms（货币供给）=D（国内创造部分）+R（国外创造部分）

国内创造部分就是由于本国经济需求和政策因素，通过本国银行体系所创造的货币。来自国外部分是指国际收支盈余（国际储备）出售给中央银行所创造的货币。这两部分组成银

行的高能货币。由于国际收支总差额意味着官方储备的增减，所以它的变动就会对一国的货币供给量产生重要的影响，因此，国际收支总差额实际上可以看作是与货币供求相联系的一种货币现象，它自动调节一国的货币供给。通过货币供给量的变动，国际收支总差额又会进一步对其他的宏观经济变量如汇率、利率、私人资本的流动、国内投资、生产以及进出口等产生重要的影响。

从货币角度来观察，国际收支反映了一国一定时期内的货币在国际间的流动状况，与国内货币流通之间有着密切的关系。在国际收支中进出口贸易项下的国际收支、非贸易项下的国际收支、资本移动引起的国际收支对货币流通状况的影响各有不同的特点。

（1）进出口贸易项下的国际收支对货币流通的影响。如果不考虑进出口贸易引起的劳务收支，进出口贸易项下的国际收支实际上是进出口商品流通的货币表现。外汇收入表示等值商品的输出，外汇支出表示等值商品的输入，这类国际收支活动直接影响货币购买力总量和商品供应总量之间的对比关系。首先分析出口商品产生的外汇收入：企业出口商品取得外汇收入，通过银行结汇换取等值本国货币，然后用以支付职工工资和其他各项开支。这一交易对商品、货币两方面都有影响。从货币方面来看，通过这一过程，银行向流通中投放了一笔货币，流通中的货币购买力总量随之而增加；就商品方面而言，商品出口，国内商品供应总量没有增加，所以，在国内流通领域，多出一块货币购买力，而没有对应的商品供给。在这种情况下的商品、货币的对应关系，显然不同于商品在国内市场上的运动。国内出售商品所得的货币收入是和该商品相对应的，两者同步增长。出口商品的情形则不然。企业在出口商品并最终取得本币收入的同时，并未向国内市场提供等值的商品，货币购买力和商品可供量之间不存在同步增长的关系。如果说原来市场上的商品与货币是一种均衡状态，价格保持在稳定水平上，那么，通过银行出口结汇投入流通中的货币就是一笔多余的购买力，先前的那种均衡状态就会因此遭到破坏，货币购买力和商品可供量之间的差额就可能导致货币流通的不稳定。

然后分析进口导致的外汇支出：进口使国内市场的商品供给增加，而由于用本币购买外汇支付货款，国内货币购买力减少相等的价值。

出口和进口对国内市场上，商品供应与货币购买力均衡的影响效果相反，如果进出口相等，货币供应量不受影响，若出口大于进口，对应于市场的商品供应，货币投放净增加；若进口大于出口，对应于市场的商品供应，货币投放净减少。

（2）非贸易项下的国际收支对货币流通的影响。非贸易项下的国际收支对货币流通的影响表现为：这一项下的外汇收支包括投资收益和私人汇款、旅游收支，交易按统一公开牌价进行；私人汇款、旅游外汇收入大都要用于购买消费品，从而构成流通中的现实购买力；投资收益的一部分增加了国外的直接投资（该部分不会引起国内货币投放的增加），另外一部分进口或以外汇收入形式汇入国内，最终也会形成货币购买力。

由此可见，贸易和非贸易的外汇收支与国内货币流通状况之间有着密切的关系，每一笔外汇收支活动，都是商品供应量变动和货币投放与回笼运动的反映，外汇收入一方面反映着国内商品总量的相对减少，另一方面又反映了货币的投放。外汇支出则相反，一方面反映了国内商品总量的增加，另一方面又反映货币的回笼。此外，外贸收支盈亏的规模最终决定了对国内货币流通影响的程度。

（3）金融和资本移动引起的国际收支对货币流通的影响。金融和资本移动是国际收支的另一重要组成部分，它对一国国内货币流通的影响分为两种方式：第一，当资本以货币（借款或货币资本投资）的方式流入时，增加了国内货币购买力规模。当资本以货币（贷款或货币资本投资）的方式流出时，对国内货币投放具有收缩作用。第二，当资本流入为实物方式，即原材料、机器设备时，不会对国内货币流通产生直接影响，但为这些进口的机器设备提供配套资金，便会对货币流通造成间接的影响。利用外资引进先进技术设备的目的，在于改善国内经济结构，加速经济发展速度，丰富国内商品供应。因此，就利用外资本身来说，这是一种稳定国内市场、改善货币流通的积极措施。但是，如果不顾客观条件，缺乏周密计划和统一布局，则会对货币流通的稳定产生负面影响。

1.2 国际收支平衡表

1.2.1 国际收支平衡表的概念

国际收支平衡表是一种统计报表，以特定的格式记录、分类、整理一个经济体（国家或地区）一定时期内各种国际经济交易的详细情况（包括数量和金额），它集中反映了一国国际收支的总貌和具体构成，是国际收支核算的重要工具。

因历史和现实多方原因的各不相同，各国编制出来的收支平衡表的内容和格式也不尽相同。1993 年第五版《国际收支手册》中国际货币基金组织规定，国际收支平衡表包括经常项目、资本与金融项目、错误和遗漏项目三大部分，原四大组成部分之一的储备资产项目归入到资本与金融项目内。我国国际收支平衡表的内容构成目前仍沿用最初的四大项目，即经常项目、资本与金融项目、储备资产项目、错误和遗漏项目，如表 1.1 所示。本书中均以这四大项目进行分析说明，没有特殊说明的资本与金融项目不包含储备资产项目。

表 1.1　国际收支平衡简表

项目
一、经常项目 1．货物 2．服务 3．收益 4．经常转移
二、资本与金融项目 1．资本账户 2．金融账户
三、储备资产项目
四、错误和遗漏项目

1.2.2 国际收支平衡表的编制原理和记账规则

1. 国际收支平衡表的编制原理

国际收支平衡表的编制原理是“有借必有贷、借贷必相等”的复式记账法，对每一笔国际经济交易都要以相同金额分别记录在借、贷两方。

按照复式簿记的惯例，凡是收入项目以及资产（本国对外金融资产）的减少和负债（外国在本国的金融资产）的增加全部记录在贷方，称为正号项目，记为“+”；凡是支出项目以及资产的增加或负债的减少全部记录在借方，称为负号项目，记为“－”。用等式表现为：

贷方项目＝外国居民向本国居民支付的交易＝引起本国外汇供给的项

目借方项目＝本国居民向外国居民支付的交易＝引起本国外汇需求的项目

2. 国际收支平衡表的记账规则

（1）经济交易的记录遵循权责发生制原则。在国际经济交易中，如签订买卖合同、货物装运、清算、交易和付款等，一般都是在不同时期进行的。为了统一各国的记录口径，国际货币基金组织（IMF）建议采用权责发生制原则，即一笔经济交易如在编制平衡表时期内完全结清，则可如实记录；若在交易中发生了贸易信用，如预付货款、延期付款等，则以交易标的物的所有权变更时期为记录日期。

（2）进出口商品以离岸价计价。在国际惯例上，一笔商品进出口交易，出口国以离岸价来计算，而进口国则以到岸价来计算，为了统一估价进口和出口，国际货币基金组织（IMF）建议商品进出口均采用离岸价格来计算，保险费和运输费列入劳务收支。

（3）通常以美元记账，按照交易日期的市场汇率折算。国际货币基金组织（IMF）认为，为了便于对各国的国际收支平衡表进行全球性的比较和分析，有必要建立标准的、相对稳定的记账单位。当前世界各国通常以美元作为记账单位。关于折算汇率通常采用交易日期的市场汇率，如果当日的市场汇率不存在，就选择在最近期内的平均汇率。

1.2.3 国际收支平衡表的内容详解

1. 经常账户（Current Account）

经常账户（也称经常项目）是指对实际资源在国际间的流动行为进行记录的账户，是本国与外国进行经济交易而经常发生的会计项目，是国际收支平衡表中最基本、最重要的项目。具体包括：货物、服务、收益和经常转移。

（1）货物（Goods），是经常账户乃至整个国际收支平衡表中最重要的项目，记录一国商品的进口和出口。货物交易是有形贸易。其中：借方记录进口总额，贷方记录出口总额，商品进出口的差额称为贸易差额，即有形贸易收支（Balance of Visible Trade）。

在国际进出口业务惯例中，出口国以离岸价格（Free on Board，FOB）来计算其金额，而进口国则以包括成本、保险费和运费在内的价格（到岸价格，CIF）来计算。为了统一进口与出口的计价，IMF 建议进出口均采用离岸价格来计价，保险费和运费另列入劳务开支。“货物”

项目包括一般商品、用于加工的货物、货物修理、各种运输工具在港口购买的货物，以及非货币性黄金。

（2）服务（Services），是经常账户中的第二大项目。相对于商品的有形贸易来说，服务贸易是无形贸易（Invisible Trade），主要记录劳务的输出和输入。贷方记录劳务的输出，即本国为外国提供的各种劳务数额；借方记录劳务的输入，即本国利用外国的各种劳务数额。

服务贸易的内容非常广泛，主要包括：运输、旅游、通信、建筑、保险、金融、电子计算机和信息服务、专有权使用费和特许费，个人服务、文化和娱乐服务以及其他商业服务等。

（3）收益（Income），记录因生产要素在国际间流动而引起的要素报酬收支。国际间的生产要素流动包括劳工的输出/输入和资本的输出/输入，因此该项目下设“职工报酬”和“投资收益”两个细目。

职工报酬，即支付给非居民工人的职工报酬，包括个人在非居民经济体中为该经济体居民工作所得到的现金或实物形式的工资、薪水和福利。

受雇在国外工作的季节工人、边境工人和工作时间不超过 1 年的短期工人，以及在外国使领馆、国际组织驻本国机构工作的工人等的工资和其他福利，记入贷方；受雇在本国工作的外国季节工人、边境工人、短期工人、在本国驻外使馆工作的工人应得报酬则记入借方。

投资收益，即居民与非居民之间有关金融资产与负债的收入和支出，包括直接投资带来的利润、利息收支和再投资收益；证券投资收益到来的红利、股息和利息收支；其他投资产生的利息收支；储备资产的收入。

本国居民因拥有外国企业直接投资资本所有权、证券和债权（长短期贷款和存款）所得股利、利润和利息收入记入贷方；非居民因拥有本国直接投资资本所有权、证券和债权所得股利、利润和利息记入借方。

小资料

2008 年我国对外投资收益达 825 亿美元，增长 8%，其中的相当部分是外汇储备投资收益。投资利润汇出 575 亿美元，增长 5%；投资收益净流入 250 亿美元，增长 17%。

2013 年我国对外投资收益达 1677 亿美元，增长 8%，其中的相当部分是外汇储备投资收益。投资利润汇出 2276 亿美元，增长 5%；投资收益净流出 599 亿美元，增长 17%。

（资料来源：国家外汇管理局网站数据整理。）

（4）经常转移（Current Transfers），是指商品、劳务或金融资产在居民与非居民之间转移后，并未得到补偿与回报的转移，因而也被称为无偿转移或单方面转移。

经常转移包括所有非资本转移项目的转移。具体有：政府间的无偿转移（如战争赔款、政府援助、政府向国际组织定期交纳的费用以及国际组织作为一项政策向各国政府定期提供的转移）和私人的无偿转移（如侨汇、捐赠、继承、资助性汇款、退休金等）。

从本国向外国的无偿转移记入借方，而从外国向本国的无偿转移则记入贷方。

2．资本与金融账户（Capital and Financial Account）

资本与金融账户（也称资本与金融项目）是指对资产所有权在国际间流动行为进行记录的账户，它包括资本账户和金融账户两大部分。

（1）资本账户（Capital Account），反映资产在居民与非居民之间的转移。资产从居民向非居民转移会增加居民的对外债权，减少居民的对外债务。而资产从非居民向居民转移则恰恰相反。因此，此账户表明本国在一定时期内资产与负债的增减变化。资本账户包括资本转移和非生产、非金融资产的收买和放弃。

资本转移包括三项所有权的无偿转移：固定资产所有权的资产转移；同固定资产收买和放弃相联系的或以其为条件的资产转移；债权人不索取任何回报而放弃的债权。

非生产、非金融资产的收买和放弃是指各种无形资产如专利、版权、商标、经销权和其他可转让合同的交易。

债权或资产的净减少，以及债务或负债的净增加记入贷方项目；债权或资产的净增加，以及债务或负债的净减少，记入借方项目。

（2）金融账户（Financial Account），反映居民与非居民之间投资与借贷的增减变化。同资本账户一样，金融账户也是按净额记录的。居民对非居民的投资和提供的信贷的净增加记入借方，非居民对居民的投资和提供的信贷的净增加则记入贷方。

金融项目按照投资类型或功能可分为：直接投资、证券投资、其他投资和储备资产。

① 直接投资，是直接投资者对在外国投资的企业拥有10%或10%以上的普通股或投票权，从而对该企业的管理拥有有效发言权。直接投资项下包括股本资本、其他资产投资和利润收益的再投资等。

② 证券投资，也称间接投资，它是跨越国界的股本证券和债务证券的投资。股本证券包括股票、参股或其他类似文件（如美国的存股证）等；债务证券包括：中长期债券、无抵押品的公司债券等；货币市场工具，或称可转让的债务工具，如短期国库券、商业票据、银行承兑汇票、可转让的大额存单等；衍生金融工具，如各种金融期权、期货等。

③ 其他投资，是指直接投资和证券投资之外的金融交易。包括贷款、预付款、金融租赁项目下的货物、货币和存款（指居民持有外币和非居民持有本币）等。

3．储备资产

储备资产是指一国金融当局持有的资产及对外债权，包括黄金储备、外汇储备、在基金组织的储备头寸、特别提款权以及官方对外持有的债权、债务等。在国际收支平衡表内的数字反映当年国际储备资产的增加（借方）和减少（贷方）。

4．错误和遗漏账户

该账户是一种人为设置的抵消账户，用来抵消编表时出现的净的借方或贷方余额。国际收支平衡表按复式记账法，原则上，借方与贷方总额是相等的，差额为零。但实际上，一国的国际收支平衡表不可避免地会出现净的借方余额或净的贷方余额，很难达到平衡。这个余额是统计资料有误差和遗漏而造成的。

为使国际收支平衡，需要在国际收支平衡表中设置“错误与遗漏”项目。如果经常账户、资本和金融账户、储备资产账户的贷方出现余额，就在错误与遗漏项下的借方列出与余额相等的数字；如果这几个账户的借方出现余额，则在错误与遗漏的贷方列出与余额相等的数字。

小资料

造成统计资料有误差的主要原因是：一是统计资料不完整。比如，商品走私、以隐蔽形式进行的资本外逃等；二是统计数字的重复计算和漏算。比如，统计资料有的来自海关，有的来自银行，有的来自官方主管机构，难免造成错算和漏算；三是统计资料本身缺乏真实性和准确性。比如，有的数据是估算出来的，当事人故意瞒报或虚报统计数据，短期资本在国家之间的投机性流动造成统计上的困难等。

小资料

从 1996 年正式实施国际收支统计申报制度以来到 2013 年，我国净误差与遗漏额 4 次为正、13 次为负。

通常国际上认为，净误差与遗漏额占货物贸易进出口总值的 5%以下是可以接受的。并且，在国内外经济金融形势动荡时，净误差与遗漏额也可能较大。如美国 1998 年该项占比为 9.4%，2004 年占比为 4.2%。随着国际收支统计体系的不断完善，我国净误差与遗漏额正在逐步缩小，1996—1999 年净误差与遗漏额占货物贸易总值的比重为 4%～6%，2000—2013 年占比为 2%以下，2008 年占比为 1%（美国预估值为 3.8%）。2009 年以后有上涨趋势，2012 年占比 1.87%。

（资料来源：人民网　www.022net.com）

知识链接

国际货币基金组织规定的《国际收支平衡表》的标准形式

中国国际收支平衡表（2013 年）				
			单位：亿美元	
项目	行次	差额	贷方	借方
一、经常项目	1	1828	26 637	24 809
A．货物和服务	2	2354	24 250	21 896
a．货物	3	3599	22 190	18 591
b．服务	4	−1245	2060	3305
1．运输	5	−567	376	943
2．旅游	6	−769	517	1286
3．通信服务	7	0	17	16
4．建筑服务	8	68	107	39
5．保险服务	9	−181	40	221
6．金融服务	10	−5	32	37
7．计算机和信息服务	11	94	154	60

续表

中国国际收支平衡表（2013 年）				
			单位：亿美元	
项目	行次	差额	贷方	借方
8．专有权利使用费和特许费	12	−201	9	210
9．咨询	13	169	405	236
10．广告、宣传	14	18	49	31
11．电影、音像	15	−6	1	8
12．其他商业服务	16	135	341	206
13．别处未提及的政府服务	17	0	12	12
B．收益	18	−438	1855	2293
1．职工报酬	19	161	178	17
2．投资收益	20	−599	1677	2276
C．经常转移	21	−87	532	619
1．各级政府	22	−31	11	42
2．其他部门	23	−56	520	577
二、资本和金融项目	24	3262	17 271	14 009
A．资本项目	25	31	45	14
B．金融项目	26	3232	17 226	13 995
1．直接投资	27	1850	3478	1629
1.1 我国在外直接投资	28	−732	364	1096
1.2 外国在华直接投资	29	2582	3114	532
2．证券投资	30	605	1041	436
2.1 资产	31	−54	258	311
2.1.1 股本证券	32	−25	136	161
2.1.2 债务证券	33	−28	122	150
2.1.2.1（中）长期债券	34	−28	122	150
2.1.2.2 货币市场工具	35	0	0	0
2.2 负债	36	659	784	125
2.2.1 股本证券	37	326	407	81
2.2.2 债务证券	38	333	377	44
2.2.2.1 （中）长期债券	39	160	204	44
2.2.2.2 货币市场工具	40	173	173	0
3.其他投资	41	776	12 707	11 930
3.1 资产	42	−1365	1439	2804
3.1.1 贸易信贷	43	−603	65	667
长期	44	−12	1	13
短期	45	−591	64	654
3.1.2 贷款	46	−319	374	693
长期	47	−422	100	522
短期	48	102	274	172
3.1.3 货币和存款	49	−20	890	910

续表

中国国际收支平衡表（2013 年）				
			单位：亿美元	
项目	行次	差额	贷方	借方
3.1.4 其他资产	50	−423	110	533
长期	51	100	100	0
短期	52	−523	10	533
3.2 负债	53	2142	11 268	9126
3.2.1 贸易信贷	54	449	449	0
长期	55	8	8	0
短期	56	442	442	0
3.2.2 贷款	57	934	9493	8558
长期	58	194	569	375
短期	59	740	8923	8183
3.2.3 货币和存款	60	758	1208	450
3.2.4 其他负债	61	0	118	118
长期	62	8	21	13
短期	63	−8	97	104
三、储备资产	64	−4314	13	4327
3.1 货币黄金	65	0	0	0
3.2 特别提款权	66	2	2	0
3.3 在基金组织的储备头寸	67	11	11	0
3.4 外汇	68	−4327	0	4327
3.5 其他债权	69	0	0	0
四、净误差与遗漏	70	−776	0	776

注：国际货币基金组织在 1993 年出版的《国际收支手册》(第五版) 中对国际收支账户的标准构成作出了最新规定，它不同于原有的账户设置，主要包括经常账户、资本与金融账户、错误和遗漏账户三大类。

1.2.4　国际收支平衡表的记账实例

假定中国在某一年发生下列几笔对外经济交易，要求做出会计分录，并编制国际收支平衡表。

【例 1】中国 A 企业向美国商人出口价值 300 万美元的仪器仪表，并开出期限为 30 天的汇票，要求美国商人到期将款项转入纽约银行伦敦分行的中国 A 企业账户。

借：金融账户——其他投资（对外国私人短期资产）　　300 万美元

　贷：货物——商品出口　　300 万美元

【例 2】中国 B 公司从澳大利亚购买价值 1000 万美元的铁矿石，用美元支票付款。

借：货物—商品进口　　1000 万美元

　贷：金融账户——其他投资（对外国私人短期资产）　　1000 万美元

【例 3】一批法国游客在中国的旅游花费价值 10 万美元，采用票汇的方式在纽约银行在中国的分行提现，并兑换为人民币消费。

借：金融账户——其他投资（私人对外短期资产）　　10 万美元

　贷：服务——旅游　　10 万美元

【例 4】中国 C 进口商租用美国经营的航船，支付运输费 30 万美元，用支票支取在纽约银行的存款结余。

借：服务——运输　　30 万美元

　贷：金融账户——其他投资（中国的海外资产）　　30 万美元

【例 5】中国某基金会向非洲贫困地区捐款 100 万美元，并捐助物资 400 万美元。

借：经常转移（私人）　　500 万美元

　贷：金融账户——其他投资（对外私人短期资产）　　100 万美元货物

　　　——商品出口　　400 万美元

【例 6】中国政府动用外汇库存 100 万美元向印尼提供无偿援助。

借：经常转移（政府）　　100 万美元

　贷：官方储备　　100 万美元

【例 7】中国 D 公司购买花费 3000 万美元墨西哥某石油企业 25%的股权。

借：金融账户——直接投资　　3000 万美元

　贷：金融账户——其他投资（中国的海外资产）　　3000 万美元

【例 8】德国居民在上海证券交易所买进 100 万美元的 B 股。纽约德国银行的美元结余减少。

借：金融账户——其他投资（对外私人短期资产）　　100 万美元

　贷：金融账户——证券投资　　100 万美元

【例 9】中国居民在美国股票交易所购买美国十年期国债 50 万美元。

借：金融账户——证券投资　　50 万美元

　贷：金融账户——其他投资（对外私人短期资产）　　50 万美元

【例 10】中国 E 企业在海外投资所得利润 500 万美元。其中 300 万美元用于当地的再投资，100 万美元用于购买当地商品运回国内，100 万美元调回国内结售给政府换取本国货币。

借：金融账户——直接投资　　300 万美元货物

　　——商品进口 100 万美元官方储备　　100 万美元

　贷：投资收益（海外投资利润收入）　　500 万美元

将上述各笔交易编制成如下国际收支平衡表如表 1.2 所示。

表 1.2　国际收支平衡表　　单位：万美元

项目	贷方（+）	借方（-）	差额
A．经常账户	1210	1730	（−）520
1．货物	①300+⑤400	②1000+⑩100	（−）400
2．服务	10	30	（−）20
（1）旅游	③10		
（2）运输		④30	
3．收益	⑩500		（+）500
4．经常转移		⑤500+⑥100	（−）600
B．资本和金融账户	4280	3860	（+）420
1．资本账户			
2．金融账户			
（1）直接投资		⑦3000+⑩300	（−）3300
（2）证券投资	⑧100	⑨50	（+）50
（3）其他投资	②1000+④30+⑤100+⑦3000+⑨50	①300+③10+⑧100+⑩100	（+）3670
C．储备资产账户	⑥100		（+）100
D．错误和遗漏账户			
总计	5590	5590	0

从上例可以看出，我国在该年度的经常账户与资本与金融账户总差额：

－（420 万美元-520 万美元）=+100 万美元

即该年度我国国际收支是逆差，储备资产减少 100 万美元。国际收支逆差的原因是经常账户发生赤字 520 万美元，尽管资本和金融账户净流入 420 万美元，仍不足以弥补差额。

1.2.5　对国际收支平衡表进行分析

1．国际收支平衡表的四个差额

（1）贸易收支差额。贸易收支在全部国际收支中所占相当大比重，贸易收支差额在很大程度上决定了国际收支的总差额。同时贸易收支的数字尤其是商品贸易收支的数字易于通过海关的途径收集，能较快地反映出一国对外经济交往情况。此外，商品的进出口情况综合反映了一国的产业结构、产品质量和劳动生产率状况，反映了该国产业在国际上的竞争能力。因此，对贸易收支的差额进行分析是十分重要的。

（2）经常项目差额。经常项目差额包括有形贸易收支、无形贸易收支（即服务和收入）和经常转移收支。它综合反映了一个国家对外经济交易的一般态势，各国和国际货币基金组织都特别重视经常项目差额情况。如果经常项目有逆差，表示从国外净动用了一些商品、服务供国内使用，相应地减少本国在外国的资产或是增加对外的负债。如果经常项目有顺差，表示向国外净供应了一些商品和服务，相应地会增加本国对外资产或减少对外的负债。

（3）资本和金融账户（剔除官方储备）差额。资本和金融账户差额具有两方面的作用。

一是通过资本和金融账户余额可以看出一个国家金融市场的开放和发达程度，对一国货币政策和汇率政策的调整提供有益的借鉴；二是资本与金融账户和经常账户之间具有融资关系，所以资本与金融账户的余额可以折射出一国经常账户的状况和融资能力。

（4）综合收支账户差额或总差额。综合收支账户是指经常账户与资本和金融账户中的资本转移、直接投资、证券投资、其他投资账户所构成的余额，是经常账户差额与资本和金融账户（剔除官方储备）差额的加总。通过分析总差额可以用衡量国际收支对一国储备造成的压力。总差额为正，则储备资产增加，总差额为负，则储备资产减少。通常人们讲的国际收支盈余或赤字就是指综合收支差额盈余或赤字。

2. 对国际收支平衡表分析的意义

国际收支是经济分析的主要工具，一国的国际收支记录了其与世界其他各国的经济金融往来的全部情况，反映了该国的对外经济特点及其变动对国际金融的影响。因此，认真全面地对国际收支平衡表进行分析，对了解国内外经济状况，制定相应的措施具有极其重要的意义。

3. 分析的内容

（1）综合分析。综合分析即总额分析，是指由于国际收支平衡表中的各个项目不仅反映各种不同的经济活动，而且各项目之间是互相联系的，因此应该综合分析。综合分析法就是指对国际收支总量指标的动态变化、影响因素及其变动规律进行分析。综合分析主要是一种动态分析，因为它主要研究总量指标的变动规律。同时，也包括静态分析，因为综合分析包括考察同一时期内总量指标构成项目之间的相互关系以及重要程度。

知识链接

综合分析的方法

（1）动态分析法（纵向分析法）

动态分析法指对一国若干连续时期的国际收支平衡表进行动态分析的方法。只有通过动态分析，才能了解一国国际收支的均衡状况的动态变化，并通过一系列调节措施，促使该国保持最佳的国际储备水平，促进该国货币汇率均衡与经济正常发展。

（2）比较分析法（国别分析法）

比较分析法指将一国的国际收支平衡表与其他国家，尤其是主要的经济大国的国际收支平衡表进行比较，找出本国与他国国际收支顺逆差的异同及原因，分析本国与他国的国际收支结构以及调节措施，了解本国和他国在世界经济中的地位，正确认识国际金融格局，借鉴他国经验，为调节本国国际收支所用。

（3）结构分析法

结构分析法是国际收支平衡表中各项目所占比重，进而分析一国国际收支的内部结构特征、总体的性质、总体内部结构依时间推移而表现出的变化规律性的统计方法。如经常账户的结构分析；货物和服务贸易的结构分析；金融账户的结构分析等。结构分析主要是一种静态分析，即对一定时间内经济系统中各组成部分变动规律的分析。如果对不同时期内经济结构变动进行分析，则属动态分析。

（2）逐项分析。逐项分析即差额分析，是指国际收支平衡表内各个项目都有其独特的内容，分别反映了一国的不同经济活动，因此应逐项分析各个项目。逐项分析也称差额分析，其内容包括贸易收支差额、经常账户差额、资本和金融账户差额、国际收支总差额和错误与遗漏，具体如表 1.3 所示。

表 1.3　逐项分析的内容列表

项目种类	含义
贸易收支差额	商品进出口净额
经常账户差额	实际资源转移净额
资本和金融账户差额	资本流入与流出净额
国际收支总差额（增减国际储备）	经常账户与资本金融账户差额之和
错误与遗漏	最后平衡项目

① 贸易收支差额：反映实体经济的国际竞争力。贸易收支差额指经常账户中的商品进出口差额，这个差额是国际收支评价中重要的指标，对不同发展类型国家有不同的含义。对贸易差额的分析包括对贸易收支规模和结构的分析。该项目的分析是首先揭示贸易收支规模和结构的变化（同一国家不同时期比较）或不同（不同国家间比较），然后分析产生这些变化的原因。影响贸易规模和结构的因素涉及贸易产品供需两个方面，具体包括：经济周期、国内经济发展情况、主要贸易产品的世界价格、贸易自由化程度、贸易伙伴国的通货膨胀率和汇率政策、本国贸易政策的变化等。

② 经常账户收支差额：反映包括无形贸易的综合国际竞争力。随着经济的发展，无形贸易收支（服务和收入）在国际收支中所占的比重迅速上升，它在经常账户中所占的份额不容忽视，因此各国也同样重视经常账户的收支差额。特别是发达国家，他们在无形贸易中的地位远高于发展中国家，因为无形贸易收支的特征是较大的盈余，而且对经常账户收支影响很大，所以发达国家往往更关注经常账户收支差额，而不是贸易收支差额。如香港从 1997 年以来，商品贸易收支逆差，但无形贸易收支顺差，经常账户收支的平衡就倚仗了无形贸易。

更重要的是，经常账户综合反映了一国的经济实力，反映了一国产品和劳务的国际竞争能力，还包含了对外投资的规模和收益能力，也体现了一国储蓄与投资的差额，并且是外汇储备主要的和基本的来源。而其长期赤字必然导致外汇储备的枯竭，因此对经常账户差额的分析非常重要，它是监察一国国际收支状况的重要指标，是研究对外贸易与国民经济发展关系的重要变量，也是一国制订贸易政策的重要依据。

③ 资本和金融账户差额可以从以下几方面分析：

a．与经常账户的互补关系。发达国家持续的贸易收支顺差或经常账户顺差，必然会使本币升值，当本币相对于外币购买力增强，必然资本输出，发达国家成为债权国；发展中国家因贸易收支和经常账户长期逆差，需要借入资金弥补，以平衡国际收支，利用资本和金融账户的资本净流入为经常账户融资，发展中国家往往是债务国。因此，存在这样的情况：一国经常账户顺差对应资本和金融账户逆差，而一国经常账户顺差对应资本和金融账户顺差。

b．与经常账户的平行关系。例如，自 20 世纪 90 年代起，中国就一直保持着经常项目和资本和金融项目的“双顺差”格局，形成“经常项目顺差转化为外汇储备资产＋大规模外商直接投资内流”的组合，导致外汇储备的快速上升。

c. 资本流动的规模与一国资本市场的发展与开放程度的关系。资本流动的规模反映一国资本市场的发展与开放程度。一国资本市场越开放该国的资本流动规模就越大。一般来说，发达国家的资本流动规模远大于发展中国家，从资本和金融账户中可以体现。其原因有以下几点：

第一，发达国家资本相对充裕，这是资本流出的物质前提；

第二，遵循安全和收益的原则，资本保持在发达国家之间大规模流动，如美国是最大的资本输出和输入国；

第三，发达国家资本账户开放，流动成本低；

第四，发达国家资本市场发育成熟，能为投资者提供丰富的投资品种和避险工具。

可见，发展中国家为经常账户赤字融资，主要是利用官方储备，而不是资本流入，因此，发展中国家外汇储备规模远远大于发达国家。截至2014年6月末，中国外汇储备余额为3.99万亿美元，居世界第一位。

d. 资本和金融账户规模不断扩大，反映了资本脱离实体经济的趋势。目前资金流动只有1%为贸易融资，其余资本脱离实体经济，独立在金融市场体内循环。对经济的影响，这种趋势使风险成为国际经济必须关注的焦点，因此，对资本金融账户差额的分析日益重要。

④ 综合账户差额或总差额导致官方储备变动分析：

综合账户差额即国际收支总差额，是指经常账户与资本和金融账户差额的汇总，两大账户的余额的加总，公式表示为：

综合账户差额＝经常账户差额＋资本和金融账户差额

综合账户差额具体由经常账户差额和资本和金融账户差额以及直接投资，证券投资，其他投资项目的差额构成。如果不考虑误差和遗漏项目，根据有借必有贷，借贷必相等的复式记账原则，构成国际收支平衡表的这些主要差额项目有以下关系：

经常账户借贷方发生额＋资本和金融账户借贷方发生额＝经常项目差额＋资本和金融项目差额＋储备资产变动额＝0

移项后：储备资产变动额＝-（经常项目差额＋资本和金融项目差额）

显然，经常项目差额与资本和金融项目差额发生变化都会导致储备资产的变化，即国际收支总差额的变化会引起该国国际储备量的变化，如果总差额表现为盈余，则国际储备增加，如果总差额呈现为赤字，则国际储备就会相应减少。因此，综合账户差额这个数据反映的是一国要动用储备弥补国际收支差额的规模，或是外汇储备增加的规模，因此用它来衡量国际收支对储备造成的压力。目前看来，综合账户差额是分析国际收支状况时最常用的指标，按惯例，在没有特别说明的情况下，国际收支差额通常指的是综合账户差额。

在固定汇率制下，综合账户差额对一国干预外汇市场，维持汇率稳定意义重大。在浮动汇率制下，政府干预外汇市场的力度减弱，综合账户差额不再代表动用国际储备的规模，因为汇率由外汇市场的供求决定，但它反映一国际收支的自主性交易的状况，反映了一国国际收支的实际状况。

⑤ 差额关系分析：

a. $$CA=Y-(C+I+G)=Y-A$$

其中Y代表国际收入，C代表个人消费要求，I代表投资需求，G代表政府公共需求，A

代表国内吸收，表明经常账户的改善必须通过降低支出，或增加国民收入，但不能同时相应增加国内吸收。因为如果收入的增加完全被用于增加国内吸收，则收入的增加就不能改善外部余额了。

b.
$$CA=S-I$$

其中 S 代表储蓄，公式表明经常差额是由于国内储备与投资存在的差额。

c.
$$I=S+KFA$$

其中KFA表示资本和金融账户净额，公式表明一国投资来源于国内储蓄和国外资金流入。

d.
$$-CA=KFA=RT+FA$$

其中 RT 代表资本账户净额，FA 代表金融账户净额。这个式子表示，经常账户出现赤字或盈余，必须伴随着资本和金融账户的盈余或赤字。两者的关系就表现为：利用国外金融资产的净流入或动用储备资产为经常账户的赤字融资。

案例分析示例

1995—2000 年美国国际收支平衡表分析

美国国际收支平衡表（1995—2000 年）

单位：十亿美元

项目	1995 年	1996 年	1997 年	1998 年	1999 年	2000 年
一、经常账户	-109	-123	-141	-217	-331	-435
A. 货物和服务	-96	-102	-106	-167	-265	-369
a. 货物	-172	-189	-195	-245	-343	-447
b. 服务	76	87	89	78	78	79
B. 收益	21	19	6	-6	-18	-14
C. 经常转移	-34	-41	-42	-44	-48	-53
二、资本和金融账户	123	152	269	154	311	399
A. 资本账户	0.4	0.7	0.4	0.6	-3	-0.7
B. 金融账户	123	151	269	154	315	399
1. 直接投资	-41	-5	-1	40	125	155
2. 证券投资	115	218	267	133	214	332
3. 其他投资	49	-61	1	-20	-25	-87
三、储备资产	-0.7	7	-1	-7	9	0.3
四、净误差与遗漏	-4.3	-35	-128	70	12	36

（资料来源：国际货币基金组织数据库。）

根据 1995—2000 年美国国际收支平衡表，对美国国际收支的特点分析如下：

1. 国际收支总体平衡，国际储备变动较小。观测美国 1995—2000 年国际收支平衡表发现，经常账户都是逆差，而资本与金融账户都是顺差，两者抵消的结果是国际储备变动均较小，1995 年增幅最大约为 97 亿美元，2000 年变动最小，减少约为 3 亿美元。国际储备变动较小的原因是：贸易逆差与资本与金融账户的顺差数额大致相近。

2. 经常账户持续逆差，并且呈现加速上升的趋势。从 1996 开始经常账户逆差增长速度加快，年增加额分别为 140 亿美元、170 亿美元、770 亿美元、1140 亿美元、1040 亿美元；年环比增长率分别为 12.8%、13.9%、54.6%、52.5%和 31.4%。经常账户持续逆差的主要原因是：货物贸易的持续逆差（进口大于出口），货物贸易逆差占经常账户逆差的比重分别为 157.1%、153.5%、138.5%、112.7%、103.6%、102.7%。

3. 服务贸易持续顺差，变动不大，占经常账户金额的比重持续下滑。从 1995 到 2000 年服务贸易持续顺差；服务贸易顺差金额变动不大，最高为 1997 年的 888 亿美元，最低为 1995 年的 760 亿美元；服务贸易顺差金额占经常账户金额的比重持续下滑，从 1995 到 2000 年分别为 69.5%、70.7%、63.2%、38.0%、23.6%、18.1%，这说明服务贸易在国际贸易中的重要性呈下降态势。

4. 收益账户变化明显。1995 到 1997 年服务贸易为顺差，顺差金额在下降；1998 到 2000 年表现为逆差。这一账户说明美国对外投资的收益从大于利用外国投资的利润流出，变化为对外投资的收益小于外资利润流出。

5. 美国仍然是世界上重要的资本流入国。从 1995 到 2000 年美国的资本和金融账户持续顺差，资本流入逐年上升，年均增长率为 26.4%。2000 年的流入额达到 3987 亿美元，其中证券投资占比为 83.2%，直接投资占比为 38.9%。

6. 错误和遗漏账户金额变动较大。净误差和遗漏账户金额变动最大值在 1997 年达到 1278 亿美元，其次是 1998 年的 698 亿美元，最少年份是 1995 年的 44 亿美元。

小思考：作者从哪几个方面分析国际收支状况？采用了哪些分析方法？

本章小结

1. 国际收支是指一国在一定时期内全部对外经济交易的货币价值的总和。国际收支的特征是：国际收支是一个流量概念，也是一个事后的概念；它体现的是一国居民与非居民之间的经济交往；国际收支所反映的内容是以经济交易为基础，国际收支与国际借贷之间既有联系，又有区别。

2. 国际收支平衡表是以报表的形式，对一国在一定时期内全部对外往来的系统的、分项目的详细记录。国际收支平衡表主要包括经常账户与资本和金融账户，经常账户主要反映一国与他国之间实际资源的转移，资本和金融账户主要反映资本在一国与他国之间的流动。

3. 经常账户作为反映经济开放性的重要变量，与其他经济变量之间存在着密切关系。若不考虑净要素收入，经常账户等于贸易账户差额；经常账户余额反映国民收入与国内吸收之间的关系；经常账户余额会直接带来国际投资头寸的变化；经常项目顺差，则意味着该国的储蓄大于国内投资；相反，经常项目存在逆差，则意味着该国国内储蓄少于投资。国际收支从货币角度来观察，反映了一国一定时期内的货币在国际间的运动状况，和国内货币流通之间有着密切的关系。在国际收支中进出口贸易项下的国际收支、非贸易项下的国际收支、资本移动引起的国际收支对货币流通状况的影响各有不同的特点。

4. 国际收支的复式记账法是指每笔交易都是由两笔价值相等、方向相反的账目表示的。记入借方的项目包括：反映进口实际资源的经常项目，反映资产增加或负债减少的金融项目。记入贷方的项目包括：反映出口实际资源的经常项目，反映资产减少或负债增加的金融项目。国际收支平衡表的总额为零。

5. 对国际收支平衡表的分析包括综合分析和差额分析。综合分析法就是指对国际收支总量指标的动态变化、影响因素及其变动规律进行分析。差额分析包括对贸易余额、经常账户余额、资本和金融账户余额及综合账户差额等的逐项分析，以此来反映一国国际收支状况是盈余还是赤字。

6. 国际收支与国际收支平衡表的概念和内容是本章的重点；对国际收支平衡表的编制和分析既是本章的重点，也是本章的难点。

课后阅读

2013 年上半年我国国际收支继续呈现“双顺差”

外汇局 9 月 27 日公布的数据显示，今年上半年我国国际收支经常项目顺差 984 亿美元，资本和金融项目顺差 1187 亿美元，继续呈现“双顺差”的格局。

1. 经常项目顺差与 GDP 之比为 2.5%

2013 年上半年，我国涉外经济继续平稳发展，国际收支交易总规模同比增长 5%，经常项目、资本和金融项目继续呈现“双顺差”。

其中，经常项目顺差与同期 GDP 之比为 2.5%，仍保持在国际认可的合理范围之内；资本和金融项目总体净流入，但变化较大，上半年累计净流入 1187 亿美元，其中第一季度延续了 2012 年年底以来的跨境资金较快净流入，顺差同比增长六成，第二季度顺差随着国内外经济金融环境的变化和相关政策措施的实施而明显收窄。

外汇局认为，今年上半年，我国国际收支重回“双顺差”，这与市场主体根据市场环境变化调整财务运作的行为密切相关，表明我国国际收支自我平衡的基础还有待进一步巩固。

2. 下半年跨境资金容易波动

今年上半年我国跨境资金出现较大波动。2013 年第一季度，资本和金融项目顺差 901 亿美元，同比增长 61%，而第二季度，特别是 5 月份以来，由于国际经济环境不确定性上升，国内经济下行压力加大以及季节性、政策性等因素影响，资本和金融项目顺差缩窄为 286 亿美元。

确实，在全球流动性前景不明朗、新兴市场经济增长不确定等背景下，国际资本流向对市场波动的敏感性正在增加。随着美国经济复苏企稳、量化宽松政策逐步退出、美国利率回调，投资者可能调整投资策略，回撤量化宽松政策以来投向新兴市场追逐高收益的巨额资金，重新投放发达市场。

而下半年，外汇局预计在国内外仍存在诸多不确定、不稳定因素的情况下，我国跨境资本容易呈现较大波动。

外汇局在《2013 年上半年中国国际收支报告》中预测，下半年我国货物贸易、直接投资项目仍将维持顺差，但在国内外仍存在诸多不确定、不稳定因素的情况下，跨境资本流动将继续呈现较大震荡，国际收支顺差可能进一步增加，也可能面临阶段性资本流出压力。

3. 跨境资金管理要前移

对此，外汇局指出，要坚守不发生区域性、系统性金融风险的底线，密切关注国内外宏观形势发展，双向监测我国跨境资金流动，在跟踪评估现有措施实施效果的同时，不断完善适合我国国情的宏观审慎管理政策工具和制度安排。

跨境资本流动管理必须前移，尤其是要抑制过度的资本流入，避免风险过度累积。对资本流入征税，如规定缴纳无息存款准备金，增加资本流入的成本，对平滑乃至减少资本流入都有积极意义。因此，面对可能出现的新一轮发达国家量化宽松，新兴市场国家不应只采取把外汇储备、存款准备金作为蓄水池的策略，而是要把泛滥的流动性堵在国门之外。

（资料来源：中国行业研究网 www.chinairn.com/news/20130930）

课后练习

技能训练

1．判断题

（1）我国驻美使馆的工作人员是美国的居民。（　　）

（2）中国公民小刘在马来西亚打工时间为11个月，其工薪收入应当作为国际收支的内容。（　　）

（3）资产增加或负债减少的项目应记入借方。（　　）

（4）凡是涉及非居民的经济交易都属于国际收支的范畴。（　　）

（5）国际收支平衡表中，记入贷方的项目是对外资产的增加。（　　）

（6）国际收支经常账户，资本与金融账户及储备账户的计账方法是一样的。（　　）

（7）经常转移是对资产所有权在国际间流动行为进行记录的账户。（　　）

（8）资本和金融账户是指对实际资源在国际间的流动行为进行记录的账户。（　　）

2．业务题

假设A国在2013年发生如下对外经济交易：

（1）A国企业进口价值200万美元的设备，这一进口使该企业在海外银行的存款减少；

（2）A国居民到外国旅游花销30万美元，这笔费用将从该居民的海外存款账户中扣除；

（3）A国公司以价值3000万美元的设备对外直接投资，与东道国兴办合资企业，所占股份达到40%；

（4）A国政府运用外汇库存40万美元向外国提供无偿援助，另外提供价值60万美元的粮食药品援助；

（5）A国企业在海外投资所得到的利润200万美元，其中100万美元用于当地投资，70万美元购买当地商品运回国内，剩余30万美元调回国内用以换取本国货币；

（6）A国居民运用其海外存款40万美元，用以购买外国某公司的股票；

（7）A国商人购买外国不动产价值800万美元，用外汇存款支付；

（8）美国银行向A国提供总额为200万美元的政府贷款；

（9）A国中央银行卖出10万美元储备资产以干预外汇市场。

请根据上述交易内容做出会计分录，编制该国国际收支平衡表，并回答以下问题：

（1）当年该国货物贸易差额是多少？

（2）经常账户差额是多少？资本与金融账户是盈余还是赤字？

（3）A 国国际收支的总差额是多少，A 国的官方储备资产有何变化，这些变化对其外汇市场会产生哪些影响？

3．案例分析题

根据下表，分别从综合分析和具体差额分析两个方面，采取动态分析法和结构分析法，对我国的国际收支情况进行分析，并得出结论。

中国国际收支平衡表（2003 年—2012 年）

单位：亿美元

项目	2003	2004	2005	2006	2007	2008	2009	2010	2011	2012
一、经常账户	431	689	1324	2318	3532	4206	2433	2378	2017	1931
A．货物和服务	358	512	1246	2089	3080	3488	2201	2230	1883	2318
a．货物	444	590	1342	2177	3159	3606	2495	2542	2435	3216
b．服务	−85	−78	−96	−88	−79	−118	−294	−312	−552	−897
B．初次收益	−102	−51	−161	−51	80	286	−85	−259	−119	−421
C．二次收益	174	229	239	281	371	432	317	407	235	34
二、资本和金融项目	549	1082	953	493	942	401	1985	2869	2,211	−168
A．资本项目	0	−1	41	40	31	31	39	46	54	43
B．金融项目	549	1082	912	453	911	371	1945	2822	2156	−211
1．直接投资	494	601	904	1001	1391	1148	872	1857	1704	1911
2．证券投资	114	197	−47	−684	164	349	271	240	196	478
3．其他投资	−60	238	56	136	−644	−1126	803	724	255	−2600
三、储备资产	−1,061	−2064	−2070	−2470	−4617	−4795	−4003	−4,717	−3878	−966
四、错误与遗漏	82	270	−168	−129	164	188	−414	−529	−350	−798

（资料来源：国家外汇管理局网站。）

复习思考

1．名词解释

国际收支　　国际收支平衡表　经常账户　　资本账户　　金融账户　　错误和遗漏账户国际投资头寸

2．填空题

（1）国际收支是一个________概念，它反映的内容是________，其范围局限于________之间的交易。

（2）国际收支平衡表就是国际收支按特定账户分类和记账原则表示出来的________。其中任何一笔交易的发生，必然涉及________和________两个方面。

（3）国际收支平衡表中的所有账户可分为三大类，即________、________和________。

（4）根据投资类型或功能，金融账户可以分为________、________、________和________四类。

（5）经常账户包括________、________、________和________四种项目。

（6）反映________的纳入“经常账户”，反映________的纳入“资本和金融账户”。

（7）所有国际收支项目都可分为________和________。

（8）一国的国际收支通过________表反映出来。

（9）国际收支平衡表的记账原理是________。

3．单项选择题

（1）以下哪项经济交易不属于国际收支的范畴（　　）。

A．世界银行向我国提供贷款

B．我国居民到国外进行旅游3个月的花费

C．我国政府向其驻外大使馆汇款

D．我国驻外大使馆人员在当地的花费

（2）如果一国国际收支表现为顺差，则该国国际收支平衡表中国际储备项目应为（　　）。

A．正值　　B．负值　　C．不变　　D．上述均不对

（3）如果一国国际收支表现为逆差，则该国国际储备存量（　　）。

A．减少　　B．不变　　C．增加　　D．上述均不对

（4）下列哪个账户能够较好地衡量国际收支对国际储备造成的压力（　　）。

A．贸易收支差额　　B．经常项目收支差额

C．资本和金融账户差额　　D．综合账户差额

（5）若在国际收支平衡表中，储备资产项目为+100亿美元，则表示该国（　　）。

A．增加了100亿美元的储备　　B．减少了100亿美元的储备

C．人为的账面平衡，不说明问题　　D．无法判断

（6）一国外汇储备最稳定和可靠的来源是（　　）。

A．经常账户顺差　　B．资本与金融账户顺差

C．中央银行用本币购买外汇　　D．中央银行用本币购买黄金

4．多项选择题

（1）下列项目应记入贷方的是（　　）。

A．反映进口实际资源的经常项目

B．反映出口实际资源的经常项目

C．反映资产增加或负债减少的金融项目

D．反映资产减少或负债增加的金融项目

（2）国际收支反映的内容是以交易为基础的，其中交易包括（　　）。

A．交换　　B．转移

C．移居　　D．其他根据推论而存在的交易

（3）《国际收支手册》第五版将国际收支账户分为（　　）。

A．经常账户　　B．资本与金融账户
C．储备账户　　D．错误和遗漏账户

（4）国际收支平衡表贷方记录（　　）。

A．资产的增加　　B．资产的减少
C．负债的增加　　D．储备资产增加

（5）在国际收支平衡表中，记入借方的项目有（　　）。

A．货物出口　　B．外国从本国获得的债券利息收入
C．储备增加　　D．外国对本国的直接投资

（6）经常账户顺差（　　）。

A．表明国民收入超出国内支出　　B．表明国民收入小于国内支出
C．形成国外资产的增加　　D．形成国外资产的减少

5．简答题

（1）简述国际收支概念及其特征。
（2）简述国际收支与国际借贷的异同。
（3）简述经常账户的内容。
（4）简述资本和金融账户的内容。
（5）简述错误和遗漏账户产生的原因。
（6）简述国际收支平衡表的编制原理和记账规则。

第 2 章

国际收支失衡的调节与国际储备

学习目标

1. 知识目标

（1）明确国际收支失衡的含义；
（2）理解国际储备的概念；
（3）理解国际收支失衡的原因及影响；
（4）掌握国际储备的构成及管理。

2. 技能目标

（1）掌握国际收支失衡的调节机制与手段；
（2）能够理论联系实际分析我国国际收支失衡现状，并提出相应的调节策略。

章前引例

近年来，世界经济的一大显著特征是全球国际收支失衡。全球国际收支失衡集中表现为美国经常账户赤字、亚洲发展中国家（尤其是中国）和中东石油输出国的经常账户盈余。

以2006年为例，美国经常账户赤字金额为8567亿美元（2013年是4791亿美元）（2013年是4791亿美元），占本国GDP的比率为6.5%；亚洲发展中国家的经常账户盈余金额为2531亿美元（中国2006年为2385亿美元，2013年1950亿美元），占本国GDP的比率为5.4%（中国06年为9.1%）；中东国家的经常账户盈余自2002年开始迅速上升，2006年达到2124亿美元，占本国GDP的比率为18.1%。如按经常账户余额的绝对水平进行排序则分别为：美国、石油输出国、其他发达国家、中国和其他发展中国家。在三大发达经济体中，美国存在显著的经常账户赤字、日本存在显著的经常账户盈余、欧元区的经常账户则基本持平。

目前欧洲有一个新局面，德国在2013年的贸易顺差超过2600亿美元，位居世界对外贸易顺差首，占到国内生产总值的7.3%。事实上，国际收支失衡是一般现象。一个国家的经常账户赤字总是对应着另一个国家的经常账户盈余，也就是说，美国的储蓄不足以及东亚和石油输出国的储蓄过剩共同导致了当前的全球国际收支失衡。

因此，调节全球国际收支失衡的方法之一就是：储蓄过剩的东亚国家主动调整减少国际储备中美元资产比例，以此增加美国的资产储备。但是，如果东亚国家集体减持美元，又会导致美元汇率下跌，对拥有大量美元资产的国家将产生较大资本损失。

资料摘自：《世界经济与政治》2007 年第 7 期，张明"全球国际收支失衡的调整及对中国的影响"。

思考下列问题：

1．什么是国际收支失衡？

2．国际收支失衡的原因是什么？

3．如何调节国际收支失衡？

4．国际储备与国际收支失衡的关系是什么？

5．国际储备应当如何管理？

2.1 国际收支失衡概述

在开放经济条件下，一个国家的国际收支是否平衡，对本国经济的稳定具有重要意义，是一个国家经济发展的重要目标之一。

2.1.1 国际收支失衡的含义

1．自主性交易和补偿性交易

对外经济交易可以分为自主性交易和补偿性交易两类。自主性交易是指个人和企业为某种经济动机和目的，而从事的交易，是经济主体完全从微观角度考虑进行的交易，其特点是交易行为的自发性和主动性。例如，经济主体自发进行的货物和劳务进出口、国际借贷、国际投资等。这类交易的差额，即国际收支平衡表的相关账户的借方大于贷方或者贷方大于借方，都会直接影响汇率，并且进一步影响到一国经济的内部。因此，政府为了对自主性交易进行平衡处理，维持汇率稳定，国际收支项目中还必须设置补偿性交易项目。自主性交易的有关项目包括：经常账户的全部项目、资本和金融账户中的长期资本项目（直接投资、长期证券投资）和短期资本项目。

补偿性交易是为了弥补自主性交易差额、维护国际收支平衡、维持汇率稳定而进行的融通性交易，其内容主要是储备资产的增减，具有事后性、政府主导性和被动性的特点。补偿性交易的项目主要是储备资产项目。

2．国际收支的平衡与失衡

国际收支平衡表是按复式记账原理编制而成的，因此借方总额与贷方总额完全相等，表总是平衡的。但是，这只是会计意义上量的平衡，即仅仅是形式上的平衡。国际收支是否平衡取决于自主性交易的差额。当自主性交易借贷双方的差额为零时，国际收支即平衡。如果一国在一个长时期内实现了自主性交易平衡，无须再依靠调节性交易来调节与维持，则该国国际收支达到了实质性平衡。当自主性交易借贷双方的差额为正时，借方小于贷方，称国际收支顺差；当这一差额为负时，借方大于贷方，称国际收支逆差。差额不为零时，都视为国际收支不平衡，或国际收支失衡。

3．测度国际收支失衡的4个口径

根据人们对国际收支分析的需要，可以从不同的口径对国际收支失衡进行测度，主要有4个口径：贸易收支失衡、经常项目收支失衡、资本和金融账户收支失衡、综合收支失衡。我国2009—2013年按照4个口径统计的国际收支失衡情况如表2.1所示。

表2.1　中国2009到2013年国际收支按照4个口径统计的失衡情况表

单位：亿美元

年份	2009	2010	2011	2012	2013
货物贸易差额	2495	2542	2435	3516	3599
经常项目差额	2433	2478	2017	2154	1828
资本和金融项目差额	1985	2869	2211	-318	3262
综合差额（国际收支差额）	4418	5347	4228	1836	5090

2.1.2　国际收支失衡的类型

1．根据时间标准进行分类，分为静态失衡和动态失衡

静态失衡是指一国国际收支总体在某一时点上存在一定的顺差或逆差。静态失衡是一种临时的、合理的失衡，一国不可能在任何时点上都是平衡状态。若该国的国际储备和国际融资能力比较强，暂时性的失衡可以不做政策调节；反之，则需要进行采取调节措施。

动态失衡，是指一定时期内（如三年、五年），一国国际收支总体出现持续的、规模较大的逆差或顺差。它反映一国在整个经济发展过程中对外经济实力动态的变化过程和结果。按照经济发展总体规划，一国不一定需要坚持静态平衡，但一定要实现一定时期如三到五年或更长时间的动态平衡。如果国际收支逆差或顺差大大超过正常水平，并且在一段时间内难以自动调节，则需要进行政策调节。

2．根据国际收支的内容，分为总量失衡和结构失衡

总量失衡即综合收支失衡，是国际收支总体上的失衡，是指在国际收支平衡表中除了官方储备和错误与遗漏账户以外的所有账户收支基本平衡，总量失衡反映国际收支对官方储备造成压力的大小。

结构失衡是指国际收支组成部分的失衡，具体包括贸易收支失衡、经常项目收支失衡、资本和金融账户收支失衡。

3．根据国际收支失衡时所采取的经济政策，分为实际失衡和潜在失衡

实际失衡是指在目前的经济政策下，国际收支所表现出来的或者说已经形成的失衡数额；潜在失衡是指在没有采取任何影响国际收支的经济政策，或者仅采取中性化经济政策的情况下，一国将会产生的国际收支失衡的数额。

4．根据国际收支失衡的原因，分为偶发性失衡、周期性失衡、结构性失衡、货币性失衡等

2.1.3 国际收支失衡的原因

引起国际收支失衡的原因可以概括为以下几种情况。

1．偶发性因素

国内外突发事件的发生会造成一国的出口收入下降或进口支出增加。如意外的自然灾害、骚乱、战争等因素所引起的国内产量下降（如谷物欠收）、出口供给减少、进口需求增加，从而导致本国的国际收支逆差。这类突发性事件若在国外贸易伙伴国发生，则可能会使该国进口供给和出口需求下降，使国际收支失衡。但偶发性因素的冲击是暂时性的，一旦这些因素消失，国际收支便会恢复到正常状态。

2．周期性因素

周期性失衡是由经济的周期性因素造成的，严格地说是各国所处经济周期的阶段不同所造成的。如一国经济处于繁荣阶段，贸易伙伴国的经济处于衰退阶段，这样该国对外国产品的需求就较外国对该国产品的需求旺盛，因此造成该国贸易收支赤字。战后西方主要国家的经济周期具有同步性，这一类型的失衡在工业国家有所减轻。但是工业国家的经济周期对发展中国家的国际收支的影响比较明显，当它们处于衰退阶段，对发展中国家的出口产品的需求减弱，造成发展中国家出口的下降，从而影响发展中国家的国际收支。

3．结构性因素

产品供求结构失衡和要素价格结构失衡。如果本国产品的供求结构无法跟上国际市场产品供求结构的变化，出口就会萎缩，贸易赤字就会扩大，称作产品供求结构失衡。例如，国际市场对本国具有比较利益的出口产品需求减少，或者国际市场上本国进口品的供给减少，价格上升，而本国无法改变出口结构，则本国的国际收支将出现赤字。同样，如果本国要素的价格变动使本国出口品在国际市场上所具有的比较优势逐渐削弱直至消失，也会导致本国贸易赤字的长期存在，称作要素价格结构失衡。例如，本国原是劳动力资源丰富的国家，劳动密集型的产品具有比较优势，但如果本国工资上涨的程度大于劳动生产率提高的程度，则本国劳动力不再是较便宜的生产要素，本国出口产品的生产成本就会提高，便会逐渐丧失国际竞争的能力。

4．货币性因素

一国的价格水平、成本、汇率、利率等货币性因素变动所造成的国际收支失衡称为货币性失衡。如一国货币数量发行过多，该国的成本与物价会普遍上升，由此必然导致出口减少，进口增加。而且，本国利息率也会下降，造成资本流出增加，流入减少，使国际收支出现赤字。货币性失衡与经常账户收支和资本账户收支有关。

5．外汇投机和不稳定的国际资本流动因素

实行浮动汇率制后汇率变动的风险经常带来国际收支失衡。国际金融市场上存在巨额的

游资，一有风吹草动，这些资金就会在各国之间频繁地移动，以追求投机利润。这种变幻莫测的短期资本流动常常造成一国国际收支的不稳定。

6．过度债务因素

一些发展中国家在发展民族经济的过程中，违背了量力而行的原则，借入大量外债，超过了自身的承受能力，同时一些发达国家实施高利率政策和保护主义措施，结果使发展中国家贸易条件进一步恶化，国际收支逆差不断扩大。

小资料

今年以来，中国涉外经济继续呈现快速增长的势头，国际收支不平衡的矛盾更为突出，根据公布的数据，上半年中国国际收支经常项目顺差1629亿美元。其中，按照国际收支统计口径计算，货物贸易顺差1357亿美元，服务项目逆差31亿美元，收益项目顺差129亿美元，经常转移顺差174亿美元。

国家外汇管理局副局长邓先宏认为，中国国际收支失衡受国际和国内两个因素影响。国际因素主要是国际产业转移，一方面亚洲一些国家对美国和欧洲的顺差转变成中国对欧美的顺差，另一方面国际需求旺盛，导致中国出口大规模增长；国内因素是中国目前正处于工业化阶段，劳动力要素价格偏低，历史上的体制和政策因素（如出口导向政策）起到了推波助澜的作用。

（资料来源：www.finance.sinA.com.cn2007年12月10日。）

2.1.4 国际收支失衡的影响

在国内外经济相互影响的情况下，一国的国际收支不稳定，势必影响到国内经济。在一些发达国家，国际收支均衡被视为对外经济目标，与充分就业、物价稳定和经济增长等国内经济目标同等重要。不论国际收支是逆差还是顺差，它们的持续存在都会给国内经济产生或大或小的不利影响，并妨碍内部均衡目标的实现。

1．国际收支逆差的影响

（1）国际收支逆差一般会引起本国货币汇率下跌。如逆差严重，则会使本币汇率急剧跌落。国家货币当局为改变逆差，就会抛售外汇和买进本国货币，以维持汇率的稳定，但这样这一方面会消耗外汇储备，甚至会造成外汇储备的枯竭，严重削弱该国对外支付能力，影响其经济发展所必需的生产资料和原料的进口，从而阻碍国民经济的发展，放慢国民收入的增长速度；另一方面会形成国内货币紧缩的态势，促使利率水平上升，影响本国经济的增长，引发失业率的增加和国民收入增长率的下降。

（2）如果一国国际收支因出口收入不足以弥补进口支出而出现长期性逆差，就意味着该国对国外产品的净需求较大，对本国产品需求不足，本国国民的收入会下降，失业情况有所增加。

（3）在国际收支出现巨额逆差时，政府还会采取紧缩性的财政货币政策，通过降低社会总需求来压缩进口，减少外汇支出。但紧缩性财政货币政策的实施，在减少外汇支出的同时，也会引起国内经济的衰退。

（4）如果一国资本流出大于资本流入，会造成本国资金的紧张，引起利息率上升，也势必影响到本国商品市场的需求。

（5）存在巨额逆差的国家，会增加对外汇的需求，从而促使外汇汇率上升，本币不断贬值或者产生贬值的预期，从而对本国的对外经济交往产生消极影响。

（6）巨额逆差将使本国的偿债率降低，如果陷入债务困境而不能自拔，便会影响本国的经济和金融实力，降低该国国际信誉。

2．国际收支顺差的影响

（1）持续的顺差一般会使该国货币汇率上升，不利于其出口贸易的发展，降低经济增长速度，并加重国内的失业问题。

（2）加重通货膨胀。持续顺差会增加外汇的供给和对本币的需要，具体表现为本国的国外净资产增加过快，在不能减少国内信贷的情况下，本国中央银行需要扩大货币投放，从而产生通货膨胀的压力。

（3）加剧国际摩擦。一国盈余意味着他国赤字，一国盈余过多，则必然影响其他国家的经济状况，引起国际摩擦，不利于国际经济关系。如进入 20 世纪 80 年代以后日益加剧的日美贸易摩擦就是一例。

（4）若顺差来源于贸易收支顺差，意味着国内可供使用的生产资源的减少，长期如此势必影响本国的经济发展速度。

当然，由于一国国际收支逆差造成国内经济的萎缩、就业不足、带来国际储备的枯竭，故各国对此更为重视。国际收支顺差对一国的压力则相对轻一些，但从长期来看，各国都必须采取措施，使国际收支尽可能保持在均衡状态。

2.2　国际收支失衡的调节

国际收支失衡的调节包括自动调节和人为调节两种。

2.2.1　国际收支的自动调节机制

国际收支的自动调节机制是指在不考虑政府干预的情况下，市场经济体内的经济变量与国际收支相互制约、相互作用从而自动消除国际收支失衡的过程，也称国际收支的市场调节机制。

1．国际金本位制度下的国际收支自动调节机制

国际金本位制度下的“货币—价格机制”是英国经济学家大卫 • 休谟（David Hume）1752 年最早提出来的，其论述被称为“价格—现金流动机制”，是指国际收支不平衡导致黄金的流出或流入，通过对进出口商品价格的影响，最终使国际收支趋于平衡的自动调节过程，如图 2.1 所示。

“货币—价格机制”的另一种表现形式为相对价格变动对国际收支的影响，如图 2.2 所示。

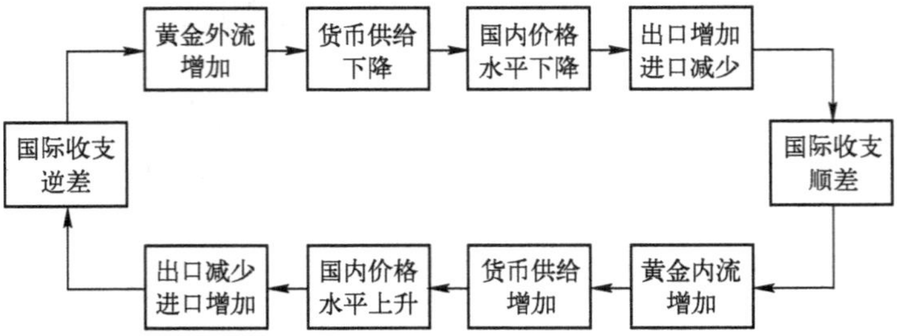

图 2.1　货币价格自动调节机制过程图

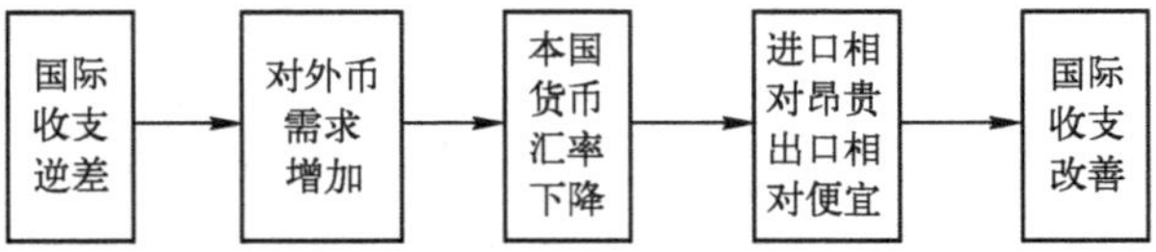

图 2.2　货币价格自动调节机制的另一种表现形式

2. 纸币本位固定汇率制度下的国际收支自动调节机制

在纸币本位的固定汇率制下，当国际收支出现不平衡时，政府为了稳定汇率就要动用外汇储备，从而引起货币供给量的变化，进一步诱发国民收入、物价及利率等宏观经济变量的变化，这些变量的改变可通过收入机制、相对价格机制和利率机制使国际收支实现自动平衡，如图 2.3 所示。

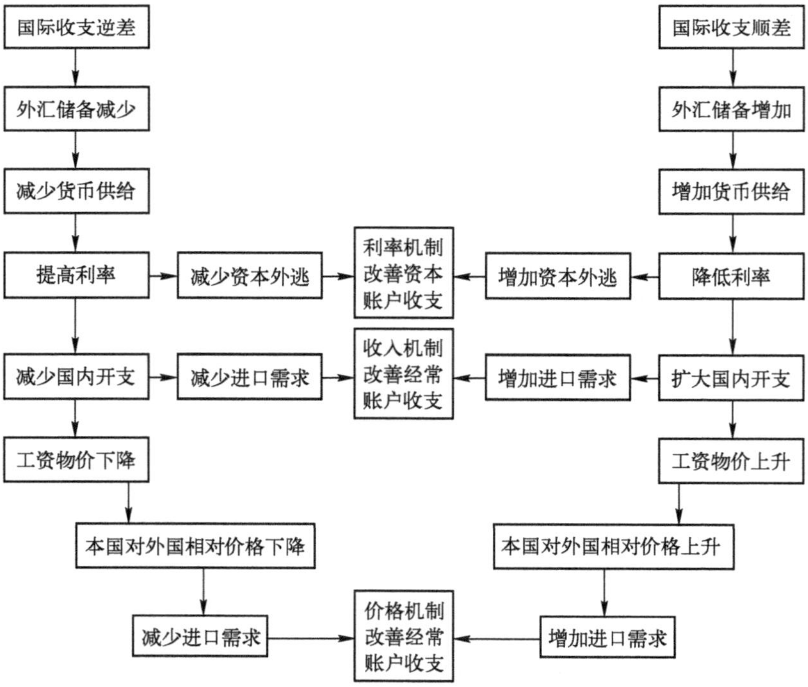

图 2.3　国民收入的利率调节机制、收入机制和价格机制的作用过程总图

（1）收入机制。当一国出现国际收支失衡时，政府动用外汇储备来予以平衡，使本国货币供给量发生变动，引起社会总需求的变化，其中包括对进口产品需求的变化，从而消除国

际收支不平衡的自动机制，如图 2.4 所示。

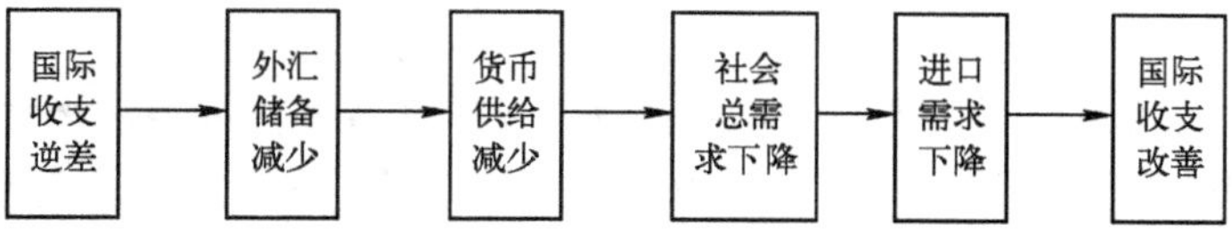

图 2.4　国民收入的自动调节机制

如当一国出现国际收支逆差时，政府用外汇储备来予以弥补，从而使得本国货币供给量减少，引起社会总需求的萎缩，其中包括对进口产品的需求，从而进口的外汇支出就会下降，有利于国际收支逆差的消除。

（2）相对价格机制。当出现国际收支逆差时，货币供给量的下降及引起的社会总需求萎缩，必然带来物价水平的下跌，使本国出口产品具有相对价格优势，促使出口增加、进口减少，从而有利于国际收支逆差的消除，顺差情况则相反。

（3）利率机制。当国际收支出现不平衡时，为了稳定汇率，必然动用外汇储备，使货币供给量发生变化，引起市场利率的变化及资本的流入或流出，从而改善国际收支的失衡状况，如图 2.5 所示。如当国际收支出现逆差时，为了稳定汇率，必然减少外汇储备，使货币供给量下降，市场利率上升，引起资本流入的增加，从而改善资本与金融账户收支，使国际收支逆差得以缩小。

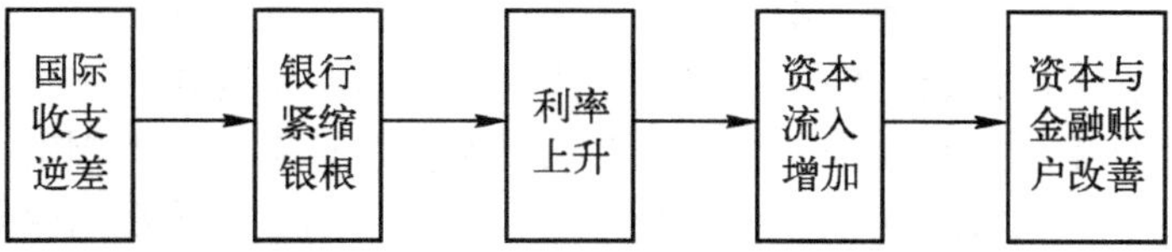

图 2.5　国民收入的利率调节机制

3．浮动汇率制度下国际收支的自动调节

浮动汇率制的基本特征是，当国际收支不平衡时，政府不必动用外汇储备来稳定汇率，市场汇率的变化可以对进出口起到调节作用，从而使国际收支自动恢复平衡如图 2.6 所示。但汇率对国际收支调节作用的有效发挥必须满足下列条件：进出口商品的需求弹性之和大于 1，即满足马歇尔—勒纳条件；对方国家不采取同样的汇率变动措施；经济处在非充分就业状态或具有健全的资源转移机制。

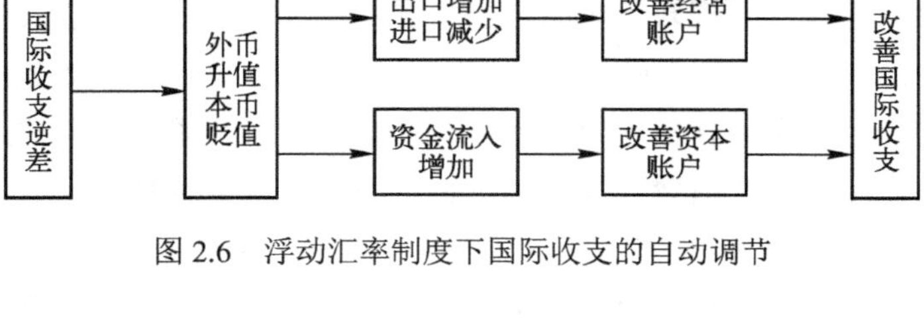

图 2.6　浮动汇率制度下国际收支的自动调节

2.2.2 国际收支失衡的政策调节

国际收支的自动调整机制虽然有其优点，但只能在某些条件或经济环境下才会产生作用，而且作用的程度和效果无法保证，所需要的过程也比较长。因此，当国际收支失衡时，往往不能完全依靠经济体系的自动调整机制来使国际收支恢复平衡，而需要主动采取适当的政策措施。一般来讲，当一国出现国际收支失衡时，政府调节国际收支的宏观政策主要由以下 3 类政策组成：资金融通政策；需求管理政策；供给管理政策。每一类政策中又由不同的具体政策组成，从而构成了一个综合的政策调节体系如图 2.7 所示。

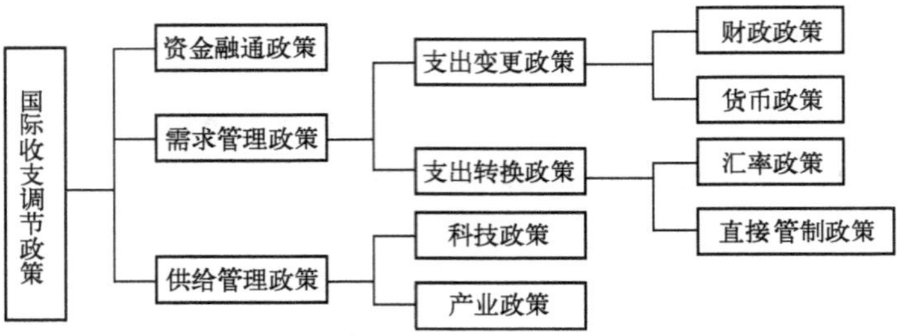

图 2.7　国际收支调节政策构成图

1. 资金融通政策

资金融通政策也称外汇缓冲政策，是指一国通过变动官方储备或临时向外筹借资金来抵消超额外汇需求或供给，来调节国际收支的政策措施。该政策通常用来缓解一次性或季节性的国际收支逆差，避免了暂时性失衡可能引起的汇率波动，有利于本国对外贸易和投资的顺利进行。但是，由于一国官方储备规模的有限性，资金融通政策不能用来解决巨额的和长期的国际收支逆差问题。若持续使用该政策，外汇储备的枯竭或外债的大量累积会使资金融通政策难以为继，赤字问题仍然无法从根本上解决。因此，当出现长期性国际收支赤字时，实施调整政策是难以避免的。但在调整期间，适当地运用这一政策来作为辅助手段，放慢调整速度，为调整创造宽松环境，使国内经济避免因调整过猛而带来的难以承受的震动。

2. 支出变更政策

需求管理政策又分为支出变更政策和支出转换政策。支出变更政策改变支出的水平，具体包括财政政策和货币政策；支出转换政策改变支出的结构，具体包括汇率政策和直接管制政策。

财政货币政策属于需求管理政策中的支出变更政策。财政和货币政策的作用主要是通过政策的松紧变化，调节社会总需求的扩张或收缩，从而达到调节国际收支的目的。

（1）财政政策。当一国出现国际收支逆差时，政府可采用紧缩的财政政策，如削减政府开支，或提高税收，使投资和消费减少，物价相对下降，从而有利于出口，抑制进口，从而改善贸易收支及国际收支。

（2）货币政策。货币政策手段包括调高再贴现率、提高法定存款准备金比率或在公开市场卖出政府债券等。当一国出现国际收支逆差时，中央银行可以通过提高再贴现率，使市场利率随之上升，当投资和消费均受到抑制，物价便会开始下降，从而抑制进口，有利于出口，改善贸易收支。另一方面市场利率的提高，也有利于吸引外资流入，从而改善国际收支。

支出变更政策作为国际收支调节手段具有明显的局限性，主要表现在为解决国际收支失衡问题而采取的财政或货币政策可能同国内经济目标发生冲突。如紧缩性政策在减少进口支出的同时也抑制了本国居民对国内产品的需求，由此会导致失业和投资的不足，影响长期的经济增长。因此，在本国经济不振，失业严重的情况下，国际收支逆差的出现，常常使政府在宏观经济政策的抉择上左右为难。只有在国际收支赤字是因为总需求大于充分就业条件下的总供给引起的情况下，采取紧缩性经济政策才不至于牺牲国内经济目标。

3．支出转换政策

支出转换政策改变支出在外国产品与本国产品之间的比重。转换政策可以通过贬值（汇率政策）或贸易政策等得以实现，即通过提高外币的价格来减少进口数量，增加出口数量，或通过外汇管制和进口配额等措施来直接限制进口的数量，通过出口补贴、出口退税等措施来奖励出口。

（1）汇率政策。汇率政策是指政府为达到一定的目的，通过金融法令的颁布、政策的规定或措施的推行，把本国货币与外国货币比价确定或控制在适度的水平而采取的政策手段。如当一国发生国际收支逆差时，该国可通过本国货币贬值或汇率下调，采增强本国商品在国外的竞争力，增加出口；同时，国外商品的本币价格会上升，竞争力下降，进口减少，国际收支逐步恢复平衡。若发生国际收支顺差，则采取相反的措施。

（2）直接管制政策。直接管制包括外汇管制、贸易管制和财政管制等形式。外汇管制是指一国政府通过有关机构对外汇买卖和国际结算进行行政手段干预。贸易管制是指一国政府直接限制商品进出口数量的政策手段，如进口配额、进口许可证制等。财政管制是指一国政府通过有关机构，如财政部、海关和官方金融机构等以进口关税、出口补贴、出口退税等形式，管制进出口商品的价格和成本，从而调节国际收支的政策手段。

直接管制政策的优点：见效快，较少通过市场机制的中间环节；具有较好的可操作性；效力容易测定；对国内经济的影响较小，政府在采用这种调节手段时具有更大的灵活性。使政府对经济的调节深入到微观领域，可克服财政与货币政策等宏观调节手段的某些局限性。

直接管制政策的弊端：容易受到对方的报复；要耗费一定的行政管理费用和信息成本；可能扭曲市场价格信号，使市场机制作用不能充分发挥，不能充分利用国际分工发挥自身优势；在一定程度上限制了竞争，会削弱国内企业的创新动力；可能产生寻租行为。

4．供给管理政策

从供给角度讲，调节国际收支的政策有产业政策、科技政策。这些政策旨在改善一国的经济结构和产业结构，提高劳动生产率，增加出口商品和劳务的生产，提高产品质量，降低生产成本，以此达到增加社会产品（包括出口产品和进口替代品）的供给、改善国际收支的目的。供给政策具有长期性，虽然在短期内难以有立竿见影的效果，但它可从根本上提高一国的经济实力与科技水平，从而为实现内外均衡创造条件。

（1）产业政策。产业政策的核心在于优化产业结构，根据国际市场的变化和自身的比较优势制订正确的产业结构规划，克服资源在各产业部门间流动的障碍，使本国产业结构的变动能适应世界市场的情况，从而达到减少乃至消除结构型的国际收支失衡。

（2）科技政策。对于发展中国家而言，科技政策的含义包括以下三个方面：推动技术进步；提高管理水平；加强人力资本投资。科技政策可以促进整个社会生产力水平的提高，促进经济结构的升级，促进创新产业的发展，通过增强高科技产品的产生能力，替代其进口产品，从而改善国际收支状况。

每一种国际收支调节政策都会对宏观经济带来或多或少的调节成本，所以必须搭配使用各种政策，以最小的经济和社会代价达到国际收支的平衡或均衡。

2.3 国际储备

国际储备是一国对外经济交往的最终结果，是一国国际地位的重要标志。一国国际储备规模适度、结构合理，是其对外借债和偿还债务的重要信用保证。

2.3.1 国际储备概述

1. 国际储备的概念

国际储备是指一个国家的货币当局所持有的用于弥补国际收支赤字（逆差），维持本国货币汇率稳定的国际间普遍接受的一切资产。

国际储备的概念有广义和狭义之分。狭义的国际储备概念是，根据国际货币基金组织的表述，一国的国际储备包括黄金储备、外汇储备、国际货币基金组织（IMF）中的储备头寸和特别提款权等四个部分，也称为自有储备。广义的国际储备概念即国际清偿能力，指一国政府为本国国际收支赤字融通资金的能力，包括一国政府的自有储备和借入储备（借入储备反映一国的国际融资能力）。

2. 国际储备的功能

对一个国家来说，国际储备主要有三个功能。一是用来清算国际收支差额，维持国家的对外支付能力；二是用来干预外汇市场，维持本国货币汇率的稳定；三是对本国经济的有关部门如银行提供紧急的流动性；四是用作国家信用保证。

3. 国际储备的特征

国际储备一般具有四个特点：一国金融当局必须具有无条件地获得这类资产的能力；资产必须具有自由兑换性；资产必须具备高度的流动性；资产必须得到国际间普遍接受。

2.3.2　广义国际储备的构成

1．自有储备

（1）黄金储备。黄金储备是指一国货币当局持有的作为金融资产的货币黄金。黄金作为国家储备资产已有较长的历史。从 19 世纪初到第一次世界大战爆发，在国际金币本位制下，资本主义国家一直把黄金作为官方储备。第二次世界大战结束后，随着布雷顿森林货币制度的建立，规定美元与黄金挂钩，其他货币与美元挂钩，再一次肯定黄金是国际货币制度和国际储备的基础。但是，黄金在国际储备中所占的比重，在战后呈现不断下降趋势，如表 2.2 所示。

表 2.2　国际储备结构表

单位：亿美元

年份（率）	1950	1970	1985	1995	2000	2001	2002	2003
国际储备总额	484.4 （100.0）	931.80 （100.0）	4385.00 （100.0）	9800.26 （100.0）	15784.67 （100.0）	17276.84 （100.0）	18817.65 （100.0）	21465.57 （100.0）
黄金储备	334.4 （69.1）	370.27 （39.7）	332.29 （7.6）	317.62 （2.86）	332.72 （2.1）	329.50 （1.9）	325.69 （1.7）	319.59 （1.5）
外汇储备	133.3 （27.5）	453.33 （48.6）	3483.25 （79.4）	8958.31 （91.4）	14794.05 （93.7）	16183.62 （93.7）	17634.58 （93.8）	20281.72 （94.5）
在 IMF 中储备头寸	16.7 （3.4）	96.97 （8.3）	387.31 （8.8）	366.73 （3.74）	473.77 （3.0）	568.61 （3.3）	660.64 （3.5）	665.08 （3.1）
特别提款权	— —	31.24 （3.4）	182.13 （4.2）	197.73 （2.0）	184.89 （1.2）	195.57 （1.1）	196.72 （1.0）	199.15 （0.9）

注：1．括号内数字表示该项占当年国际储备总额的百分比。

2．黄金按每盎司 35 特别提款权计算。

3．资料来源：IMF《国际金融统计》1995 年、2002 年年报、2004 年 6 月刊。

黄金储备的下降是因为其本身的一系列缺陷，促使各国不愿持有过多黄金，如黄金产量有限、黄金的占有和掌握极不平衡、黄金价格波动频繁、黄金天然缺乏赢利能力等。

黄金仍然作为国际储备的重要组成部分是因为：其高于其他任何储备资产的安全性，而且黄金本身就是一种价值实体，可以完全不受任何超国家权力的支配和干扰。发达国家的国际储备中黄金储备的规模和比重都远高于发展中国家。

小资料

以 2013 年 7 月的数字为例，全球黄金储备总共 30 683.6 吨。美国是世界上最大的黄金储备国，储备黄金 8133.5 吨，占其外汇储备的比例为 74.7%。第二是德国，为 3401 多吨，占其外汇储备的比例为 71.7%。其他依次是意大利的 2451.8 吨，占其外汇储备的比例为 71.4%；法国的 2435.4 吨，占其外汇储备的比例为 66.1%。中国即使通过 2009 年的调整（即由 600 吨增至 1054 吨），黄金储备也仅仅排在全球第五位。通过这次大幅调整，中国黄金储备占 3.9 万亿美元外汇储备的比例仅 1.6%，和排在中国之前的美、德、法、意四国高达 50%以上的比例相比，差距之大，超乎想象。中国是名副其实的外汇储备大国，黄金储备小国。

（资料来源：www.chinareviewnews.com。）

（2）外汇储备。外汇储备是目前国际储备中最主要、最活跃的部分，是指一国政府所持有的可以自由兑换的外币及其短期金融资产，是各国国际储备资产管理的主要对象。在金本位制下，外汇储备处于极其次要的地位。在布雷顿森林货币制度创立以后，其地位有所提高。

外汇储备增长的原因主要有：①为了满足国际贸易增长的需要。②外汇市场汇率波动频繁，各国政府为了提高外汇市场的干预能力，不断扩大外汇储备的规模，同时对于货币汇率持续上涨的国家来说，频繁干预外汇市场抛出本币，购入外币，从而产生新的储备。③外汇储备的迅速增长还同国际信贷总额的迅速膨胀有重要联系。

（3）储备头寸。储备头寸也称普通提款权，指国际货币基金组织的会员国按规定从基金组织提取一定数额款项的权利，是国际货币基金组织最基本的一项贷款，用于解决成员国国际收支不平衡，但不能用于成员国贸易和非贸易的经常项目支付。

（4）特别提款权（SpecialDrawingRights，SDR）。特别提款权是国际货币基金组织创设的无偿分配给各会员国用以补充现有储备资产的一种国际储备资产。

特别提款权同其他储备资产相比具有如下特点：SDR 不是真正的货币，是由 IMF 分配给各成员国的，或者说是 IMF 人为创造的一种记账单位，是成员国在基金组织中的账面资产。各国分配所得 SDR 的数量以该国所缴纳份额为基础。

特别提款权的作用：成员国发生国际收支逆差的，可以把 SDR 转让给另一成员国，换取可兑换货币，偿付国际收支逆差；SDR 也可用于偿还基金组织贷款；SDR 还可以用来支付基金组织中各项费用。

特别提款权的单位价值最初与黄金挂钩，等同于 1 美元，后来采用一篮子货币的定值方法。货币篮子每五年复审一次，以确保篮子中的货币是国际交易中所使用的那些具有代表性的货币，各货币所占的权重反映了其在国际贸易和金融体系中的重要程度。2001—2005 年特别提款权重的篮子货币包括：美元、欧元、日元和英镑。

基金组织（IMF）于 1969 年创设特别提款权，并于 1970 年按成员国认缴份额开始向参加特别提款权部的成员国分配特别提款权。

2. 借入储备

（1）备用信贷。备用信贷是指成员国在国际收支发生困难或预计要发生困难时，同基金组织（IMF）签订的一种备用借款协议。协议内容通常包括可借用款项的额度、使用期限、利率、分阶段使用的规定、币种等。

（2）互惠信贷协定。互惠信贷协定亦称货币互换安排，它是两国中央银行之间进行的一种双边货币合作。货币互换最初是两个签约国本币间的互换，目前，多为本币与外汇间的互换。

（3）借款总安排。借款总安排指十国集团（G10）与基金组织（IMF）达成的一项协议。该协议约定，IMF 成员国处于紧急状况时，由 G10 向 IMF 提供特别信贷，协助成员国解决临时性的国际收支失衡问题。借款总安排下的贷款使用必须获得 IMF 及 G10 的一致同意。

知识链接

七国集团和十国集团

七国集团是指几大主要的工业国家会晤和讨论政策的论坛，成员国包括加拿大、法国、德国、意大利、日本、英国和美国。十国集团指七国集团加上另外四个国家——比利时、荷兰、瑞典和瑞士。该集团其实有 11 个成员国，但被称为 G10，其主要目标是协调各国的货币与财政政策，促进世界经济体系的稳定和发展。

（4）本国商业银行的对外短期可兑换货币资产。本国商业银行的对外短期可兑换货币资产，尤其是在离岸金融市场或欧洲货币市场上的资产，虽其所有权不属于政府，但因为其资金流动性强，对政策的反应十分灵敏，所以政府可以通过政策的、新闻的、道义的手段来诱导其流向，从而间接地达到调节国际收支的目的。

2.3.3　国际储备的来源

1．一国范围内的国际储备来源

（1）国际收支顺差。国际收支顺差包括经常项目顺差和资本项目顺差，是一国国际储备最主要的来源。从根本上讲，只有国际收支顺差才是一国国际储备的是最主要来源。

（2）国内市场收购黄金。中央银行收购黄金有两种情况：一是用本币从国内市场收购黄金，这种方式可以增加该国的国际储备总量，是国际储备来源之一；二是用原有的外汇储备从国际市场上收购黄金，此种方式只改变该国国际储备的构成，并不会增大其国际储备总量，不属于国际储备来源。

（3）购进的可兑换货币。在本币受到升值压力的情况下，一国货币当局在外汇市场抛售本币，购进外汇，以稳定汇率。于是购进的可兑换货币便成为该国国际储备的一部分。

（4）对外借款净额。一国政府或中央银行运用其自身的信誉及经济实力，以国际信贷方式吸收的外汇资金，也是一国国际储备的来源之一。

（5）国际货币基金组织分配的特别提款权。特别提款权分配总额占世界储备资产总额的比重比较低，在发达国家和发展中国家之间的分配额也不平衡，因此，它是一国国际储备的来源之一，但不是国际储备的主要来源。

2．全球范围内的国际储备来源

储备货币发行国（如美国是国际储备货币之一美元的发行国）在国际收支逆差时输出的货币是全球国际储备的最主要来源。其他还包括黄金的产量减去非货币用黄金，以及特别提款权的分配。

2.3.4 国际储备管理

国际储备管理是指一国货币当局根据一定时期内本国经济发展的要求和国际收支状况，对国际储备的规模、结构等进行调整和控制，以实现储备资产规模适度化、结构最优化的整个过程，是一国宏观经济管理的重要组成部分。

国际储备管理包括国际储备量的管理和质的管理两个方面。前者是指对国际储备的总量管理或水平管理；后者是指对国际储备结构的管理，也被称做国际储备的结构管理。

1．国际储备的总量管理

国际储备的总量管理，也称规模管理，是指最佳或最适的国际储备资产储备量。适度的总量，该储备量指既能满足国际支付与干预外汇市场的需要，又不会过多而造成资产浪费。在实际中如果国际储备资产太少或太多，会影响一国经济的稳定，需要采取措施予以调整。

对国际储备资产进行总量控制，具体操作因国而异，但一般来说，在确定总量前必须了解考虑以下几方面内容。

（1）影响最适储备量的因素。

① 国际收支冲击，即国际收支逆差的规模和发生频繁性。一国的国际收支状况对该国储备要求具有决定性影响，两者呈正方向变化，即国际收支逆差差额越大，出现的频率越高，对储备的需求量就越多；反之，对储备的需求量就越少。

② 汇率制度。储备需求同汇率制度有密切的关系，如果一国采取的是固定汇率制，并且政府不愿意经常性地改变汇率水平，就需要持有较多的储备以应付国际收支可能产生的突发性巨额逆差或外汇市场上突然爆发的大规模投机。而实行浮动汇率制的国家对国际储备的持有量就可相对较低。

③ 进出口规模。进出口规模与储备需求量呈正相关关系，进出口贸易规模越大，表明对外开放程度越大，受外界干扰也越大，需要弥补的国际收支赤字可能也越大，因此，所需要的国际储备量也较多；反之，就越少。

④ 持有储备的成本。一国持有国际储备的成本等于投资收益率与利息率之差，这一差额越大，表明持有国际储备的成本越高；差额小，则表明持有国际储备的成本低。受经济利益的制约，一国需求国际储备的数量会同其持有国际储备的成本成反方向变化。

⑤ 对外筹集应急资金的能力。如果一国对外筹集应急资金的能力强，那么在国际金融市场上就容易筹措各种外汇资金，所需的国际储备量就少；反之，就多。

⑥ 是否储备货币发行国。如果一国的货币是自由可兑换的货币，则该国就可直接用本国货币来支付短期逆差，因而可保持较少的国际储备；反之，不是储备货币发行国，该国则需要保持较多的储备量。

⑦ 政策协调。如果一国政府同外国货币当局和国际货币金融机构有良好的合作关系，签订有较多的互惠信贷备用信贷协议，当该国国际收支发生逆差时，其他货币当局能协同干预外汇市场，则该国政府对自有储备的需求就少。反之，该国对自有储备的需求量就多。

⑧ 外汇管制宽严程度。如果一国外汇管制较严且控制能力较强，则可保持较少的国际储备，反之，则需较多的国际储备量。

（2）国际储备总量管理的意义。

国际储备作为一国调节国际收支逆差、稳定外汇市场的现实能力的标志，其规模不能过小，否则容易发生支付危机、经济脆弱，不利于一国经济的稳定增长。同时，国际储备的规模也不宜过大，国际储备过多将人为地减少本国国民经济对其资源、物资的有效利用；将会给一国通货膨胀带来压力，而且过多的国际储备使该国容易受到外汇汇率波动的冲击。

对于发展中国家来说过多的国际储备会使该国失去享受国际金融组织低利息优惠贷款的机会，从而难以借助国际力量加快经济发展。

随着近三十年来频繁发生的金融危机，国际储备的一个新功能就是防范投机攻击，稳定外汇市场。因此，普遍公认的“适度国际储备总量”就是满足支付进口、防范投机攻击与稳定外汇市场三大功能的储备总量。目前，学术界对如何测算“适度的国际储备”在方法论上也日趋成熟，如支付进口的水平由拇指法则决定（例如 3 个月、6 个月、12 个月等），偿还外债本息的水平以外债实际规模决定，用于防范投机性供给的水平则由缓冲存货模型决定。

（3）测度国际储备总量的方法和指标。

① 比例法则。比例法则也称拇指法则、经验法则，它是具有较强操作性且简便易行的测度国际储备适度总量的方法。测度国际储备适度规模的拇指比例法则包括：

a．非黄金储备/进口额比例法。这一比例法是由美国耶鲁大学教授罗伯特·特里芬（Robert Triffin）提出，他认为一国国际储备应与它的进口额保持一定的比例关系。如果就一国非黄金储备与周平均进口额的比例来看，该指标的经验数据约为 9～13 周，即国际储备应为 2～3 个月的进口额。也有人认为适度的国际储备应为一国 3～4 个月的进口额。

b．国际储备/外债比例法。第一，国际储备/全部外债比例法，。该比例体现的是一国国际储备对总体外债的清偿能力。按照国际经验，国际储备与外债余额之比在正常情况下应为 30%～50%。第二，国际储备/短期外债比例法，。它反映了一国对即期债务的清偿能力。根据国际经验，这一比例不能低于 100%。

c．国际储备/货币供应量比例法。国际储备持有量对广义货币供应量的比率。现有的研究表明，它与金融危机发生概率呈反相关关系，可用来预测金融危机是否会发生。这一比率越高，发生金融危机的可能性就越低。因此，如一国有较宽松的这一比率，可增强公众对该国货币的信心。有学者认为可以把 10%～20%的比率作为实行管理浮动制或固定汇率制国家国际储备是否适度的最低判断准绳；对实行自由浮动汇率的国家，则把 5%～10%的比率作为判断标准。

d．外汇储备/GDP 比例法。一些学者的研究表明，如一国国际储备对 GDP 的比率为 9%，则该国持有的国际储备大体可接近最优水平。在特定条件下，一国最优的国际储备与 GDP 的比率可达 23%。

② IMF 评估成员国国际储备不足的客观指标。IMF 在评估成员国的国际储备需要时，认为下列若干客观指标表示该国的国际储备不足：国内利率太高；加强对国际经济交易的限制；把积累储备作为经济政策的首要目标；持续的汇率不稳定；新增储备主要源自信用安排，如果新增加的储备主要是借入储备，会加大了整个储备的不稳定性。

③ 国际储备区间。国际储备区间是指由于在操作中很难确定国际储备适度总量的具体数值，故将国际储备的适度总量看成一个区间值，只要国际储备总量处在该区间之间，即为适度规模。国际储备区间的下限是经常储备量，是保证一国最低限度进出口贸易总量所必需的储备资产量；国际储备区间的上限是保险储备量，是一国经济发展最快时可能出现的进出口

贸易总量与其他国际支付所需要的储备资产量。

2. 国际储备的结构管理

国际储备结构管理是指一国如何最佳地配置国际储备资产，从而使黄金储备、外汇储备、在 IMF 的储备头寸和 SDR 四个部分的国际储备资产持有量之间，以及各部分的构成要素之间保持合适的数量构成比例。

（1）国际储备结构管理的意义。随着布雷顿森林货币制度的崩溃和浮动汇率制的实行，国际储备的结构管理对于各国货币当局或中央银行变得更为突出和重要了，其意义表现为以下几点。

① 单一的固定汇率制度转变为多种的管理汇率制度，使储备货币的汇率波动频繁，各国金融当局被迫注意货币汇率的变动，采取相应的措施，以避免本国储备资产的损失。

② 储备货币从单一的美元转变为美元、欧元、日元、英镑等多种储备货币同时并存的局面。不同储备货币汇率趋势与波动不一样，利率水平也高低不同，而且通货膨胀率也存在较大差异，在这种情况下，就必须适当调度和搭配储备资产的币种构成，以减少损失，增加收益。欧元诞生后的国际储备货币格局如表 2.3 所示。

表 2.3 欧元诞生后的国际储备货币格局

单位：%

年份	1999	2000	2001	2002	2003	2004	2005	2006	2009
美元	71	71.1	71.5	67	65.9	65.8	66.7	64.7	62.14
日元	6.4	6.1	5.1	4.4	3.9	3.9	3.6	3.2	3.01
英磅	2.9	2.8	2.7	2.8	2.8	3.4	3.6	4.4	4.25
瑞士法郎	0.2	0.3	0.3	0.4	0.2	0.2	0.1	0.2	0.12
欧元	17.9	18.3	19.2	23.8	25.2	24.9	24.2	25.8	27.37
其他	1.6	1.5	1.3	1.6	2	1.9	1.7	1.7	3.1

（资料来源：数据来源于 IMF：AnnualReport。）

③ 随着国际货币制度的变化，国际金融市场的长足发展，各种新的金融工具和投资工具层出不穷，这为国际储备资产营运的选择提供了更多的机会，但同时也加大了储备资产管理的难度和复杂性。

（2）国际储备结构管理的原则。

国际储备的结构管理，必须遵循安全性、流动性和赢利性三原则，进行“三性”管理。在国际储备结构管理的“三性”原则中，储备资产的安全性与流动性成正相关，安全性、流动性与赢利性成负相关。一国货币当局的国际储备结构管理，必须在确保安全性与流动性的前提下，争取最大限度的赢利。

（3）国际储备结构管理的内容。

① 黄金储备与外汇储备的结构管理。二战后，由于储备货币具有有流动性和安全性的优势，赢利性也高于黄金储备，因此许多国家货币当局采取了减少或基本稳定黄金储备而增加外汇储备的政策。然而，从长期来看，黄金价值稳定上升的态势，使其在国际储备中的地位又得到国际社会的普遍关注，一些国家在考虑适当增加黄金储备规模。尤其是中国和俄罗斯。但是，近年来黄金价格波动很大，自从 2011 年 9 月 30 日达到每盎司 1920.8 美元的高价后，黄金一路下跌，2015 年 7 月末跌破了 1100 美元。所以，增加黄金储备还有一个时机选择的问

题，如何选择价格低点买入很重要。

小资料

美联储黄金储备高达 8130 余吨，占美联储资产比重高达 78.2%；欧元区主要国家央行资产中，黄金储备也举足轻重，德国 3417 吨，占比 66.3%；法国 2562 吨，占比 59.4%；意大利 2451 吨，占比 68.1%。黄金事实上是美元和欧元背后最重要的内在价值体现——“货币锚”。

中国在 2009 年 4 月公布的黄金储备为 1054 吨，仅占其外汇储备总量的 1.5%左右。

（资料来源：www.chinareviewnews.com）

② 国际储备的币种结构管理。外汇储备的币种管理包括储备货币币种的选择和调整各种储备货币在外汇储备中的比重两个方面。一国外汇储备中储备货币币种的构成及其结构主要取决于下列因素：储备货币应与贸易支付和金融支付所需货币保持一致；储备货币应与干预市场所需要的货币保持一致；应选择多种储备货币；与该国外债的币种构成相匹配；要在对汇率走势进行研究的基础上，选择收益率较高的储备货币（一种储备货币的收益率＝汇率变动率＋名义利率）。

小资料

据美国财政部 7 月 16 日公布数据显示，中国 5 月所持美国国债环比增加 252 亿美元，总计 13 159 亿美元，稳居世界各国之首。中国 5 月占各国所持美国国债总额的比例为 23.2%，明显高于 4 月的 22.3%。

据美国财政部修正后的数据，2013 年前 5 个月中国总计增持美国国债 955 亿美元，大幅超过 2012 年中国全年净增持的 685 亿美元美债。

5 月美国国债持有量名列第二的日本，持仓量由 4 月的 11 127 亿美元降至 11 110 亿美元，减持 17 亿美元，已连续第三个月减少。而总量仍连续 13 个月居于 1.1 万亿关口之上。与此同时，美国国债持有量排名前列的多个国家和地区，均在本月有了不同程度的减持。

市场分析人士普遍认为，中国购买美债的根本目的是保证其外汇资产的流动性和安全性，长期来看，中国对美债的购买行为主要取决于中国未来外汇储备规模的积累，与国债的收益无直接关系。

（资料来源：http://finance.qq.com 2013-07-17）

③ 国际储备的资产结构管理。国际储备的主要作用是弥补国际收支逆差，因而在流动性与赢利性两个特性中，各国政府更重视储备资产的流动性。西方经济学家把储备资产按照流动性的高低分成三级：一级流动储备资产，流动性最高，但赢利性最低，包括在国外银行的活期存款，外币商业票据和外国短期政府债券；二级流动储备资产，赢利性高于一级储备，但流动性低于一级储备，二级储备是在必要时弥补一级储备资产不足以应付对外支付需要的储备资产，如中期债券；三级储备资产，高收益但流动性差的储备资产，赢利性高于二级储备，但流动性低于二级储备，此类储备资产到期可转化为一级储备，但不可提前动用，否则

会蒙受较大损失。

一般说来，国际收支逆差国在其储备资产中保留较大比重的一级储备，而顺差国则保留较小比重的一级储备和较大比重的三级储备。

小资料

英格兰银行把美元储备资产分为三档:

① 流动储备资产——短期票据，主要是美国三个月的短期国库券，平均期限为3个月;

② 二线流动储备资产——美国政府和机构的中期国库券，平均期限为2～5年;

③ 高收益但流动性差的资产——美国长期公债和其他信誉良好的债券，主要是A级和AA级的欧洲债券，平均期限为4~10年。

英格兰银行的决策较为典型，许多国家的决策与其类似。

④ 国际外汇储备资产结构管理的新趋势。近10年来，中央银行外汇储备管理的一个新趋势是开始对风险资产进行投资，如股票、新兴市场国家主权债等。根据瑞士银行对70多个央行的统计，截至2008年6月，已经有18个国家央行开始投资股票，16个国家央行投资新兴市场国家主权债，截至2008年世界各国的外汇投资中，股权投资占有相当比重，例如，日本股权投资占外汇投资的18%，英国占46%，加拿大占73%，中东石油输出国占45%；而且长期企业债的比重显著高于长期国债与长期机构债的比重（除日本与中东石油输出国外），例如，（除日本与中东石油输出国外），例如，英国的长期企业债占外汇投资的规模为44%，而长期国债与机构债占外汇投资的规模为8%；加拿大的相关数据分别为18%与5%。而长期国债与机构债占外汇投资的规模仅为8%；加拿大的相关数据分别为18%与5%。

案例分析示例

我国国际收支失衡问题研究分析（1990—2006年）

中国1990—2006年国际收支按照4个口径统计的失衡情况表

单位：亿美元

年份（年）	货物贸易差额	经常项目差额	资本和金融项目差额	综合差额
1990	120	121	33	154
1991	133	146	80	226
1992	52	64	−3	61
1993	−107	−119	235	116
1994	73	77	326	403
1995	180	16	387	403
1996	195	72	400	472
1997	462	370	210	580
1998	340	315	−63	252
1999	360	211	52	263
2000	345	205	19	224

续表

年份（年）	货物贸易差额	经常项目差额	资本和金融项目差额	综合差额
2001	340	174	348	522
2002	441	355	323	678
2003	447	459	527	986
2004	590	687	1107	1794
2005	1342	1608	630	2238
2006	2177	2533	67	2600

（资料来源：国家外汇管理局网站数据整理）

1. 我国国际收支失衡现状及其对国内经济影响

（1）国际收支持续双顺差。外汇管理局的统计数据显示，除 1993 年以外，我国经常项目始终保持顺差并呈逐渐上升趋势。1990—2006 年经常项目累计实现顺差 6525.29 亿美元，年均顺差 395.6 亿美元，其中 2006 年全年实现经常项目贸易顺差为 1780 亿美元，是近 17 年来平均值的 4 倍还多。资本和金融账户除 1998 年因受东南亚金融危机影响出现小额逆差外，其他年份也一直保持顺差。1990—2005 年累计实现 1106.6 亿美元顺差，创历史新高。而 2005 年 629.64 亿美元顺差较 2004 年虽有大幅下降，但也还是达到 15 年平均值的两倍以上。总体来看，国际收支失衡影响了国内总需求与总供给的均衡，冲击了经济的正常增长。

（2）外汇储备规模日益扩大。一定规模的外汇储备对一个国家是必不可少的，但外汇储备的边际成本与其规模成正比，过多的外汇储备往往意味着经济效率损失，会抑制经济增长，损害一国的国民福利。

（3）贸易摩擦显著增加。我国国际收支失衡影响了其他国家经济发展，增加了国际贸易摩擦。据商务部统计，2006 年共有 25 个国家和地区对我国发起“两反两保”调查 86 起，同比增长 37%，涉案金额 20.5 亿美元。同时，我国贸易摩擦压力持续增大，反倾销呈加速上升之势，反补贴可能扩大使用，与发展中国家的贸易摩擦大幅增加，知识产权将成为贸易摩擦的多发区。

（4）国际收支持续双顺差导致人民币升值压力较大。美国是中国的最大贸易交易国，与中国的贸易联系最为紧密。从这个意义上来说，人民币的升值对应的实际就是美元的贬值。

2. 我国国际收支失衡原因

（1）粗放型的贸易增长方式是贸易失衡大量积累的根源。

（2）国际间产业结构的转移加剧经常项目收支失衡。原来设在亚洲其他几个经济体的加工出口产业，尤其是其末端加工工序，已经大量转移到我国，这样也就把他们对美、欧的贸易顺差转移了过来。在商品结构上，我国顺差集中在工业制成品，尤其是轻纺和机电产品上，而同一时期初级产品进出口却由顺差变为逆差；从贸易方式看，加工贸易顺差远远大于一般贸易顺差。

（3）“鼓励资本流入，限制资本流出”等外汇管制政策加速了国际收支失衡。

（4）主要贸易伙伴（美国）偏重国内经济发展的贸易倾向恶化了我国国际收支失衡。我国贸易失衡不仅源于自身过分强调对外贸易，还部分源于主要贸易伙伴忽视对外平衡。其他的实证资料还证明，贸易顺差有力地改善了美国工人的就业结构。

（5）全球经济失衡加剧了我国国际收支失衡。

3. 我国国际收支失衡改善方案

（1）进一步提高汇率弹性。

（2）促进居民消费并继续实行适度扩张的财政政策以扩大内需。

（3）大幅度降低贸易顺差，实现进出口贸易平衡。

（4）我们应该充分利用世贸组织等有关国际规则，适当控制外商直接投资规模。

（5）要治理热钱流入。

（6）加强区域经济金融合作，提高应对全球经济失衡的能力。调节贸易平衡是贸易伙伴国之间的一个互动的过程，需要贸易伙伴国的积极配合。

（资料来源：中国论文下载中心；摘自论文《我国国际收支失衡问题研究综述》，作者：孙玲，陶士贵）

本章小结

1. 衡量国际收支不平衡的口径有贸易项目余额、经常项目余额、资本和金融项目余额和综合项目余额。

2. 按照国际收支不平衡的原因来分，国际收支有临时性、结构性、周期性、收入性和货币性不平衡。国际收支出现逆差或巨额顺差，对国民经济都会产生不利影响。

3. 国际收支的调节机制主要包括市场调节机制、政策调节机制。市场调节机制又包括“货币—价格机制”“利率机制”和“收入机制”；政策调节机制包括财政政策、货币政策、汇率政策、直接管制政策和供给调节政策。

4. 国际储备是一国货币当局为弥补国际收支逆差、维持本国货币汇率稳定以及应付各种紧急支付而持有的、能为世界各国所普遍接受的资产。广义的国际储备由自有储备和借入储备构成。自有储备（狭义的国际储备）包括货币性黄金、外汇储备、在IMF的储备头寸和特别提款权四种形式；借入储备由备用信贷、借款总安排、互惠信贷协议和一国商业银行的对外短期可兑换货币资产组成。

5. 国际储备的来源有以下几条渠道：经常项目顺差、中央银行在国内收购黄金、中央银行实施外汇干预政策时购进的可兑换货币、一国政府或中央银行对外借款净额、国际货币基金组织分配的特别提款权。

6. 国际储备的管理包括量的管理和质的管理两个方面，量的管理包括需求管理和供给管理，其中：需求管理反映的是一国持有储备资产的愿望，其核心是确定适度的储备需求水平；供给管理从根本上说，就是使国际储备的供应保持在最适度国际储备需求量的水平上。国际储备质的管理即国际储备的结构管理，主要是指黄金储备与外汇储备的结构管理、外汇储备的币种管理与外汇储备的资产形式的管理三个部分。一国进行国际储备资产的结构管理时应以统筹兼顾各种资产的安全性、流动性与赢利性为基本原则，重点在于外汇储备的币种管理与外汇储备的资产形式的管理。

7. 本章的教学重点是国际收支失衡及其调节机制，外汇储备的构成和管理；教学难点是国际收支失衡的调节机制和政策。

课后阅读

我国国际储备现状及对策分析

一、中国国际储备的现状

中国外汇储备资产表（2000-2012）

年份	2000	2001	2002	2003	2004	2005	2006
国际储备额	1656	2122	2864	4033	6099	8189	10 663
年增长额	109	466	742	1179	2066	2090	2474
年增长率%	7.05	28.14	34.97	41.17	51.23	34.27	30.21
年份	2007	2008	2008	2010	2011	2012	
国际储备额	15 282	19 460	23 992	28 473	31 811	33 116	
年增长额	4619	4178	4532	4481	3328	1305	
年增长率%	43.32	27.34	23.29	18.68	11.72	4.1	

（资料来源：国家外汇管理局网站整理）

2000 年以来，我国的国际储备现状表现在以下几个方面。

（1）规模庞大。我国的储备余额逐年攀升，截至 2012 年年末已经达到 33 116 亿美元（如上表）。

（2）增速高，但尾部下滑。从 2000 年以来外汇储备的增加速度来看，连续 13 年高位后，2010 年开始掉头向下。我国储备资产增长一直很快，从 2004 到 2006 连续三年在 2000 亿美元以上，在 2007 到 2009 并连续四年超过 4000 亿美元，2010 年有所下降，2011 年和 2012 年下降幅度相当惊人。

（3）来源转变。我国历来的国际外汇储备主要源于货物进出口差额，但是 2009 到 2011 年资本和金融项目共流入资本达到 7065 亿美元，年均流入量达到 2355 亿美元。这些年也是我房地产价格飙升的年月。值得注意的是 2012 资本净流出 211 亿美元。

（4）外汇储备多元化。据估计，目前我国庞大的外汇储备池中，约有 65%是美元资产，25%左右的欧元、5%左右英镑和 5%左右的日圆及其他。2007 年以来欧元兑美元的汇率跌宕起伏，目前基本持平，但英镑对美元的汇率下跌 20%左右。美元兑人民币下跌 23 左右%。外汇储备价值风险较大。

（5）收益偏低。我国有世界第一的外汇储备规模，对外净资产早在 2007 年已经超过一万亿美元，但是收益率相当低，从 2009 年我国的投资收益项目净付出 157 亿美元以后，投资收益付出额逐年增加，2012 年年末居然达到 574 亿美元，等于我国的净资产收益率接近-3.41%。

二、中国外汇储备适度规模分析

1．适度外汇储备是多少

影响一国外汇储备的因素主要包括进口规模、外债偿还需汇、汇率干预、外商投资利润汇回、居民旅游留学购物等需汇、应付突发事件等。根据上述影响外汇储备规模的因素，构造如下公式：

适度外汇储备规模=3 个月进口额+100%短期外债+外商投资 8%利润返回+居民用汇需求+汇率干预+应急资金+其他

以2013年上半年数据分析，一般认为保持3个月进口额5000亿美元左右；2011年年末我国的外债余额为6950亿美元，其短期外债余额为5009亿美元；汇率干预方面，虽然我国实行的是有管理的浮动汇率制度，但汇率的浮动区间并不大，所以用于这方面的外汇需求最高大约500亿左右即可；到2012年年底，我国实际利用外资达到34 385亿美元，平均利润率如按8%计算，外商投资利润返还需用汇2450亿美元左右；满足居民、企业特殊需要的外汇需求，考虑到我国个人用汇制度的放宽和居民境外投资政策的刺激，结合历史数据，估计2000亿美元左右；应付国际环境及其他突发事件的特殊性外汇需求，根据近年来国际局势动荡、恐怖事件频发、石油等重要战略资源价格暴涨等因素，估计需要外汇储备1000亿左右。

综合以上各种因素，目前我国外汇储备的适度规模应在16 000亿美元左右。外汇储备适度规模是一个动态概念，要随各种影响因素的变化而随时调整变化。而截至2012年年末我国外汇储备已达33 879亿美元，成为世界第一外汇储备国。显然，我国的外汇储备规模过大。

2. 外汇储备过量带来的问题

（1）通货膨胀压力太大。

长期以来我国国际收支的“双顺差”，导致外汇储备的飙升，造成了巨大的通货膨胀压力。

（2）不利于保持独立的货币政策。

外汇储备增加，央行的外汇占款随之增加，基础货币投放规模亦相应扩大，物价稳定就受到影响，通货膨胀压力就增大。十年来，由于外汇储备迅速增加，基于外汇占款的基础货币投放成为央行基础货币投放的主要渠道。央行不得不采取加大存款准备金率或对冲等手段，控制货币供应量的扩张。

（3）持有外汇储备的机会成本太高。

巨额外汇储备是国民经济运行中沉淀下来储蓄资金，没有参与国民经济的运作，也没有进行国际高盈利项目的投资，绝大部分被用来购买外国国债和准政府债券，利率较低。其中占比重很大的美国国债平均收益率处于2%～3%左右的低水平，而同时期外商在我国的投资回报率却在10%左右，这使得我国外汇储备的机会成本非常高。

（4）对外汇储备的管理理念、管理方法、管理技术、管理人才的要求提高，管理的难度加大。

三、我国国际储备的结构分析

1. 国际储备资产结构不合理

目前我国黄金储备仅占外汇储备的1.6%，远低于其他发达国家50%～80%的一般标准。外汇储备多黄金储备少的格局带来了很多问题。

2. 外汇储备币种结构难以适应动荡的外汇市场

在我国巨额的外汇储备中，美元资产占65%左右，其中很大一部分是美国国债和准政府债，利率较低。因为美元是主要的国际支付货币和借贷货币，持有比重不能下降，但是如此大额的美元储备，必然承担美元贬值的风险以及美元利率下调的风险。此外，大量的商品出口换回美国货币，使我国成为美元“铸币税”的主要承担者。长期以来，各种储备货币比值动荡不已，时升时降，使绝对合理安全有效稳定的货币结构较难定论。

3. 重要商品储备水平偏低

重要商品储备以及成为经济发达和比较发达的欧美国家储备的惯例。国际能源机构要求其成员国建立起至少维持各自消费90天的石油战略储备量。美国、日本和德国的石油储备分别达到158天、161天和127天。

如果由于某种原因石油进口中断而没有储备，对石油进口依存度高的国家的国民经济将造成重大影响；如果没有一定的储备量，对商品的国际价格就没有话语权，只能被动地接受价格波动，不利于本国经济的稳定发展。增加重要商品储备、实现储备多元化正是国际储备的发展趋势之一。

我国的重要商品储备起步较晚，储备水平偏低。

4. 外汇储备的资产结构不合理

收益率较低流动性较高的政府债占比太大，缺乏多样性、新金融工具，新的投资方向，是储备资产机会成本太大的主要原因。

四、对我国国际储备管理的一点建议

（1）变“政府集中持汇”为“藏汇于民”

借鉴国外外汇储备由政府、企业和个人分散持有的做法，放松外汇管制，实施“藏汇于民”的政策，这样，既可以分散国家持有巨额外汇的风险，还可以满足企业和居民日益增长的外汇使用需求，是解决我国外汇储备过量问题的有效策略。

（2）适当、适时、适量增加黄金储备。

（3）建立和完善重要商品储备。

一些重要商品，如石油、铁矿石、有色金属等，是国民经济发展中不可或缺的资源，而且大多数不可再生。随着经济发展和国际竞争的日趋激烈，对这些关乎国家经济安全重要商品的储备管理，将提高到国家战略的高度。

（4）调整和完善国家经济税收政策。

我国经济长期高速增长和长期以来“出口导向”“奖出限入”的经济税收政策的实施导致我国近20年的“双顺差”和国际储备的大量累积。解决这个问题，走“内涵增长型集约化经济改革道路”和制定与实施“公平与效率并举”的经济税收政策非常必要。

改革我国的进出口税制、出口退税政策和财政政策，扩大技术含量高、具有自主知识产权、自主品牌商品的出口，提高出口商品附加值；限制能耗型、污染型、资源型商品出口，优化我国产业结构，适应国际市场的需要，提高产品在国际市场上的竞争力；加大先进技术设备与国内紧缺物资、原材料的进口。

（5）积极投资安全高效的项目。比如在资源丰富的国家联合开矿、铁路等交通建设等等。

（6）扩大技术和人才的引进。促进科技创新，妥善规划未来行业发展方向，引进必要的先进技术和高级人才。

（7）进一步推行“走出去”战略，鼓励国内企业对外投资，鼓励和支持本土跨国公司的成长和发展。

（8）建立主权财富基金，实现国际储备收益最大化。新加坡政府投资公司（GIC）是这一模式的先驱，中国投资公司也是此模式最新也最重要的案例。

（资料来源：《金融与经济》作者：侯迎春）

课后练习

技能训练

1．判断题

（1）国际收支平衡是绝对的，不平衡是相对的。（　　）

（2）国际收支平衡表最终差额为零只是会计意义上的平衡。（　　）

（3）在其他条件不变的情况下，一国国际收支顺差会增大国内通货膨胀和本币升值的压力。（　　）

（4）由于本国产品的供求结构无法跟上国际市场产品需求结构的变化，出口萎缩、贸易赤字扩大而形成的国际收支失衡，是周期性失衡。（　　）

（5）资金融通政策主要用于解决临时性的国际收支失衡。（　　）

（6）财政货币政策主要用于解决货币性的国际收支失衡。（　　）

（7）外汇储备在实际中使用的频率最高，而黄金储备几乎很少使用。（　　）

（8）一国的国际储备就是该国外汇资产的总和。（　　）

（9）一国对国外资源的依赖程度越大，则需要持有越多的国际储备。（　　）

（10）国际上一般认为，一国最适度的储备量应以满足该国 3 个月的进口支付额为标准，即储备量与当年进口额的比率为 25%。（　　）

2．案例分析题

（1）分析美国国际收支失衡的原因和影响以及应采取的调节政策。（根据上一章美国收支平衡表；通过网络查找和学习美国的相关资料）

（2）根据我国近五年国际储备的变动与余额，思考并分析我国国际储备现状及问题。（分析从三个方面进行：管理原则；适度考虑；结构管理。）

复习思考

1．名词解释

自主性交易　补偿性交易　国际收支平衡　国际收支失衡
周期性不平衡　结构性不平衡　货币性不平衡　货币—价格机制
收入机制　利率机制外汇缓冲政策　国际储备外汇储备规模管理
结构管理

2．填空题

（1）国际金本位条件下，大卫·休谟提出了国际收支的自动平衡机制，________。

（2）在纸币本位和固定汇率制度下，国际收支的自动调节机制有：________；________；________。

（3）美国经济学家特里芬认为，一国的国际储备量与该国进口量的比例应保持在______。

（4）国际储备主要包括________、________、________和________四部分内容。

（5）国际清偿能力是指________。

3．单项选择题

（1）第一次世界大战以前，各国最重要的储备资产是（　　）。

A．黄金储备　　B．外汇储备

C．在基金组织的储备头寸　　D．特别提款权

（2）由于国内通货膨胀而导致的国际收支失衡称为（　　）。

A．周期性失衡　　B．收入性失衡

C．结构性失衡　　D．货币性失衡

（3）储备资产按照（　　）的高低可划分为三级储备。

A．安全性　　B．流动性

C．赢利性　　D．稳定性

（4）一国外汇储备最稳定和可靠的来源是（　　）。

A．经常账户顺差　　B．资本与金融账户顺差

C．中央银行用本币购买外汇　　D．中央银行用本币购买黄金

（5）国际储备资产中的一级储备具有的特点是（　　）。

A．流动性最高，赢利性最低　　B．流动性最低，赢利性最高

C．流动性和赢利性都最高　　D．流动性和赢利性都最低

（6）通常一国国际储备管理的原则是（　　）。

A．以安全性和流动性为主，兼顾赢利性

B．以流动性和赢利性为主，兼顾安全性

C．以安全性和赢利性为主，兼顾流动性

D．统筹兼顾安全性、流动性和赢利性

4．多项选择题

（1）国际储备资产的特征有（　　）。

A．可得性　　B．流动性

C．普遍接受性　　D．稳定性

（2）当国际收支出现顺差时，为了平衡国际收支，政府可以采取的措施有（　　）。

A．降低利率　　B．本币升值

C．减少税收　　D．减少政府支出

（3）以下属于一国国际储备的有（　　）。

A．中央银行持有的外汇　　B．商业银行持有的外汇

C．居民持有的外汇　　D．IMF 分配尚未动用的 SDRs

（4）当国际收支出现逆差时，为了平衡国际收支，政府可以采取的措施有（　　）。

A．提高利率　　B．本币升值

C．减少税收　　D．减少政府支出

（5）国际收支失衡的自动调节机制有（　　）。

A．物价—现金流动机制　　B．外汇市场的供求机制

C．收入机制　　D．利率机制

（6）外汇储备结构管理应遵循的原则（　　）。

A．国际经贸往来的方便性　　B．安全性

C．赢利性　　D．流动性

5．简答题

（1）简述国际收支失衡的含义和类型。

（2）简述国际收支失衡的原因。

（3）简述国际收支失衡的影响。

（4）简述国际金本位制度下的国际收支自动调节机制。

（5）简述纸币本位固定汇率制度下的国际收支自动调节机制。

（6）简述浮动汇率制度下国际收支的自动调节。

（7）简述国际收支的调节政策。

（8）简述国际储备的构成内容。

（9）简述国际储备的规模管理。

（10）简述国际储备的结构管理的含义和管理原则。

第 3 章

外汇与汇率

学习目标

1. 知识目标

（1）理解外汇的基本含义；
（2）熟练掌握外汇的主要分类及其标价方法；
（3）熟悉汇率决定理论：
（4）理解汇率变动的主要因素及汇率变动对经济的影响。

2. 技能目标

（1）学会外汇汇率的计算方法；
（2）能够分析汇率对一国经济变化产生的影响，并能结合现实进行分析。

章前引例

一个国家生产的商品都是按本国货币来计算成本的，要拿到国际市场上竞争，其商品成本一定会与外汇及外汇的价格相关，也会直接影响该商品在国际市场上的成本和价格，进而影响商品在国际市场上的竞争力。

例如，一件价值 100 元人民币的商品，如果美元（USD）对人民币（CNY）汇率为 6.3（USD 1 = CNY6.3），则这件商品在国际市场上的价格就是 15.87 美元（100 ÷ 6.3）。如果美元汇率涨到 6.9（USD 1 = CNY6.9），也就是说美元升值，人民币贬值，该商品在国内市场上美元成本实际上是低了，直接使它在国际市场上的价格变低（100 ÷ 6.9=14.49 美元），竞争力变强，肯定好卖，从而促进该商品的出口。反之，如果美元汇率跌到 6.00（USD 1 = CNY 6.00），也就是说美元贬值，人民币升值，必不利于中国出口（因为出口产品价格上升为 100 ÷ 6=16.67 美元）。因此，美元升值而人民币贬值就会有利于中国商品对美国的出口，反过来美元贬值而人民币升值却会大大刺激美国对中国的出口。

思考下列问题：

1．什么是外汇、汇率？
2．什么是买入汇率和卖出汇率？
3．汇率的标价方法有哪几种？
4．影响汇率变动的主要因素有哪些？

5．汇率变动对国际收支的影响如何？

3.1 外汇与汇率概述

3.1.1 外汇概述

1．外汇的概念

外汇有动态和静态两层涵义。

（1）动态的外汇是国际汇汇兑的简称，是指外汇兑换的过程，它强调的是外汇是一种活动。也就是通过银行体系，把一种货币兑换成另一种货币，并借助于各种信用工具，把货币资金转移到另一个国家，以清偿国际间由于贸易、非贸易往来而产生的债权债务的过程。

（2）静态的外汇可以从广义和和狭义两方面理解。广义的静态外汇泛指一切以外币表示的债权或金融资产。国际货币基金组织和我国关于外汇的解释都是指静态涵义中广义的外汇。按我国 1997 年 1 月颁布并在以后修订的《中华人民共和国外汇管理条例》中的规定，外汇有：外国货币，包括纸币、铸币；外币支付凭证，包括票据、银行存款凭证、邮政储蓄凭证等；外币有价证券，包括政府债券、公司债券、股票等；特别提款权；其他外汇资产。

狭义的静态外汇一般是指以外国货币表示的，在国际支付中使用的直接用于国际结算的支付手段，具体包括以外币表示的汇票、支票、本票和以银行存款形式存在的外汇，其中以银行存款形式存在的外汇是狭义外汇的主体。区别广义和狭义的外汇主要在于狭义外汇在现实经济生活可以履行货币的支付职能，可方便生产和生活，促进国际经济交往。

知识链接

货币符号列表

国别	货币名称		货币符号	
	中文名称	英文名称	原有旧符号	标准符号
中国	人民币元	Renminbi Yuan	RMB；￥	CNY
中国香港	港元	HongKong Dollars	HK；$	HKD
中国澳门	澳门元	Macao Pataca	PAT.;P.	MOP
越南	越南盾	Vietnamese Dong	D.	VND
日本	日圆	Japanese Yen	￥;J.	JPY
马来西亚	马元	Malaysian Dollar	M. $;Mal.	MYR
新加坡	新加坡元	Singaporean Dollar	S. $	SGD
欧洲货币联盟	欧元	Euro Currency	€	EUR
瑞士	瑞士法郎	Swiss Franc	SF.;SFR.	CHF
英国	英镑	Pound；Sterling	£；£ Stg.	GBP
加拿大	加元	Canadian Dollar	Can. $	CAD
美国	美元	U.S.Dollar	U.S. $	USD

（资料来源：http://blog.163.com）

2. 外汇的三个基本特征

从外汇的实际用途来看，外汇必须具备以下几个特征：

（1）外汇必须是以外国货币表示的，并为各国所普遍接受，具有国际性。

（2）外汇必须具有一定的可兑换性。可兑换性可强可弱，但必须具有一定的可兑换性，如果不具有任何可兑换性，则其失去了用于国际结算的意义，不能称之为外汇。

（3）外汇必须是能够得到偿付的债权，具有可偿性。

3. 外汇的主要分类

（1）按照能否自由兑换，可分为自由外汇和记账外汇。

自由外汇又称“自由兑换外汇”，是指无需经过发行货币国家批准，即可以在国际市场上自由买卖、随时使用，又可以自由转换为其他国家货币的外汇。它在国际交往中能作为支付手段广泛地使用和流通，如美元、英镑、瑞士法郎、日元等主要国家货币。

记账外汇，又称协定外汇、清算外汇或双边外汇，它是根据两国政府贸易清算协定，进行国际结算时用作计价单位的货币。常用于贸易交易频繁的国家之间。记账外汇可使用交易双方任何一方的货币，也可使用第三国货币或某篮子货币。例如，中国和俄罗斯两国政府在支付协定中规定中俄之间的每笔贸易合同都以美元来计价，也就是在交易中双方银行的账户上以美元为记账外汇，但并不在每次交易中都实际支付美元，只是以其作为计价单位的货币记载双方贸易额，只有在约定的一定时期后再按约定的方式实际结算，此时美元只是充当了记账外汇的作用，而没有在每次交易中得到实际的结算与兑换。

（2）按照资金实际收付的时间，可分为即期外汇和远期外汇。

即期外汇（Spot Foreign Exchange）是指外汇交易达成后，在两个营业日内办理交割的外汇，又称现汇。资金的收付以双方相应账户中的资金的实际变动为标志。

远期外汇（Forward Exchange）是指外汇交易达成后，在两个营业日以后办理交割的外汇，又称期汇。交易者只能在合同规定的超过两个营业日之外的日期办理资金实际收付的外汇。

（3）按照外币的形态，可分为外汇现钞和外币现汇。

外汇现钞是指外国钞票、铸币，现钞主要由境外携入。外币现汇是指在货币发行国本土银行的存款账户中的自由外汇，外币现汇主要由国外汇入，或由境外携入、寄入的以外币表示的经银行托收的票据。各种外汇的标的物，一般只有转化为货币发行国本土的银行的存款账户中的存款货币，即现汇后，才能进行实际上的对外国际结算。

（4）按照外汇来源和用途，可分为贸易外汇和非贸易外汇。

贸易外汇是指由商品进出口及其从属费用（主要包括与商品进出口直接关联的运费和保险金等）引起收付的外汇。非贸易外汇则是指非贸易业务引起收付的外汇。例如，捐赠、留学、劳务合作和资本流动等方面的外汇收支。

（5）按照汇率变动的趋势，可分为硬通货和软通货

硬通货是指币值坚挺，购买力较强，汇率呈上升/上涨趋势的自由兑换外汇。软通货是指币值疲软，购买力较弱，汇率呈下降/下跌趋势的自由兑换外汇。硬通货和软通货是相对的、动态的、变化的概念。一种货币在一段时间内是硬通货，过一段时间后可能是软通货。

4．外汇的作用

外汇是国际间经济交流必不可少的工具，是国际结算的支付手段，它对促进国际间经济贸易，以及政治文化交流起着重要的促进作用，可以概括为：

（1）外汇转移了国际间的购买力。由于各国的货币制度不同，使用的货币不同，一国货币不能在其他国家内流通，不同国家间的购买力是无法转移的。国际间的债权债务关系发生在不同的国家之间。过去一般是使用国际间共同确认的黄金作为清偿国际间债务的手段，因其自身的弊端给交易带来不便。外汇的出现解决了这一难题，外汇是用一种货币兑换成另一种货币作为支付手段，使货币购买力在不同的国家内流通变为现实，促进了各国的经济发展和国际经济交往。

（2）外汇促进了国际贸易的发展。外汇作为国际间债权债务清偿结算的工具，不仅减少了运送黄金或现钞的费用，防范了风险，而且加速了资金周转。特别是汇票、信用证等各种外汇信用工具的使用，使进出口商的信用增加，资金的融通范围扩大，使得国际间的结算安全、迅速和便利，从而促进了国际贸易的发展。

（3）外汇调节资金在国际间流动，促进世界经济一体化。世界各国经济发展不平衡，资金余缺情况也就不同，客观上存在调剂资金的必要。一般来说，资金比较匮乏的发展中国家特别需要外汇资金来加速其经济增长；而发达国家一般拥有大量的闲置资金，正在寻找投资的途径以求更多的获利。外汇使资本的国际化成为可能，发达国家可以通过建立跨国公司等形式，将其资本进行国际化的投资，支持了发展中国家的经济建设，加速了世界经济的均衡发展和世界经济的一体化进程。

3.1.2 汇率

1．汇率的概念

汇率（Foreign Exchange Rate）又称汇价、外汇牌价或外汇行市，是不同货币之间兑换的比率或比价，也可以说是以一种货币表示的另一种货币的价格。本币和外币都具有同样的表现对方货币价格的功能，至于某个国家使用本币来表示外币，还是使用外币来表示本币，则取决于其所采取的不同的汇率标价方法。

2．汇率的标价方法

（1）直接标价法（Direct Quotation）。这种标价法又称应付标价法，是用一定单位的外国货币作为标准（如 1、100、10000 等）来计算可折合成多少单位的本国货币。或是以本币来表示单位外币价格的标价方法。即：

单位外币=X 本币

直接标价法的特点：①外币数量固定不变，本币数量可变；②汇率的升降同外汇币值的变化成正比，同本币币值的变化成反比。汇率上升，表明单位外币能兑换的本币增多，或要用更多的本币才能兑换和原来相同的外币，即外币升值，本币贬值；反之，亦然。

目前世界上绝大多数国家都采用直接标价法，我国人民币对外币也采用这种标价方法。例如，2013 年 1 月 19 日，国家外汇管理局公布的人民币外汇汇率为：100 美元 = 610.41 元人民币；100 日元 ＝5.8383 元人民币；100 欧元 ＝831.04 元人民币；100 英镑 ＝997.78 元人民币。

（2）间接标价法（Indirect Quotation）。这种标价法又称应收标价法，是指用一定单位的本国货币作为标准（如 1、100、10000 等）来计算可折合为多少单位的外国货币，或是以外币来表示单位本币价格的标价方法，即：

单位本币=X 外币

间接标价法的特点：①本币数量固定不变，外币数量可变；②汇率的升降同本汇币值的变化成正比，同外币币值的变化成反比。汇率上升，表明单位本币能兑换的外币增多，或要用更多的外币才能兑换和原来相同的本币，即本币升值，外币贬值；反之，亦然。

目前，采用间接标价法的货币主要有美元、英镑、欧元、新西兰元、澳大利亚元等少数货币。

例如，2014 年 1 月 19 日，外汇市场各种外汇收盘价为：1 美元 ＝1.0950 加拿大元；1 美元 ＝7.7560 港元；1 美元=6.0528 人民币；1 美元= 0.9092 瑞士法郎。

关于直接标价法与间接标价法的说明：

① 以上两种不同标价法下的汇率互为倒数，两者的乘积等于 1。

② 在外汇交易中，各种标价法下数量固定不变的货币叫做基本货币或基准货币（Base Currency），数量不断变化的货币叫做标价货币或报价货币（Quoted Currency）。无论采用以上哪种标价法，都是以标价货币来表示基本货币的价格。

③ 汇率正确表达方法：若基本货币的单位为 1，则汇率的数值精确到小数点后 4 位，不足 4 位的以 0 补足，例如，USD1=CNY 6.0615，或 USD1=CNY 6.0600；若基本货币的单位为 100，则汇率的数值精确到小数点后 2 位，不足 2 位的以 0 补足，例如，USD100=CNY 606.15 或 USD1=CNY 606.00，即 5 位有效数字。

（3）美元标价法（US Dollar Quotation）非本国货币之间的汇率往往是以一种国际上的主要货币或关键货币为标准的。所有外汇市场上交易的货币都对美元报价，非美元货币之间的汇率则通过各自对美元的汇率套算。如，二战以后由于布雷顿森林货币体系的确立，美元成为中心货币，各国外汇市场上公布的外汇牌价均以美元为标准，如 1 美元 ＝1.0950 加拿大元，1 美元 ＝7.7560 港元，1 美元 =6.0528 人民币，1 美元= 0.9092 瑞士法郎。

3. 汇率的种类和计算

在国际汇兑的实际业务中，经常涉及不同种类的汇率，下面我们按不同的分类标准简单介绍一下汇率的不同种类。

（1）从银行买卖外汇的角度出发，可将汇率分为买入汇率、卖出汇率、中间汇率和现钞汇率。

买入汇率（Buying Rate）又称买入价，是银行购买外汇时所使用的汇率，卖出汇率（Selling Rate）又称卖出价，是银行卖出外汇使用时的汇率。在外汇市场上，银行通常采用双向报价法，即同时报出买入价和卖出价。银行进行外汇买卖活动时，分别以不同的汇率进行，当银行买入外汇时以较低的外汇价格买入，卖出外汇时则以较高的外汇价格卖出，两者之间的价差即为银行的利润。买入价和卖出价都是从报价银行的角度和外汇的角度而言的，而不是从客户或询价银行和本币的角度来说明的。

在直接标价法下，较小的价格为买入价，较大的价格为卖出价，例如，某日纽约外汇市场上，某家银行报出的汇率为：1 英镑=2.0056/2.0066 美元，表示该银行买进 1 英镑外汇时付给对方 2.0056 美元，而卖出 1 英镑时则向对方收取 2.0066 美元；而在间接标价法下则相反，价格较小的是外汇卖出价，价格较大的是外汇买入价。例如，某日伦敦外汇市场上某银行美元对英镑的汇率为 1 英镑=2.0056/2.0066 美元，则前者表示该行收入英镑即卖出美元的价格是 0.4986 英镑（1/2.0056），后者表示该行付出英镑即买入美元的价格，为 0.4984 英镑（1/2.0066）。所以在间接标价法下，银行所公布的价格中较小的是外汇卖出价，较大的价格是外汇买入价。

中间汇率（Middle Rate），又称中间价，是银行买入价和卖出价的算术平均数。中间汇率常常用于报刊上关于汇率的报导、分析和预测等。现钞汇率（Bank Note Rate）又称现钞价，是银行在买卖外汇现钞时使用的汇率。现钞价又分为现钞买入价和现钞卖出价，银行的现钞卖出价与现汇卖出价相同，但由于银行买入现钞要承担一定的时间成本和运输成本，所以现钞的买入价略低于现汇的买入价。

知识链接

表中国工商银行 2014 年 01 月 17 日星期六人民币即期外汇牌价

币种	交易单位	现汇买入价	现钞买入价	卖出价
美元（USD）	100	603.73	598.89	606.15
港币（HKD）	100	77.84	77.22	78.16
日元（JPY）	100	5.7786	5.6133	5.8192
欧元（EUR）	100	815.68	792.35	821.40
英镑（GBP）	100	989.89	961.58	996.85
瑞士法郎（CHF）	100	661.36	642.44	666.00
加拿大元（CAD）	100	549.37	533.66	553.23
澳大利亚元（AUD）	100	528.67	513.55	532.39
新加坡元（SGD）	100	472.39	458.88	475.71
丹麦克朗（DKK）	100	109.29	106.16	110.05

（提示：此汇率为初始报价，成交价以各地分行实际交易汇率为准。资料来源：中国工商银行官方网站）

（2）按汇率制定的方法不同，可将汇率分为基础汇率和套算汇率。

基础汇率（Basic Rate）是一国所制定的本国货币与关键货币之间的汇率。与本国货币有关的外国货币往往有许多种，但不可能使本币与每种货币都单独确立一个汇率，所以往往选择某种关键货币作为本国汇率的制定标准。所谓关键货币是指在国际贸易或国际收支中使用最多、在各国的外汇储备中占比最大、自由兑换性最强、汇率行情最稳定、事实上普遍为各国接受的货币。目前，各国普遍把美元作为制定汇率的关键货币，因此，本币与美元的汇率一般作为基础汇率。

套算汇率（Cross Rate）是在基础汇率的基础上套算出的本币与非关键货币之间的比率。如果将本币与美元之间的汇率作为基础汇率，则本币与其他非美元货币之间的汇率即为套算汇率，它是通过它们各自与美元之间的基础汇率套算出来的。例如，若在某一时点上我国的基础汇率是 1 美元兑 6.8462 元人民币，而美元对英镑的汇率是 1 英镑兑 2.0190 美元，则 1 英镑可兑换 13.8225 元人民币（6.8462×2.0190）。目前各国外汇市场上每天公布的外汇汇率都是各种货币兑美元之间的汇率，非美元货币之间的汇率均须通过该汇率套算出来。具体计算方法如下：

① 关键货币相同且同为单位货币或标价货币（同在一侧），用交叉相除法。

【例析】已知：某日外汇市场的行情为 USD/JPY99.190/99.230，USD/DEM1.0672/1.0689，求 DEM/JPY。

分析：在这两组报价中，美元均为关键货币并且是单位货币（同在左侧），采用交叉相除的办法。

USD/JPY=99.190/99.230

USD/DEM=1.0672/1.0689（交叉相除）

因此，DEM/JPY=（99.190 ÷ 1.0689）/（99.230 ÷ 1.0672）=92.790/92.990

【例析】已知：某日外汇市场行情为 EUR/USD1.4411/1.4422，GBP/USD1.8986/1.8996，求 EUR/GBP。

分析：在这两组报价中，美元均为关键货币并且是标价货币（同在右侧），采用交叉相除的办法。

EUR/USD=1.4411/1.4422

GBP/USD=1.8986/1.8996（交叉相除）

因此，EUR/GBP=（1.4411 ÷ 1.8996/（1.4422 ÷ 1.8986）=0.7586/0.7597

② 关键货币在两组汇率中分别为单位货币和标价货币（一个在左，一个在右），用同边相乘法

【例析】已知：某日外汇市场行情为 USD/JPY99.190/99.230，EUR/USD1.4411/1.4422，求 EUR/JPY。

分析：在这两组报价中，美元均为关键货币并且在两组汇率中分别为单位货币和标价货币，采用同边相乘的办法。

USD/JPY=99.190/99.230

EUR/USD=1.4411/1.4422（同边相乘）

因此，EUR/JPY=（99.190 × 1.4411）/（99.230 × 1.4422）=142.94/143.11。

（3）按外汇交易中支付方式的不同可将汇率划分为电汇汇率、信汇汇率和票汇汇率 3 种。

电汇汇率（Telegraphic Transfer Rate, T/T Rate）是指买卖外汇是以电汇方式支付外汇所使用的汇率。银行卖出外汇后，立即用电报、电传等通信方式通知国外分行或代理行支付款项给收款人，外汇付出迅速，银行无法占用客户汇款资金，且国际电报、电传收费较高，因而向客户收取的价格也就较高。现代外汇市场上多用电汇方式付出外汇，也是较其他汇率略高的一种。

信汇汇率（Mail Transfer Rate，M/T Rate）是银行用信函方式通知支付外汇的汇率。银行卖出的外汇需要用信函通知国外分行或代理行付出，所用时间较长，因此需将银行占用在途资金的利息扣除，汇率也就较电汇汇率为低。

票汇汇率（Demand Draft Rate，D/D Rate）是银行买卖即期外汇汇票的汇率。买卖即期汇票所需时间也较长，因而汇率较电汇汇率低。

（4）按外汇买卖成交后交割时间的长短不同，分为即期汇率和远期汇率。

即期汇率（Spot Rate）也称现汇汇率，是交易双方达成外汇买卖协议后，在两个工作日以内办理交割的汇率。

远期汇率（Forward Rate）也称期汇汇率，是交易双方达成外汇买卖协议，约定在将来某一时间进行外汇实际交割所使用的汇率。这一汇率是双方以现汇汇率为基础约定的，但往往与现汇汇率有一定差价，其差价称为升水或贴水。当远期汇率高于即期汇率时称外汇升水；当远期汇率低于即期汇率时称外汇贴水。另外，远期汇率虽然是未来交割所使用的汇率，但与未来交割时的市场现汇汇率是不同的，前者是事先约定的远期汇率，后者是将来的即期汇率。中国银行人民币远期外汇牌价如表 3.1 所示。

表 3.1 中国银行人民币远期外汇牌价（2014 年 1 月 17 日）

期限		美元	欧元	日元	港元	英镑	瑞郎	澳元	加元
七天	买入	603.50	819.84	5.7714	77.71	984.27	665.63	530.25	551.06
	卖出	607.39	828.41	5.8374	78.44	993.15	671.83	536.45	556.38
一个月	买入	603.61	820.04	5.7744	77.73	984.26	665.75	529.43	550.77
	卖出	607.70	828.70	5.8396	78.48	993.50	672.41	535.99	556.43
三个月	买入	604.05	820.61	5.7800	77.80	984.61	666.58	527.77	550.42
	卖出	608.19	829.22	5.8464	78.55	993.80	673.22	534.31	556.05
六个月	买入	604.37	821.36	5.7893	77.88	984.91	667.82	525.20	549.81
	卖出	609.01	829.87	5.8546	78.62	993.99	674.41	531.63	555.33
九个月	买入	604.72	822.19	5.7997	77.96	985.08	669.05	522.59	549.18
	卖出	609.86	830.81	5.8645	78.71	994.29	675.78	529.07	554.78
十二个月	买入	605.12	823.12	5.8117	78.04	985.21	670.47	519.91	548.59
	卖出	610.56	831.73	5.8763	78.78	994.42	677.27	526.43	554.19

注：1. 每 100 外币兑换人民币。

2. 以上人民币牌价系当日市场开盘价，仅作参考。中国银行交易报价随市场波动而变化，如需交易，价格以中国银行当时报价为准。

即期汇率由银行直接报出，远期汇率的报价方法及计算如下：

① 完整汇率（Outright Rate）报价法（全数报价法）：直接将报出不同交割期限的期汇的

买入价和卖出价，即期汇的实际价格。通常用于银行对一般商业客户的报价。一般而言，期汇的买卖差价要大于现汇的买卖差价，而且远期时间越长，买卖差价越大。这是因为远期外汇交易存在时间因素，时间越长，汇率变动的风险越大。

② 远期差价（Forward Margin）报价法（省略报价法）：银行仅报出远期汇率和即期汇率的差价即远期汇水。其表现为：升水，即某种货币的远期汇率大于即期汇率；贴水，即某种货币的远期汇率小于即期汇率；平价，即某种货币的远期汇率等于即期汇率。平价的情况较为少见，故远期汇率等于即期汇率加减升（贴）水。就同一汇率的两种货币而言，甲货币升水必是乙货币贴水。在没有特别说明的情况下，升（贴）水都是对外汇而言的。这种报价法通常用于银行同业间的远期外汇报价。

③ 远期汇率与即期汇率的计算。

a．升、贴水的判断及计算。

方法一：远期汇水的排列方式有两种：第一种是前小后大，即小/大；表示单位货币相对于报价货币升水；第二种前大后小，即大/小，表示单位货币相对于报价货币贴水。

方法二：远期汇水在不同标价方法的表示内容。

直接标价法：前小后大，表示为升水；反之是贴水。

间接标价法：前小后大，表示为贴水；反之是升水。

直接标价法下：远期汇率=即期汇率+升水；远期汇率=即期汇率−贴水

间接标价法下：远期汇率=即期汇率−升水；远期汇率=即期汇率+贴水

如上所述，远期汇率是以成交时的即期汇率为基础计算而来的。远期汇率计算归纳如表 3.2 所示：

表 3.2　远期汇率的计算

远期汇水的排列	升、贴水的判断	计算公式	远期汇率的计算
小/大	直接标价法下为升水	远期汇率=即期汇率+升水	(+) 前小后大往上加
	间接标价法下为贴水	远期汇率=即期汇率+贴水	
大/小	直接标价法下为贴水	远期汇率=即期汇率-贴水	(-) 前大后小往上减
	间接标价法下为升水	远期汇率=即期汇率-升水	

b．远期汇率的计算。

【例析】已知某日香港市场的即期汇率是 USD1=HKD7.6220/7.6254，3 个月汇水（掉期率）为 27/31，求 USD/HKD 的 3 个月远期汇率。

分析：3 个月的远期汇率为：

$$\begin{array}{r} 7.6220/7.6254 \\ +\ 0.0027/0.0031 \\ \hline \text{USD/HKD}=7.6247/7.6285 \end{array}$$

【例析】某日纽约外汇市场上美元/瑞士法郎的即期汇率为 USD/CHF=1.6070/1.6090，3 个月远期点数 130/125，求 USD/CHF3 个月远期汇率。

分析：3 个月的远期汇率为：

$$\begin{array}{r} 1.6070/1.6090 \\ -\ 0.0130/0.0125 \\ \hline \text{USD/CHF}=1.5940/1.5965 \end{array}$$

（5）按外汇管制程度的不同划分为官方汇率和市场汇率。

官方汇率（Official Rate）又称法定汇率，是外汇管制较严格的国家授权其外汇管理当局制定并公布的本国货币与其他各种货币之间的外汇牌价。这些国家的外汇交易必须按官方汇率进行。官方汇率一经制定往往不能频繁地变动，虽保证了汇率的稳定性，但是缺乏弹性。

市场汇率（Market Rate）是外汇管制较松的国家中，在自由外汇市场上进行外汇交易的汇率。它一般存在于市场机制较发达的国家，在这些国家的外汇市场上，外汇交易不受官方限制，市场汇率受外汇供求关系的影响自发地经常性地波动，官方不能规定市场汇率，而只能通过参与外汇市场活动来干预外汇变化，以避免汇率出现过度频繁或大幅度的波动。

小资料

周小川称官方将不再调整人民币汇率水平。

新华社2005年7月29日电：中国人民银行行长周小川近日在有人民银行研究生部博士研究生和部分总行机关干部参加的学术讨论会上，解答了人民币汇率形成机制改革的有关问题。他明确表示，今后的人民币汇率是浮动的，即根据客观规律发生波动，这种波动变化是由浮动机制所带来的，而不再是官方对水平的调整。

周小川说，下一步，将向市场提供更多的人民币汇率形成机制改革的相关技术性信息。

在这次会议上，周小川还讲到了人民币汇率初始水平调整的准确含义、汇率制度改革的主动性、“一篮子货币”的有关内容以及近日人民币汇率有管理浮动与国际市场汇价的相关性等问题。

周小川还介绍了近几个交易日人民币汇率走势及其与国际市场多种货币汇价变动的相互关系，人民币汇率开始正常浮动，反映了市场供求和国际市场各主要货币之间汇率的变化。

（资料来源：重庆晨报）

（6）按外汇的来源与用途可分为贸易汇率、金融汇率等。

贸易汇率（Commercial Rate）是用于进出口贸易及其从属费用的计价结算的汇率。一些实行外汇管制的国家，对出口收入外汇的卖出、进口支付外汇的买入及由进出口贸易所发生的从属费用，如中间商的佣金、货物样品费等的收入或支出，专门规定一种汇率，官方制定贸易汇率主要是为了促进出口、限制进口，改善本国贸易状况。

金融汇率（Financial Rate），也称非贸易汇率，是用于非贸易往来如劳务、资本移动等方面的汇率。一些实行外汇管制的国家常常把非贸易往来所发生的外汇收支，如对资本输出入、旅游、通信、驻外机构经费、运输、银行、保险、邮电等业务收支的外汇买卖另行规定一种金融汇率，官方制定金融汇率的目的是为了增加非贸易外汇收入以及限制资本流出。

（7）按汇率的适用范围划分，汇率可以分为单一汇率与复汇率。

单一汇率（Single Rate）是指一国货币对某种外国货币仅有一个汇率，各种收支都按这个汇率结算，此汇率就称为单一汇率。

复汇率（Multiple Rate）是指一国货币对某种外国货币的汇率同时规定两种或两种以上的汇率，此汇率形式称为复汇率。实际上，复汇率是外汇管制的一种产物，在某些外汇管制比较严格的国家，常常对进口、出口及非贸易规定出不同的汇率，如用于进出口方面的贸易汇率及用在资本国际转移、旅游等非贸易方面的金融汇率，就是复汇率。

（8）按国家汇率制度的不同，可分为固定汇率、浮动汇率等。

固定汇率（Fixed Rate）是指一个国家规定本国货币与其他货币之间保持一个固定比率，或者汇率波动只能限制在较小范围内，由官方干预来保证汇率的稳定。

浮动汇率（Floating Rate）是指本国货币与其他国家货币之间的汇率由外汇市场供求关系决定，可自由浮动。当汇率出现过度波动时，官方才出面干预市场。浮动汇率制度又可以进一步地分为自由浮动、管理浮动、联合浮动、盯住浮动、弹性汇率制、联系汇率制等，不同的国家按照本国的实际情况执行不同的汇率制度。

3.2 汇率的决定与汇率决定理论

3.2.1 金本位制度下汇率的决定与变动

1．金本位制度下汇率的决定基础

金本位制度是从 19 世纪初到 20 世纪初资本主义国家实行的货币制度，1816 年英国《金本位法》的颁布标志着金本位制度最早在英国诞生。此后，其他国家也陆续实行金本位制度。金本位制具体包括铸币本位制、金块本位制和金汇兑本位制三种形式，其中金铸币本位制是典型的金本位制度，后两种是附加了限制条件的金本位制。金本位制度下金币具有可以自由流通、自由铸造、自由输出入的特点。

在金本位制度下，各国货币均以黄金作为统一的货币币材、统一的价值衡量标准，尽管它们在重量、成色等方面有不同的规定，但在国际结算和国际汇兑领域中都可以按各自的含金量多少加以对比，从而确定出不同货币之间的比价。因此，金本位制下两种货币之间含金量之比，即铸币平价（Mint Par），就成为决定两国货币汇率的基础。用英国的本位币英镑和美国本位币美元这两个典型例子来说明，在金本位制度下，英国规定 1 英镑的含金量为 113.0016 格令，美国规定 1 美元的含金量为 23.22 格令。则 1 英镑金币的含金量等于 1 美元金币含金量的 4.8665 倍（113.0016÷23.22），也就是说英镑与美元之间的基础汇率为 1 英镑=4.8665 美元。这就是英镑与美元之间的铸币平价，也就是英镑与美元之间的汇率的决定基础，一经确定轻易不会改动，因此，金本位制下的汇率是相对比较稳定的。

2．金本位制度下汇率变动的影响因素

（1）供求关系的影响。

金本位制下铸币平价是决定汇率的基础，但实际上，汇率水平的变化还要取决于外汇供求关系、黄金输送点等因素。正如商品价格取决于商品的价值，但会受供求关系的影响围绕价值上下波动一样，在外汇市场上，汇率也是以铸币平价为中心，在外汇供求关系的作用下上下波动的。当某种货币供不应求时，其汇价会上涨，超过铸币平价；当某种货币供大于求时，其汇率会下跌，低于铸币平价。当一国在某个时期出口增加，有大量的贸易顺差时，外国对该国货币的需求旺盛，同时本国的外汇供给增加，从而导致本币汇率上涨；反之，当一

国在某个时期进口增加，出口减少，有大量贸易逆差时，该国对外汇需求增大，同时外国对该国货币需求减少，从而导致本币汇率下跌。

（2）黄金输送点的影响。

但在金本位制下，另外一个影响汇率的因素——黄金输送点使外汇市场汇率变化并不是无限的上涨和下跌，而是被限定在铸币平价上下各一定界限内，这个界限就是黄金输送点（Gold Transport Points），黄金输送点是黄金输出点和黄金输入点的合称。黄金输送点作为汇率波动的界限，是由金本位制度的特点所决定的。金本位制度下黄金可以自由铸造、自由兑换和自由输出入的特点，使得黄金可以代替外汇用于国际间债务的清偿。具体地，当外汇市场上的汇率上涨达到或超过某一界限时，本国债务人用本币购买外汇的成本超过用黄金直接输出国境用于支付的成本，从而引起黄金输出，引起黄金输出的这一汇率界限就是“黄金输出点”，另一方面，当外汇市场上汇率下跌，达到或低于某一界限时，本国拥有外汇债权者用外汇兑换本币所得会少于用外汇在国外购买黄金再输回国内所得，从而引起黄金输入，引起黄金输入的这一汇率界限就是 “黄金输入点”。黄金输出点和黄金输入点共同构成了金本位制下汇率波动的上下限。

以英国和美国的实例加以说明，假设在金本位制下，英国向美国出口的商品多于美国向英国出口的商品，英国对美国有贸易顺差，那么外汇市场上对英镑的需求增加，英镑对美元汇率上涨，高出其铸币平价（4.8665）。当市场汇率进一步上涨，超过从美国向英国输出黄金的运费等成本时，美国进口商便会采取直接向英国运送黄金的方法支付商品货款。假设运费等按英镑价值的5‰计算，支付1英镑的债务需附加费用0.0243美元（4.8665×5‰），那么，当英镑对美元汇率超过4.8908美元（即铸币平价4.8665加上黄金输送费用0.0243时），美国人输出黄金显然比在外汇市场上用高价购买英镑更便宜，则美国人停止在外汇市场上购买英镑，而代之以直接用黄金支付。这样，1英镑=4.8908美元就成了英镑上涨的上限，这一上限就同时是美国的黄金输出点和英国的黄金输入点。相反的情况，假如美国对英国有贸易顺差，英镑对美元汇率下跌，跌至4.8422美元（即铸币平价4.8665美元减去黄金输送费用0.0243美元）以下，持有英镑的美国债权人也就不会再用贬值的英镑在外汇市场上兑换美元，而是将英镑在英国换成黄金运回国内。这样，1英镑=4.8422美元就成了英镑下跌的下限，这一下限也就是美国的黄金输入点和英国的黄金输出点。

由此可见，金本位制下，由于黄金输送点的制约，外汇市场上汇率波动总是被限制在一定范围内，最高不超过黄金输出点，最低不低于黄金输入点。也就是说，由供求关系导致的外汇市场汇率波动是有限度的，汇率制度也是相对稳定的。金本位制下的汇率制度是最理想的、自发的、不用国家干预的固定汇率制度。

3.2.2 纸币本位制度下汇率的决定与变动

纸币制度是继金本位制度崩溃之后的一种货币制度，纸币作为价值符号，在金属货币退出流通领域之后，执行流通手段和支付手段的职能。这种职能是各国政府以法令形式赋予它并保证其实施的。

在布雷顿森林货币体系下，各国政府都参照过去流通的金属货币的含金量规定了本国货币所代表的法定含金量，因此，在国际汇兑中，两国货币之间的汇率也就成为它们所代表含金量之比。但是，纸币所代表的含金量所决定的汇率与金本位制下铸币所具有的含金量所决定的汇率相比，具有本质的区别，因为在纸币制度下，货币的实际价值并不一定等于其法定的含金量，这就使汇率的决定基础不再稳定。

在浮动汇率制度下，黄金的非货币化使各国之间的汇率不再以其法定含金量为决定基础，而是取决于货币在国内的购买力高低，货币购买力是用能表现通货膨胀程度的物价指数来计算的。当一国物价指数上涨，通货膨胀水平提高，该国货币购买力就相应下降，它在国际市场的汇率也会相应下跌；反之，当一国物价指数上涨程度较其他国家慢，通货膨胀水平较低，意味着该国货币购买力提高，它在国际市场的汇率也会相应上升。

小资料

黄金货币史

"金银天然不是货币，但货币天然是金银"。这种属性就决定了黄金在当今经济社会仍具有货币的职能作用，每当通货膨胀加剧，纸币争相贬值的时期，金银的这种属性会更加突出；如果世界政治经济失衡，动荡加剧，金银必然是货币避险的首选；如果在世界范围发生大规模的战争，金银就可能演变成为主要的货币。从黄金的历史演变过程，就可以清晰洞悉其脉络。

早在公元前 500 年时，金币就在流通中广泛使用。黄金作为一种货币已经有 2500 多年的历史，但以黄金为本位货币的制度，也就是金本位制，是在 1816 年英国制定货币法，将英镑作为主要货币单位为标志才得以确立；同时，黄金的生产和消费历史悠久，是深受人们喜爱的贵金属商品。体积小、价值大、易储存保管、易分割合并等特点，使得其天然就具有货币材料及一般等价物的特殊属性。金本位制度的实施及政府对黄金流通的控制程度与黄金交易的发展成反向关系。在很长一段历史时期内，由于各国政府对黄金流通的严格控制，黄金市场发育迟缓。1914 年第一次世界大战发生后的 11 年间，金本位制度曾经暂停实施。1931 年英国放弃金本位，其他国家也相继放弃，但在相当长一段时期内许多国家仍直接或间接地保持黄金与所发行的纸币之间的联系。1974 年 12 月 31 日，美国政府宣布公众可以自由持有和买卖黄金，黄金成为可以在市场上进行自由交易的商品，结束了黄金的货币身份，从而促成了纽约黄金期货市场的发育和成熟。

（资料来源：http://wenwen.soso.com/z/q165038362.htm）

3.2.3　汇率决定的理论

1．购买力平价理论

购买力平价理论（Theory of Purchasing Power Parity，PPP）是关于汇率决定的一种理论，即研究各国不同货币之间购买力关系的理论。瑞典经济学家卡塞尔在 1922 年出版的《1914 年以后的货币和外汇》一书中，以较成熟的形式提出了汇率如何决定的购买力平价论：两国货币的购买力之比是决定汇率的基础，汇率的变动是由两国货币购买力之比变化引起的。

本国人需要外国货币，是因为外币可以购买货币发行过的商品和劳务，外国人需要本国货币，也是因为用它可以购买其国内的商品和劳务。本国货币与外国货币相交换，就等于本国与外国购买力的交换，所以，用本国货币表示的外国货币的价格，即汇率，决定于两种货币的购买力比率。由于购买力实际上是一般物价水平的倒数，因此两国之间的货币汇率可由两国物价水平之比表示，这就是购买力平价说理论。

从表现形式上来看，购买力平价说有两种形式：绝对购买力平价（Absolute PPP）和相对购买力平价（Relative PPP）。绝对购买力平价是购买力平价的早期理论，是指在一定的时点上，两国货币汇率决定于两国货币的购买力之比。因此两国货币之间的汇率可以表示为两国货币的购买力之比，购买力的大小是通过物价水平体现出来的。根据这一关系式，本国物价上涨将意味着本国货币相对外国货币的贬值。相对购买力平价是指两国货币的汇率水平将根据两国通胀率的差异而进行相应的调整。它表明两国间的相对通货膨胀决定两种货币间的均衡汇率。相对购买力平价考虑了通货膨胀因素。绝对购买力平价说和相对购买力平价说分别如表 3.3 和表 3.4 所示。

表 3.3　“绝对购买力平价说”说明表

	价格水平	货币购买力	汇率
A 国	P_A	$1/P_A$	$E_{AB}=(1/P_A)/(1/P_B)=P_B/P_A$（A 国货币为基础货币）
B 国	P_B	$1/P_B$	

表 3.4　“相对购买力平价说”说明表

国别	T=0		T=t		
	汇率	价格水平	价格水平	通货膨胀率	汇率
A 国	E_0	P_A	P^*_A	P^*_A/P_A	$E_t=E_0\dfrac{P^*_B/P_B}{P^*_A/P_A}$
B 国		P_B	P^*_B	P^*_B/P_B	

从总体上看，尽管购买力平价理论忽略了国际资本流动等其他因素对汇率的影响，但较为合理地解释了汇率的决定基础，该学说至今仍受到西方经济学者的重视，被广泛地用于预测汇率的走势。

2. 利率平价理论

利率平价理论（Interest Rate Parity）是从金融市场角度分析汇率与利率所存在的关系，也是汇率的利率平价说，其认为在两国利率存在差异的情况下，套利者会将资金从低利率国流向高利率国以谋取利润。但套利者在比较金融资产的收益率时，不仅考虑两种资产利率所提供的收益率，还要考虑两种资产由于汇率变动所产生的收益变化。所以，套利者往往在进行套利的同时，还做一笔远期外汇交易，将一段时间以后收回的资金以提前约定的汇率卖出，以避免汇率风险。大量的这种行为会导致低利率国货币的即期汇率下浮，远期汇率上浮；高利率国货币的即期汇率上浮，远期汇率下浮。远期差价为远期汇率与即期汇率的差额，由此低利率国货币就会出现远期升水，高利率国货币则会出现远期贴水。随着这种套利行为的不断进行，远期差价就会不断加大，直到两种资产所提供的收益率完全相等，这时这种套利活动就会停止，远期差价正好等于两国利差，即利率平价成立。因此我们可以归纳一下利率平价说的基本观点：远期差价是由两国利率差异决定的，并且高利率国货币在远期外汇市场上必定贴水，低利率国货币在远期外汇市场上必定升水。利率平价说如表 3.5 所示。

表 3.5 "利率平价说"说明表

	投资金额（$i^*>i$；即期汇率 e；远期汇率 f）			利率平价说
	T=0	T=1		
本国（利率 i）	1	$1+i$	平衡时： $1+i=1/e\,(1+i^*)\,f$ $f/e=(1+i)/(1+I^*)$ $\rho=(f-e)/e$ $=(i-i^*)/(1-I^*)\approx(i-i^*)$	$\rho\approx(i-i^*)$
外国（利率 i*）	$1/e$	$1/e\,(1+i^*)\,f$		
分析	对外投资越多→e↑（外国即期汇率上升）	远期抛补越多→f↓（外国远期汇率下跌）		

3. 国际收支理论

国际收支理论是从国际收支角度分析汇率决定的一种理论。其认为：在外汇市场上，国际收支顺差表现为外汇的供给大于外汇的需求，则外币贬值，本币升值；国际收支逆差变现为外汇的供给小于外汇需求，则外币升值，本币贬值。但国际收支状况是否会影响汇率，要看国际收支的顺差（逆差）的性质。短期、临时和小规模的国际收支差额，可以轻易地被国际资金的流动、相对利率和通货膨胀率、政府在外汇市场的干预和其他因素所抵消。长期巨额的国际收支顺差（或逆差），会导致本币对外币汇率的大幅变动。例如，当前美元贬值，就是美国贸易逆差不断积累的显现。

知识链接

汇兑心理说

汇兑心理说是法国学者阿夫达里昂（A.Aftalion）于 1927 年提出的。他认为，人们之所以需要外币，是为了满足某种欲望，如支付、投资、投机等。这种主观欲望是使外国货币具有价值的基础。人们依据自己的主观欲望来判断外币价值的高低。根据边际效用理论，外汇供应增加，单位外币的边际效用就递减，外汇汇率就下降。在这种主观判断下，外汇供求相等时所达到的汇率，就是外汇市场上的实际汇率。

汇兑心理说后来被演变成心理预期说，即外汇市场上人们的心理预期，对汇率的决定产生重大影响。汇兑心理说和心理预期说虽引进了唯心论的成分，有片面之处，但是它们在说明客观事实对主观判断产生影响、主观判断反过来又影响客观事实这一点上，有其正确的一面。汇兑心理说和心理预期说在解释外汇投机、资金逃避、国际储备下降及外债累积对未来汇率的影响时，尤其值得重视。1993 年上半年我国人民币在外汇调剂市场上大幅度下降，就同人们的开放人民币自由兑换预期和通货膨胀预期等方面的预期有关。但是应当指出，汇兑心理说和心理预期说，讲的都是对短期汇率的影响。应该说，它们是影响汇率变动的因素，而不是汇率，尤其不是长期汇率的决定基础。

该理论认为：汇率的变动和决定所依据的是人们各自对外汇的效用所作的主观评价。人们之所以需要外国货币，除了需要用外国货币购买商品外，还有满足支付、投资或投机和资本逃避等需要，这种欲望是使外国货币具有价值的基础。外国货币的价值决定于外汇供需双方对外国货币所作的主观评价。不同的主观评价产生了外汇的供应与需求，供求双方通过市场达成均衡，均衡点就是外汇汇率。当均衡被打破时，汇率又将会随着人们对外汇主观评价的变化达到新的均衡。

它是在1924—1926年，法国国际收支均为顺差但法郎的对外汇率反而下降，从而引起物价上涨的反常情况下提出的。它独树一帜，从主观心理评价的角度来探讨一国货币汇率的升降关系，把主观评价的变化同客观事实的变动结合起来考察汇率，直到目前，该学说都有相当的市场。

3.3 汇率的变动原因及其影响

3.3.1 影响汇率变动的主要因素

1. 国际收支

国际收支是一国对外经济活动的综合反映，它对一国货币汇率的变动有着直接的影响。而且从外汇市场的交易来看，国际商品和劳务的贸易构成外汇交易的基础，因此它们也决定了汇率的基本走势。例如，自20世纪80年代中后期开始，美元在国际经济市场上长期处于下降的状况，而日元正好相反，一直不断升值，其主要原因就是美国长期以来出现国际收支逆差，而日本持续出现巨额顺差。仅以国际收支经常项目的贸易部分来看，当一国进口增加而产生逆差时，该国对外国货币产生额外的需求，这时，在外汇市场就会引起外汇升值，本币贬值，反之，当一国的经常项目出现顺差时，就会引起外国对该国货币需求的增加与外汇供给的增长，本币汇率就会上升。

2. 相对通货膨胀率

通货膨胀是影响汇率变动的一个长期、主要而又有规律性的因素。在纸币流通制度下，两国货币之间的比率，从根本上来说是根据各自货币所代表的购买力的对比关系决定的。因此，在一国发生通货膨胀的情况下，该国货币所代表的价值量就会减少，其实际购买力也随之下降，于是其对外比价同样趋于下跌。当然如果对方国家也发生了通货膨胀，并且幅度恰好一致，两者就会相互抵消，两国货币间的名义汇率可以不受影响，然而这种情况毕竟少见，一般来说，两国通货膨胀率是不一样的，相对通货膨胀率高的国家货币汇率下跌，相对通货膨胀率低的国家货币汇率上升。特别值得注意的是通货膨胀对汇率的影响一般要经过一段时间才能显现出来，因为它的影响往往要通过一些经济机制体现出来，因为它对汇率的影响是间接的。一般估计，通货膨胀率对汇率的影响，往往需要经过半年以上的时间才显示出来，但这种影响一旦起作用，其延续时间却比较长，可能要连续好几年。

3. 相对利率水平

利率高低会影响一国金融资产的吸引力。一国利率的上升，会使该国的金融资产对本国和外国的投资者来说更有吸引力，从而导致资本内流，汇率升值。当然这里也要考虑一国利率与别国利率的相对差异，如果一国利率上升，但别国也同幅度上升，则汇率一般不会受到影响；如果一国利率虽有上升，但别国利率上升更快，则该国利率相对来说反而下降了，其汇率也会趋于下跌。另外，利率的变化对资本在国际间流动的影响还要考虑到汇率预期变动的因素，只有当外国利率加汇率的预期变动率之和大于本国利率时，把资金移往外国才会有利可图。最后，一国利率变化对汇率的影响还可通过贸易项目发生作用。当该国利率提高时，意味着国内居民消费的机会成本提高，导致消费需求下降，同时也意味资金利用成本上升，国内投资需求也下降，这样，国内有效需求总水平下降会使出口扩大，进口缩减，从而增加该国的外汇供给，减少其外汇需求，使其货币汇率升值。不过在这里需要重点强调的是，利率因素对汇率的影响是短期的，一国仅靠高利率来维持汇率坚挺，其效果是有限的，因为这很容易引起汇率的高估，而汇率高估一旦被市场投资者所认识，很可能产生更严重的本国货币贬值风潮。例如，20 世纪 80 年代初期，里根入主白宫以后，为了缓和通货膨胀，促进经济复苏，采取了紧缩性的货币政策，大幅度提高利率，其结果使美元在 20 世纪 80 年代上半期持续上扬，但是 1985 年，伴随美国经济的不景气，美元高估的现象已经非常明显，从而引发了 1985 年秋天美元开始大幅度贬值的风潮。

4．宏观经济政策

一国的宏观经济政策包括财政政策、货币政策和汇率政策。财政政策和货币政策对汇率的影响是间接的，汇率政策对汇率的影响是直接的。

（1）货币政策对汇率的影响。

货币政策的主要形式是改变经济体系中的货币供给量。当货币供给发生变化时，利率也随之变化。在 GNP 和价格水平（P）不变，即对货币的需求不变的情况下，宽松的货币政策会增加货币供给，一方面使进口需求增加，对外汇的需求增加，本币贬值；另一方面，货币供给增加，引起利率下降，资本外流，本国货币相对外币贬值。反之，如果货币供给减少，汇率便会升值。

（2）财政政策对汇率的影响。

财政政策的主要形式是改变政府支出和税收的水平。紧缩的财政政策：一是通过提高税率来增加财政收入，如果这样，会降低个人的可支配收入水平，从而个人消费需求减少，同时税率提高会降低企业投资利润率而导致投资积极性下降，投资需求减少，导致资本品、消费品进口减少，出口增加，进而导致汇率升值；二是减少政府公共支出，这样会通过乘数效应使该国国民收入减少，减少进口需求，促使汇率升值；扩张的财政政策，则会使本币贬值。

（3）汇率政策对汇率的影响。

汇率政策包括本币贬值政策和本币升值政策。本币贬值政策直接使本币汇率下降，而本币升值政策直接使本币汇率上升。

一国的宏观经济政策对汇率的影响主要是短期的，宏观经济政策对汇率的长期影响要根据这些政策对该国经济实力和长期国际收支状况的影响来定。如果扩张性政策最终能增加国际经济实力，带来国际收支顺差，那么本币汇率趋于长期上升；如果紧缩性政策导致国家经济放缓，国际收支逆差扩大，那么本币汇率趋于长期下降。

5．市场预期

在外汇市场上，人们买进还是卖出某种货币，与交易者对各种货币汇价走势的心理预期有相当的关系。当他们预期某种货币汇价以后要下跌时，为了避免损失便会大量抛出该种货币。反之，若他们预期某种货币汇价将会上升时，则会大量买进。外汇交易者对某种货币的预期心理，是决定这种货币短期汇率的因素之一。因为在预期心理的支配下，往往引发资金的大规模运动。

6．政府的市场干预

虽然目前世界上大多数国家都实行浮动汇率制度，但是鉴于汇率变动对国际经济与贸易、国民经济的发展影响巨大，各国政府为了稳定外汇市场，或使汇率的变动控制在一定范围之内，通常要对外汇市场进行干预。这种干预的形式主要有：①直接在外汇市场上买进或卖出外汇，其影响汇率变动的能力取决于该国金融当局持有外汇储备的多少；②调整国内货币政策和财政政策；③在国际上发表表态性言论以影响市场预期心理；④与其他国家联合，进行直接干预或通过政策协调进行间接干预等。政府干预有时规模盛大，几天之内就可能向市场投入数亿乃至数十亿美元的资金。当然，它只能在短期内对汇率的变动产生影响，而无法从根本上改变汇率的长期趋势。

7．相对经济增长率

相对经济增长率对汇率的影响是多方面的，当一国相对经济增长率较高时，该国对外国商品和劳务的需求会增加，从而该国对外汇的需求增加，导致该国货币汇率趋于下跌；另外，一国经济增长率较高也意味着劳动生产率的提高和成本的降低，本国商品在国际市场的竞争力的提高，为该国带来出口和外汇的增加，该国货币汇率可能会出现上升趋势。对于出口导向型国家来说，相对经济增长率较高，意味着出口产品生产增加，出口大于进口，本国货币汇率也有可能上涨；如果国外投资者把该国经济增长率较快看成是资本收益率较高的反映，在这种情形下，国外投资者会扩大对该国的投资，增加该国资本的净流入，这时，该国货币汇率也可能出现上升趋势。

3.3.2 汇率变动对经济的影响

1．汇率变动对国际收支的影响

（1）汇率的变动会影响一国的贸易收支，进而使贸易收支差额以至于国际收支差额发生变化。以本币贬值为例，本国货币汇率下降对一国对外贸易一般会起到刺激出口、抑制进口的作用。

首先，本币贬值会刺激出口。第一，会使出口企业利润增加，从而增强出口商出口产品的积极性，进而刺激出口。例如，我国某出口企业出口 100 万美元的商品，在美元与人民币汇率为 1:5 的情况下，该出口企业的收入以人民币表示为 500 万元；在其他条件没有发生变化的前提下，如果汇率变为 1:8，则该出口企业最终收入以人民币表示为 800 万元，增加 300 万元的利润将成为鼓励企业出口的动力。第二，会使出口产品的价格变得相对便宜，进而可以增强出口产品的国际竞争力，以价格竞争取胜。例如，我国某出口企业出口价值为 100 万元人民币的商品，在以外币计价的前提下，如果美元与人民币汇率为 1:5，100 万元的商品可以折合为 20 万美元。其他条件不变，如果汇率变为 1:8，则 100 万元的商品可以折合为 12.5

万美元。无形中，价值 100 万元的商品在以外币计价时会由于本币贬值而变得相对便宜，从而可以扩大出口。

其次，本币贬值会抑制进口。原因是进口成本上升。例如，我国某进口企业进口 100 万美元的商品，在美元与人民币的汇率是 1:5 的情况下，以人民币支付需用 500 万元。而在汇率变为 1:8 的情况下，以人民币支付为 800 万元。很显然，由于美元与人民币汇率变化，使进口商品的相对价格发生了变化，进口商品的成本增加了人民币 300 万元。对任何一个进口企业来说，如果国内有可替代产品的话，它将放弃从国外进口，所以汇率下降会抑制进口。

本币贬值有时并不会或不会同步产生上述的结果，这主要受两个因素的制约：一个因素是进出口商品的需求弹性，如果进口商品的需求弹性和出口商品的需求弹性之和大于 1，则说明本国货币汇率下降对出口和进口的量比较敏感，那么本币贬值的效果比较明显，出口就能增加，从而改善一国的贸易条件。反之，如果进出口商品的需求弹性之和小于 1，则本国货币汇率下降的效果就不明显。另一个因素是 J 曲线效应，也称时滞效应。该效应指即使在上一个因素符合的情况下，本币贬值效果的出现也要有一个时滞。因为首先人们对本国货币贬值的经济现象或经济政策有一个认识、理解并接受的过程，这期间，出口量不会增加反而会因此减少。结果会使贸易情况进一步恶化，赤字加大。直到人们对货币贬值有了全面的了解并接受之后，才开始逐渐增加贸易出口，最终出现贸易盈余。

最后，对一些进口依赖性较强的国家，本币贬值会使进口成本上升，但是由于这类国家进口商品的需求弹性较小，所以进口不会减少，那么，大量的进口意味着大量的外汇支出，尽管这类国家会由于增加出口而产生一定的贸易盈余，但是高昂的进口成本会抵消出口的盈余，这种现象被称为贬值赋税效应。对进口的依赖性越强，这种贬值赋税效应就越明显。

（2）汇率的变动也会影响一国的非贸易收支。比如服务贸易收支，如果本币汇率下跌，外币的购买力相对提高，有利于本国服务产品的扩大出口和吸引境外游客入境旅游。同时，将减少进口服务产品和本国居民的出境旅游，这有利于该国涉外旅游与其他劳务收支状况的改善；若本币汇率上升，则作用正好相反。

小资料

“J 曲线效应”

本国货币贬值后，最初发生的情况往往正好相反，经常项目收支状况反而会比原先恶化，进口增加而出口减少。这一变化被称为“J 曲线效应”。其原因在于最初的一段时期内由于消费和生产行为的“粘性作用”，进口和出口的贸易量并不会发生明显的变化，但由于汇率的改变，以外国货币计价的出口收入相对减少，以本国货币计价的进口支出相对增加，从而造成经常项目收支逆差增加或是顺差减少。经过一段时间后，这一状况开始发生改变，进口商品逐渐减少，出口商品逐渐增加，使经常项目收支向有利的方向发展，先是抵消原先的不利影响，然后使经常项目收支状况得到根本性的改善。这一变化过程可能会维持数月甚至一两年，根据各国不同情况而定。因此汇率变化对贸易状况的影响是具有“时滞”效应的。

在实际经济生活中，当汇率变化时，进出口的实际变动情况还要取决于供给对价格的反应程度。即使在马歇尔—勒纳条件成立的情况下，贬值也不能马上改善贸易收支。相反，货币贬值后的头一段时间，贸易收支反而可能会恶化。为什么贬值对贸易收支的有利影响要经过一段时滞后才能反映出来呢？这是因为，第一，在贬值之前已签订的贸易协议仍然必须按原来的数量和价格执行。贬值后，凡以外币定价的进口，折成本币后的支付将增加；凡以本币定价的出口，折成外币的收入将减少，换言之，贬值前已签订但在贬值后执行的贸易协议下，出口数量不能增加以冲抵出口外币价格的下降，进口数量不能减少以冲抵进口价格的上升。于是，贸易收支趋向恶化；第二，即使在贬值后签订的贸易协议，出口增长仍然要受认识、决策、资源、生产等周期的影响。至于进口方面，进口商有可能会认为现在的贬值是以后进一步贬值的前奏，从而加速订货。

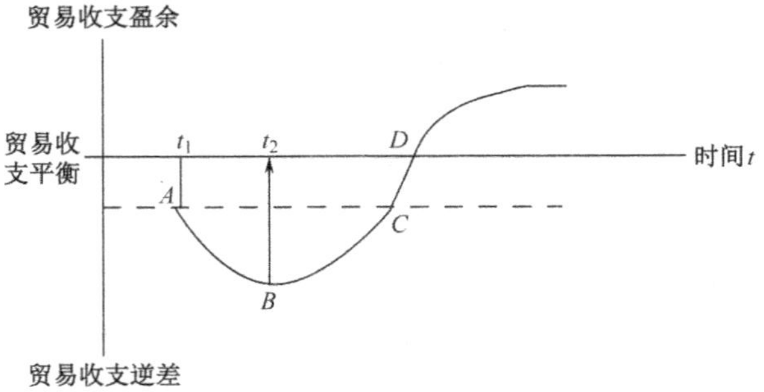

J 曲线效应

在短期内，由于上述种种原因，贬值之后有可能使贸易收支首先恶化。过了一段时间以后，待出口供给（这是主要的）和进口需求作了相应的调整后，贸易收支才慢慢开始改善。出口供给的调整时间，一般被认为需要半年到一年的时间。整个过程用曲线描述出来，成字母 J 形。故在马歇尔—勒纳条件成立的情况下，贬值对贸易收支改善的时滞效应，被称为 J 曲线效应。在 J 曲线效应图中，$Bt_2 > At_1$，表示贬值后贸易收支首先恶化，逆差扩大，然后，随时间的推移，再经过 C 点和 D 点得到改善。

知识链接

广场协议（Plaza Accord）

20 世纪 80 年代初期，美国财政赤字剧增，对外贸易逆差大幅增长。美国希望通过美元贬值来增加产品的出口竞争力，以改善美国国际收支不平衡状况。

1985 年 9 月 22 日，美国、日本、联邦德国、法国以及英国的财政部长和中央银行行长在纽约广场饭店举行会议，达成五国政府联合干预外汇市场，诱导美元对主要货币的汇率有秩序地贬值，以解决美国巨额贸易赤字问题的协议，即“广场协议”。“广场协议”签订后，上述五国开始联合干预外汇市场，在国际外汇市场大量抛售美元，继而形成市场投资者的抛售狂潮，导致美元持续大幅度贬值。

2．汇率变动对物价水平的影响

一国汇率变动对国内经济最为直接的作用是影响物价。一般来讲，一国货币汇率下降容易引发国内的通货膨胀现象。首先，从进口角度看，本币贬值引起进口商品的本币价格相应上升。它会带动国内同类商品的价格上升。若进口商品是生产资料，其价格上升还会通过生产成本上升推动最终产品价格上涨。其次，从出口角度看，一国货币汇率下降首先引起出口量的扩大。在国内生产力已经得到比较充分利用的情况下，这会加剧国内的供需矛盾，使出口商品的国内价格上升，因此容易引发通货膨胀。反之，一国货币汇率上升，则有助于抑制本国通货膨胀。

3. 汇率变动对资本流动的影响

汇率变动对国际资本流动有着重大影响，是影响国际间资本流动的直接因素。不过就长期资本流动而言，汇率变动的影响不大，因为长期资本流动更注重的是投资整体环境的好坏。

汇率变动对于短期资本流动的影响较大，短期资本的流动性较强，以追求短期效益为目标。当一国的货币将贬而未贬时，会引起本国资本外逃。若该国货币贬值到位，在具备投资环境的情况下，投资者不再担心贬值受损，外逃的资本就会流回国内。特别是当某种货币贬值过头，有可能会引起大规模的资本流入。而货币升值的作用与此正好相反。当一国的货币升而未升时，会增加本国资本流入。若该国货币升值到位，为规避风险，可能引起资本外逃。汇率变化对于资本流动的影响方向和影响程度还要受其他因素如政府的管制、资本投资的安全性等方面的制约。

4. 汇率变动对外汇储备的影响

外汇储备是一国国际储备的主要内容，由本国对外贸易及结算中的主要货币组成。在第二次世界大战以后的布雷顿森林货币体系下，美元是各国外汇储备的主要币种。在以美元为主要储备货币时期，外汇储备的稳定性和价值高低完全取决于美元汇率的变化，美元升值，一国外汇储备相应升值；美元贬值，一国外汇储备也相应贬值。因此，20世纪70年代初期，美元在国际市场上的一再贬值，曾经给许多国家尤其是发展中国家的外汇储备带来了不同程度的损失。70年代以后，各国外汇储备逐渐走向多元化，由美元、日元、英镑、欧元等外汇共同组成。不管是以单一的币种为储备还是以多元化的币种为储备，储备货币汇率变化都会直接影响到一国外汇储备的价值。

在多元化外汇储备时期，汇率变动对储备货币的影响较为复杂，有时外汇市场汇率波动较大，但因储备货币中升值、贬值货币的力量均等，外汇储备就不会受到影响；有时虽然多种货币汇率下跌，但占比重较大的储备货币汇率上升，外汇储备总价值也能保持稳定或略有上升。国际储备多元化加之汇率变动的复杂化，使国际储备管理的难度加大，各国货币当局要随时注意外汇市场行情的变化，相应地进行储备货币的调整，以避免汇率波动给外汇储备造成损失。

分析汇率的变动对储备的影响要从多方面进行。首先，应明确构成一国外汇储备的币种，这些货币在外汇市场上的汇率变化常常是不相同的，它们都会分别地对外汇储备总体产生影响；其次，需要将各储备货币分成升值的和贬值的两种，计算各自升值或贬值的幅度；再次，根据构成外汇储备币种的不同权重，结合各种货币升、贬值的幅度，衡量出一定时期内储备币种汇率变化对一国外汇储备的综合影响；最后，还要考虑储备货币中软、硬币的利息差异，与汇率涨跌相比较，从而得出一定时期内不同货币汇率变化及利率变化对一国外汇储备总体影响的分析结论。

5．汇率变动对一国国内就业、国民收入及资源配置的影响

一国货币汇率下降会使该国出口增加，从而刺激国内出口产品生产规模的扩大，进而带动国内其他行业生产的发展，推动就业水平的提高，增加国民收入。同时，本币汇率下降使进口减少，导致国内对进口产品的需求转向对国内的同类商品上，即产生进口替代效应，使生产进口替代品的部门和企业的收益增加，从而引起资源在国内各部门的重新配置，而上述的一系列变化会使该国的国民收入总额增加。如果一国的货币汇率上升，则情况正好相反。

6．汇率变动对国际经济关系的影响

在浮动汇率制度下，外汇市场上各种货币频繁的、不规则的变动，不仅给各国对外贸易、国内经济等造成了深刻影响，而且也影响着各国之间的经济关系。这体现在：

（1）加深了各国争夺销售市场的斗争。如果一国实行以促进出口、改善贸易逆差为主要目标的货币贬值，会使对方国家货币相对升值，出口竞争力下降，这些国家会采取针锋相对的措施，直接地或隐蔽地抵制贬值国商品的侵入，汇率战由此而生，竞相货币贬值以促进各自国家的商品出口是国际上很普遍的现象，由此造成的不同利益国家之间的分歧和矛盾也层出不穷，这加深了国际经济关系的复杂化。

（2）促进了储备货币多元化的形成。由于某些储备货币的发行国的国际收支恶化，其货币汇率不断下跌，影响其国际地位，而有些国家的情况相反，其货币在国际领域的地位和作用日益加强，进而促进了国际储备货币多元化的形成。

（3）加剧了国际金融市场的动荡和投机，促进了国际金融业务的不断创新。由于汇率变动，促进了外汇交易的投机，造成了国际金融市场的动荡与混乱。同时由于汇率的起伏不定，加剧了国际贸易与金融的汇率风险，进一步促进了期货和期权交易、货币互换和欧洲票据等衍生金融工具的出现，使国际金融业务的形式与市场机制不断创新。

案例分析

“广场协议”后日元升值对日经济的影响

1985年9月，美元兑日元在1美元兑250日元上下波动，“广场协议”签订后，在不到3个月的时间里，快速下跌到200日元附近，跌幅20%。据说在广场会议上，当时的日本财长竹下登表示日本愿意协助美国采取入市干预的手段压低美元汇价，甚至说“贬值20%”。

在这之后，以美国财政部长贝克为首的美国政府当局和以弗日德·伯格斯藤（Fred Bergsten，当时美国国际经济研究所所长）为代表的专家们不断地对美元进行口头干预，表示当时的美元汇率水平仍然偏高，还有下跌空间。在美国政府强硬态度的暗示下，美元对日元继续大幅度下跌。1986年年底，1美元兑152日元，1987年，最低到达1美元兑120日元，在不到三年的时间里，美元兑日元贬值达50%，也就是说，日元兑美元升值一倍。日元升值后，对日本经济的影响如何呢？

第一，低利率导致日本国内经济泡沫严重，股市跌宕。日元的大幅升值直接影响到日本的出口贸易。虽然，在协议前，日本已是世界第三大经济体，贸易顺差成为最大的外汇储备

国，但是，日元的升值对本国一些大型制造企业还是产生了很大负面效应，为了减少负面效应，日本政府从 1987 年 2 月到 1989 年 5 月一直实行 2.5%的超低利率。在超低利率刺激下，日本国内泡沫经济空前膨胀，平均股价在 4 年中上涨了 2 倍。1989 年末最后一天，日本股票市场交易创下接近 4 万亿日元的历史最高股价，然而以这一天为转折点，1990 年股票市场交易的第一天，股价就落入了地狱。

第二，房地产泡沫的崩溃引发银行被大量坏账困扰。从 1985 年起，日本六大城市土地价格每年以两位数上升，1987 年住宅用地价格上升了 30.7%，商业用地上升了 46.8%，在这种情势下，土地所有者能借此从金融机构借到更多的钱，不断进行土地扩张。然而，到了 1997 年，住宅用地价格比最高价时下降了 52%，商业用地更是下降了 74%。泡沫经济的崩溃造成土地交易几乎无法成交，银行受到严重的坏账困扰。

第三，日元升值引起大量日本产业向海外转移，国内产业空心化。为了避免日元升值而导致的出口成本增加，日本很多著名的企业进行海外转移，结果导致国内经济萧条，失业率增加。

第四，日元升值使海外的土地和金融资产价格变得便宜，大量不适当的海外投资使日元最终陷入危机。日本企业和投资家大量接收已开始出现泡沫破灭征兆的美国国内资产。美国则借美元贬值等因素成功转移了泡沫破裂成本和外债负担，并利用这个机会发展以信息产业为龙头的新经济。而日元在 1995 年一度达到 1 美元兑换 80 日元后，已经达到了日本经济无法承受的水平。随后，在美国的干预下日元开始贬值并引发了抛售日元的狂潮，终于使日本 1998 年陷入全面的危机困境，日元下跌到 1 美元兑 146 日元，再加上日本金融体系中固有的信息不透明等问题，银行体系的资本充足率严重不足，使银行体系受到市场的严厉惩罚，一些大银行纷纷破产或重组，日本经济从此不再辉煌。

本章小结

1. 动态的外汇是指外汇兑换的过程。静态的外汇有广义和狭义两层含义：广义的静态外汇泛指一切以外币表示的债权或金融资产。狭义的静态外汇是指以外国货币表示的，在国际支付中使用的用于国际结算的支付手段，具体包括以外币表示的汇票、支票、本票和以银行存款形式存在的外汇。外汇按照能否自由兑换，可分为自由外汇和记账外汇；按照外汇交易中资金实际收付的时间，可以分为即期外汇和远期外汇；按外币的形态可以分为外汇现钞和外币现汇；根据外汇来源和用途分为贸易外汇和非贸易外汇。

2. 汇率又称汇价、外汇牌价或外汇行市，是不同的货币之间兑换的比率或比价，也可以说是以一种货币表示的另一种货币的价格。汇率的标价方法有直接标价法、间接标价法和美元标价法。汇率的种类从银行买卖外汇的角度出发，可将汇率分为买入汇率、卖出汇率、中间汇率和现钞汇率；按汇率制定的方法不同，可将汇率分为基础汇率和套算汇率等。套算汇率的计算方法：关键货币同在一侧，用交叉相除；关键货币一个在左一个在右面，用同边相乘。

3. 金本位制度下汇率的决定基础是铸币平价，汇率的变动影响因素是供求关系和黄金输送点。纸币本位制度汇率不再以其法定含金量为决定基础，而是取决于货币在国内的购买力高低。汇率决定的三大理论：购买力平价理论；利率平价理论；国际收支理论。

4. 影响汇率变动的主要因素有国际收支、相对通货膨胀率等；汇率变动反过来会对经济产生影响，如对国际收支的影响、对物价水平的影响、对资本流动的影响等。

5. 汇率变动对一国的国际收支、物价水平、资本流动和外汇储备等都有影响。

6. 本章的重点内容是外汇的种类、汇率的标价和计算、影响汇率的因素和汇率对经济的影响；本章的难点内容是汇率决定的理论。

课后阅读

人民币升值对我国经济的影响

自从 2005 年 7 月 21 日汇改以来，我国开始施行以市场供求为基础、参考“一篮子”货币进行调节、有管理的浮动汇率制度。人民币汇率参考“一篮子”货币——美元、欧元、日元、韩元等，其中美元的权重仍占到 95%以上。当前形式下，由于美国经济的衰退，美元持续贬值，造成人民币对美元持续升值，于 2006 年 5 月 15 首次破“8”，2008 年 4 月 10 日破“7”，而且还有继续升值的空间。那么人民币升值对我国经济的影响究竟是什么样的呢？

一、人民币升值的积极影响

第一，有条件地降低进口产品的成本。在进口产品价格的涨幅小于人民币升值的幅度的情况下，人民币汇率升值会使进口的国外消费品和生产资料的价格比以前便宜，有利于降低进口成本。这样，对于广大居民而言，消费进口产品的成本将大大降低；对于一些企业而言，如果其产品价格以人民币结算、原材料从境外采购，如造纸、汽车和机械设备行业，其生产成本因人民币升值而下降，从而提升企业利润。在这里要注意如果进口产品价格的涨幅大于人民币升值的幅度，那么人民币升值则不利于进口。所以人民币升值对于降低进口产品价格的积极影响是有条件的。

第二，国内居民出国旅游和留学的成本降低。人民币升值，可以使人们花费比以前更少的人民币就可以到欧美等地区留学、旅游。在这里还是要注意国外旅游和留学所需费用的涨幅要小于人民币升值的幅度，否则此积极影响将不存在。

第三，有利于企业创新，适应全球经济发展。长期以来，国内企业通常以价格竞争优势来与国内外企业进行竞争，而随着人民币的升值，那些单纯依靠价格优势取胜的企业将逐步被淘汰，企业要想生存下去就必须要树立品牌意识、创新意识，增强产品的技术含量。这对于我国企业更快地适应全球经济一体化的大环境是有利的。

第四，可以减轻外债负担。不论内债还是外债，从借到还都要经过一定的期限，而在此期限里，由于受汇率、利率的影响，债权人和债务人都面临着一定的风险。对于我国的外债而言，作为债务人，随着人民币升值，到期需要偿还的外债本息所需的本币数量将相应减少，这样可以减轻国家和负外债企业的债务负担。人民币升值是一把“双刃剑”，它给经济带来积极影响的同时，也给我国现行的经济带来了一定的消极影响。下面浅谈如下：

二、人民币升值的消极影响

第一，不利于我国外贸企业产品的出口。对于出口企业而言，其盈利水平与本外币的汇率水平密切联系。在出口产品国际价格不变的情况下，如果本币相对于某一国际结算用外币升值的话，则意味着企业与以前相比出口换回的本币数量减少，企业利润下降，这将严重影响企业的出口积极性，如果出口企业为维持一定利润而提高价格，则会削弱出口产品的国际竞争力，不利于出口的持续扩大和产品在国际市场上占有率的提高。例如，泉州一家服装公司每年出口额大概在 500 万美元左右，公司的财务人士算了一笔账：2006 年，美元对人民币汇率为 7.45 比 1，目前为 6.992 比 1，中间差价高达 0.46 元，那么因为汇率的变化，公司的直接收益便减少了 230 万人民币。随着人民币对美元的持续升值，再加上国内通货膨胀引起的生产成本提高，我国出口企业特别是劳动密集型出口企业的利润空间缩小，有的几乎为零，面临着生存危机。

第二，失业压力会加大。由于人民币的持续升值，出口企业面临着严重的生存危机，而这些出口企业中，大部分是劳动密集型的，这样在这些企业工作的劳动者将面临着失业的压力。

第三，金融风险会加大。随着人民币的持续升值、美元不断贬值、我国经济仍保持高速增长，国际游资和热钱会以各种方式和手段进入我国股票市场和房地产市场，这部分资金规模大、流动快、趋利性强，是造成金融市场动荡的潜在因素。

第四，通货膨胀的压力加大。人民币的持续升值、外资的进入，造成中央银行以外汇占款形式投放的基础货币相应增加，货币供应量在持续增长，流动性过剩；同时人民币的持续升值、外资涌入将推动资产价格上涨，其产生的“财富效应”将引起国内其他产品价格的上涨，这样使我国目前面临通货膨胀的压力加大。

第五，增加了债权人的损失。对于外债，作为债权人的国家和企业，随着本币的不断升值，其损失也在不断增加。作为世界上持有美元外汇储备最多的国家，我国是美国的债权人，在人民币升值、美元贬值的过程中，损失很大。对企业而言也不例外。

（资料来源：http://www.chinaacc.com）

课后练习

技能训练

1．判断题

（1）外汇是外币，外币不一定是外汇。（　　）

（2）汇率变动对涉外经济的影响，集中体现在国民收入、价格、就业以及利率水平等方面。（　　）

（3）以朝鲜元表示的汇票对一国来讲不算外汇。（　　）

（4）一般而言，一国货币贬值有利于出口。（　　）

（5）在直接标价法下，外汇汇率的涨跌与本币价值成正比。（　　）

（6）升水表示远期外汇比即期外汇贵，贴水表示远期外汇比即期外汇便宜，这一概念仅适用于直接标价法。（　　）

（7）客户向外汇银行买卖外汇时需向外汇银行交纳一定的手续费。（　　）

（8）中间价是实际外汇买卖交易中所使用的价格。（　　）

（9）外汇银行公布的买入汇率是指企业向银行买进外汇时所使用的汇率。（　　）

（10）由于电汇汇率高于信汇汇率和票汇汇率，因此外汇市场上公布的汇率是以信汇汇率为基础的。（　　）

2．业务题

（1）某日，纽约外汇市场美元兑日元汇率为 USD/JPY=108.20/30，请回答，美元采用何种标价方法？如果此汇率出现在东京外汇市场，对日元来讲是何种标价方法？

（2）USD/CHF=1.6550/1.6560，GBP/USD=1.6697/1.6707，问：某进出口公司要以英镑支付瑞士法郎，那么该公司以英镑买进瑞士法郎的套汇价是多少？

（3）若 2004 年 6 月 6 日我国 A 公司按当时汇率 EUR /USD=0.8395 向德国 B 商人报出销售花生的美元价和欧元价，任其选择，B 商人决定按美元计价成交，与 A 公司签订了数量为 1000 吨的合同，价值为 750 万美元。但到了同年 9 月 6 日，美元与欧元的汇率却变为 EUR /USD=0.8451，于是 B 商人提出改按 6 月 6 日所报欧元价计算，并以增加 0.5%的货价作为交换条件。你认为 A 公司会同意 B 商人的要求吗？为什么？

（4）如果你是香港某银行交易员，你向客户报出：USD/HKD=7.8057/67，客户要以港币向你买进 100 万美元，你应给客户什么汇价？如果客户以你的上述报价，向你购买 3500 万美元，卖给你港币，随后，你打电话给一经纪人想买回美元平仓，几家经济人的报价是 7.8058/65 7.8062/70、7.8054/60、7.8053/63。以什么汇价进行交易对你最有利？这两笔交易你赚了还是赔了？

3．案例分析题

请分析人民币对美元的汇率变动方向。（通过网络分别查询中国和美国经济面和政策面因素，并结合你学过的知识和理论）

复习思考

1．名词解释

外汇　汇率　直接标价法　间接标价法　自由外汇　套算汇率　即期汇率
购买力平价理论　利率平价理论　国际收支理论　远期汇率　现钞汇率　记账外汇

2．填空

（1）外汇形态包括________和________。

（2）外汇按照可兑换性可分为________外汇和________外汇。

（3）汇率按照外汇买卖的交割期限划分可分为________和________。

（4）汇率按照外汇报价和交易的方向分为_______、_______和_______。

（5）直接标价法也称________标价法，是指以一定单位的_______作为标准，折成若干单位的_______来表示汇率。

3．单项选择题目

（1）某一日本客户要求日本银行将日元兑换成美元，当时市场汇率为USDl= JPYl18.70/80，银行应选择的汇率为（　　）。

A．118.70　　B．118.75　　C．118.80　　D．118.85

（2）某日伦敦外汇市场的报价是 GBP1=USD1.6574，这是外汇标价法的（　　）。

A．直接标价法　　B．间接标价法　　C．美元标价法　　D．双向标价法

（3）某日伦敦外汇市场的报价是 GBP1=USD1.6574/84，某英国商人欲购买英镑，应当使用的外汇价格是（　　）。

A．1.6574　　B．1.6584　　C．1.6579　　D．无法确定

（4）已知 USD/HKD=7.7900/7.8100，则中间价为（　　）。

A．7.7900　　B．7.8100　　C．7.7800　　D．7.8000

（5）当一国货币汇率升值时，下列（　　）情况会发生？

A．本国出口竞争力提高，投资于外币付息资产的本币收益率上升

B．本国出口竞争力提高，投资于外币付息资产的本币收益率降低

C．本国出口竞争力降低，投资于外币付息资产的本币收益率降低

D．本国出口竞争力降低，投资于外币付息资产的本币收益率上升

（6）一国货币升值对其进出口收支产生何种影响（　　）。

A．出口增加，进口减少

B．出口减少，进口增加

C．出口增加，进口增加

D．出口减少，进口减少

4．多项选择题

（1）在人民币对外币的汇价表中除列有现汇买入价与卖出价外，一般还公布现钞价，其（　　）。

A．现钞买入价高于银行购买外币支付凭证的价格

B．现钞买入价等于银行购买外币支付凭证的价格

C．现钞买入价低于银行购买外币支付凭证的价格

D．现钞卖出价与银行卖出外币支付凭证的价格相同

（2）按国际汇率制度来划分，汇率可分为（　　）。

A．固定汇率　　B．商人汇率　　C．基本汇率

D．浮动汇率　　E．联合浮动汇率

（3）一国货币对外贬值，一般（　　）。

A．有利于出口　　B．不利于出口

C．有利于进口　　D．不利于进口

（4）影响汇率变动的经济因素有（　　）。

A．国际收支　　B．外汇干预　　C．通货膨胀

D．心理干预　　E．资本流动

（5）银行挂牌的卖出汇率是（　　）的价格。

A．银行买入顾客外汇　　B．顾客卖出外汇

C．银行卖出外汇　　D．顾客买入外汇

（6）下列关于预期货币升值对资本流动影响的说法正确的是（　　）。

A．短期资本外流，国际收支恶化

B．大量短期资本流入，国际收支改善

C．有利于对外举债

D．不利于对外举债

5．简答题

（1）怎样从广义与狭义两方面理解外汇概念？

（2）简述汇率的标价方法？

（3）简述汇率决定的三大理论？

（4）试述影响汇率变动的主要因素？

（5）试说明汇率变动如何影响一国的经济？

第4章

外汇市场与外汇交易

学习目标

1. 知识目标

(1) 理解外汇市场的概念、特征和主要功能；
(2) 掌握外汇市场的构成；
(3) 掌握不同外汇交易的含义和特点。

2. 技能目标

(1) 熟悉不同外汇交易方式的处理流程，能够进行外汇交易；
(2) 能够利用各种外汇交易方式进行投机或套期保值。

章前引例

外汇市场作为全球规模最大、最规范的投资场所，蕴涵着无限的机会和可能，成就了无数的财富神话。在当前，日交易量可高达3.6万亿~4万亿美元，这个数字约是全美股票和债券市场每天交易额的3倍。目前，世界上大约有30多个主要的外汇市场，它们遍布于世界各大洲的不同国家和地区。每个市场都有其固定和特有的特点，但所有市场都有共性。各市场被距离和时间所隔，它们敏感地相互影响又各自独立。一个中心每天营业结束后，就把订单传递到别的中心，有时就为下一个市场的开盘定下了基调。这些外汇市场以其所在的城市为中心，辐射周边的其他国家和地区。由于所处的时区不同，各外汇市场在营业时间上此开彼关，它们相互之间通过先进的通信设备和计算机网络连成一体，市场的参与者可以在世界各地进行交易，外汇资金流动顺畅，市场间的汇率差异极小，形成了全球一体化运作、全天候运行的统一的国际外汇市场。

思考下列问题：

1. 什么是外汇市场？外汇市场有什么特点？
2. 主要外汇交易市场走势有哪些特点？
3. 外汇交易的主要方式有哪些？

4.1 外汇市场

4.1.1 外汇市场的概念和特征

1. 外汇市场的概念

外汇市场有狭义和广义之分。狭义的外汇市场指以外汇专业银行、外汇经纪商、中央银行等为交易主体，通过电话、电传、交易机等现代化通信手段实现交易的无形的交易市场。广义的外汇市场泛指进行外汇交易的场所，还包括企业和个人客户与银行之间的各类外汇交易，以及发生在期货交易所的外汇期货和外汇期权交易等。

2. 外汇市场的特征

外汇市场既具有一般市场的特征，又有其独特的特征，具体表现为如下几点。

（1）外汇市场主要是个无形市场。外汇市场既有有形市场（场内交易）也有无形市场（场外交易），但绝大部分外汇交易发生在无形市场。无形市场主要由电话、电传、电报、计算机终端、通信线路等组成的网络，通过各种交易指令、资金转移、交割方式等实现交易。

（2）外汇市场是一个高度一体化的市场。市场上交易的货币在世界各地都是同一性的，即没有差异或具有很大的同质性和价格的均等化。

（3）外汇市场一般分布于国际金融中心。世界最主要的外汇市场分布在伦敦、纽约、巴黎、苏黎世、中国香港、东京和新加坡，其中，伦敦和纽约市场占有举足轻重的地位。

（4）外汇市场是个时空上连续不停运转的市场。从世界范围来看，由于时差的存在，各国外汇市场开闭时间不同，在全球范围内就形成了时间上和空间上都连续不断的外汇市场。

（5）外汇市场的外汇行情波动性大，政府干预行为突出。

（6）外汇市场上交易币种相对集中。并非所有货币都可以在外汇市场上进行交易，大多数交易所用币种集中于美元、英镑、瑞士法郎、日元、加拿大元和欧元等，其中，绝大多数交易使用美元。

4.1.2 外汇市场的构成

1. 外汇银行

外汇银行是指由各国中央银行或货币当局指定或授权经营外汇业务的银行。外汇银行通常是商业银行，可以是专门经营外汇的本国银行，也可以是兼营外汇业务的本国银行或者在本国的外国银行分行。外汇银行是外汇市场上最重要的参加者，其外汇交易构成外汇市场活动的主要部分。

外汇银行的主要业务包括：经营外汇买卖和外币兑换、办理对外贸易结算、为国内进出口商提供外汇信贷和担保、在国外发行证券等。外汇银行多为政府发展对外金融事业、扩大进出口贸易、管理外汇收支的专业金融机构。由于各国的经济体制和银行体制不一样，外汇银行经营的主要内容也不同。

2. 外汇经纪人

外汇经纪人是指外汇市场上介绍客户进行外汇交易的中介人，其本身并不买卖外汇，只是连接外汇买卖双方来促成交易。外汇经纪人的收入是靠收取外汇买卖点差和手续费来获得的，他们自身不承担交易风险。外汇经纪人具体业务包括：外汇保证金业务拓展、为客户提供专业的理财投资规划、帮助客户进行风险规避、服务和维护存量客户，定期回访客户。

3. 外汇交易商

外汇交易商指买卖外国汇票的交易公司或个人。外汇交易商利用自己的资金买卖外汇票据，从中赚取买卖价差。外汇交易商多数是信托公司、银行等兼营机构，也有专门经营这种业务的公司和个人。

4. 进出口商及其他外汇供求者

他们是贸易上、商品的出口或进口后的货款清算以及运输、保险、旅行、留学、国外的债券及股票的买卖、利息的支付等产生的外汇供给者和需求者。

5. 外汇投机者

外汇投机者即外汇的投机买卖者，通过预测汇率的涨跌，以少数保证金从事大额外汇的买卖交易，利用极小波动赚取中间差价的人。

6. 中央银行

中央银行主要负责本国货币的发行、货币供给量的管理、外汇储备量的调整、本国货币价值的维持等，必要时才会在外汇市场上进行市场干预。譬如，美国、日本、德国、法国、加拿大及意大利等主要七国财长央行行长会议定时就主要货币的汇率进行协商，对外汇汇率的变动设定上限和下限，如果汇率变动到接近上限或下限的话，七国各国就会在外汇市场上共同采取干预措施。市场干预基本上采取逆市场而行的措施。没有特殊情况，中央银行不会采取市场干预措施。一般而言，中央银行控制强势货币比较容易，而维持弱势货币就相对困难。

小资料

外汇经纪人收入测算

外汇市场中，按每一标准手（100 000 美元，也是外汇交易的基本单位）计算，1 个点代表 10 美元。外汇保证金是放大 100 倍来交易的，换句话说，每 1000 美元可以交易 1 手。下面以一个 1 万美元的客户账户为例，测算该客户的经纪人的月收益率。

1. 若该客户佣金为 0.5 点，按 1 万美元做 2 手的比例下单，每天做 3～5 次交易，则

一个月的点差收益比例为：

$$0.5 \times 10 \times 2 \times 3 \times 20/10\,000 = 6\%$$

$$0.5 \times 10 \times 2 \times 5 \times 20/10\ 000 = 10\%$$

即经纪人点差收益率为 6%～10%每月。由于买卖点差是客观存在的，所以将外汇经纪人的点差收益率称为“固定收益率”。

2. 若该经纪人把客户的佣金调整为 3 个点，还是按 1 万美元做 2 手的比例下单，每天进行 3～5 次交易，则一个月的佣金收益比例为：

$$3 \times 10 \times 2 \times 3 \times 20/10\ 000 = 36\%$$

$$3 \times 10 \times 2 \times 5 \times 20/10\ 000 = 60\%$$

即经纪人佣金收益率为 36%～60%每月。由于是否调整佣金及调整多少都是由经纪人自己选择的，所以外汇经纪人的佣金收益率称为“浮动收益率”。

4.1.3 外汇市场的种类

1. 根据有无固定场所分类

按照有无固定的交易场所来划分，外汇市场分为无形外汇市场和有形外汇市场。前者没有固定的交易场所，也没有一定的开盘、收盘时间，而是由从事外汇交易的银行和经纪人进场交易；后者有固定的交易场所，一般是在证交所建筑物内或交易大厅内一角设立外汇交易所，买卖各方作为交易所会员，在每个营业日规定的时间内进场交易。

2. 根据外汇交易主体的不同分类

按外汇交易的主体不同，通常分为两类市场，一类是批发性的外汇市场，是指外汇银行同业的外汇交易场所，通常有最小成交金额的限制；另一类是零售性的外汇市场，是指外汇银行与客户之间的外汇交易场所，其特点是无最小成交金额的限制，而且交易有时比较零碎。

3. 根据外汇市场受管制的程度分类

按外汇所受管制程度进行分类，外汇市场可以分为自由外汇市场、外汇黑市和官方市场。

（1）自由外汇市场，是指政府、机构和个人可以买卖任何币种、任何数量外汇的市场。自由外汇市场的主要特点是：买卖的外汇不受管制；交易过程公开。例如，美国、英国、法国、瑞士的外汇市场皆属于自由外汇市场。

（2）外汇黑市，是指非法进行外汇买卖的市场。外汇黑市的主要特点是：在政府限制或法律禁止外汇交易的条件下产生的；交易过程具有非公开性。由于发展中国家大多执行外汇管制政策，不允许自由外汇市场存在，所以这些国家的外汇黑市比较普遍。

（3）官方市场，是指按照政府的外汇管制法令进行外汇买卖的市场。这种外汇市场对参与主体、汇价和交易过程都有具体的规定。在发展中国家，官方市场较为普遍。

4.1.4 外汇市场的主要功能

1. 促进国际贸易的顺利进行

进口商在进口商品时可能需要支付外汇，而手中只有本币；出口商在出口商品时收取的可能是外汇，而购买原材料、支付工资却需要本币，如此商品出口才能继续。因此，为了贸易活动和企业运作的顺利进行，他们需要到外汇市场进行货币兑换。

2. 实现对外投资

一家买进外国资产的投资商必须用当事国的货币支付，因此，需要将本国货币兑换成当事国的货币；而对本国投资的外商企业需要把外币兑换成本国货币。显然，对外投资同样需要外汇市场。

3. 国际授信业务的载体

在国际贸易和国际资金转移中，各个经济主体的外汇头寸与其外汇供求之间存在时间上和数量上的不一致性，这就需要通过外汇市场来实现各个经济主体之间外汇资金的融通，解决外汇供求的矛盾。

4. 进行外汇投机

汇率总是在不断的变动中，外汇投机者在一个汇率上买进一种货币，而在另一个更有利的汇率上抛出该货币，从而获得赢利，就叫外汇投机。外汇投机大约占了外汇市场交易的绝大部分。

5. 规避外汇风险

由于两种相关货币之间汇率的波动，那些拥有国外资产或外汇资产的经济主体将这些资产折算成本国货币时，或兑换成本币时，就可能遭受一些风险；以外币计值的负债，如果汇率发生变化，可能需要更多的本币来购买该笔外汇来偿还债务。这些经济主体可以通过对冲来消除这种潜在的风险。对冲就是通过某种外汇交易，使交易结果刚好抵消由汇率变动而产生的风险。

4.2 外汇交易

4.2.1 外汇交易概述

1. 外汇交易的概念

外汇交易是指一国货币与另一国货币进行的兑换。外汇交易的要素包括：交易日、对手、货币、汇率、数额、交割日、支付指令等。

外汇交易按照交割日、合约的规范性、交易目的等不同可以分为：即期外汇交易、远期外汇交易、外汇期货、外汇期权、套汇、套利和互换等。

2. 外汇交易产生的原因

外汇交易产生的最主要原因是由于国际经济交易的发生和随之而产生的国际结算、国际投资、外汇融资和外汇保值等业务的需要。

（1）因贸易结算而进行的外汇交易。从事对外贸易需要进行外汇交易，这也是外汇交易最初的动因和最早的交易类型。据统计，现代贸易结算中美元作为国际结算货币的比例达50%以上，其他如欧元、日元、英镑等亦占有相当比例。一般来讲，出口商在交易伙伴支付货款后都会将其兑换成本币或兑换成其他种类的外币，从而产生外汇交易的需要。进口商从国外进口货物，通常也要将本币（或其持有的非结算货币的外币）兑换成结算所需外汇，亦产生外汇交易。

（2）因对外投资而进行的外汇交易。到国外投资有各种形式，例如，投资于股票、办餐馆、办工厂、购买房产、开办商店等，这些都需要将本国货币或他国货币（外汇）转换成投资所在国的货币（外汇），这就形成了为进行对外投资而产生的外汇交易。国际投资的方式主要有两种：国际直接投资，即一国的企业和个人直接到另一国的企业或机构进行投资，通过创办新企业，收购国外企业足够比例的股权或利润再以投资方式进行；间接投资，又称证券投资，是通过在国际债券市场购买中长期债券或在国际股票市场上购买外国公司的股票来实现的。无论以哪一种方式进行国际投资，都必须将本国货币或持有的他国货币（外汇），转换成投资所在国的货币。

（3）因外汇保值而进行的外汇交易。在浮动汇率制度下，汇率的变化完全由市场供求关系决定，各国货币间的汇率时升时跌。货币的升值会给货币的持有者带来收益，货币的贬值起伏不定会给持有者带来损失，因此汇率的波动和变化是外汇持有者必须关心的事情。持有外汇的企业或个人，为避免遭受汇率波动可能带来的损失，需要通过外汇交易来实现保值。

（4）因外汇筹资、借贷和还贷而进行的外汇交易。很多国家，尤其是发展中国家都面临着资金不足的问题，存在着所谓的“双缺口”，即国内储蓄缺口和外汇缺口。这就需要到国际金融市场上进行外汇融资，包括直接融资和间接融资。前者是通过吸收国外企业投资，引进外资；后者是通过向外举债或向国外发行债券等方式来引进外资，来弥补国内资金的不足。无论以何种方式引进外资，在引进中都会带来大量的外汇交易业务。

（5）因金融投机而进行的外汇交易。货币投机交易是指没有贸易或资本流动作为基础，单纯希望从货币汇价变动中获取利润的货币交易行为。这种交易在外汇交易中所占地位越来越重要，投机商们在外汇市场上频繁地买进卖出，推波助澜，使外汇市场的变化更加神秘莫测。

（6）因外币存款的需要而进行的外汇交易。在银行，各种可兑换货币都有规定的存款利率，一般来说，存款利率高，收益也高。许多人喜欢选择利息高的货币存款，例如，英镑、澳元、加元等。由于利息收入的原因，有些人希望把手中利息低的货币换成利息高的货币，这就需要进行外汇交易。

小资料

国际外汇交易的时间表

外汇市场名称	时间（北京）	外汇市场名称	时间（北京）
惠灵顿外汇交易市场	04：00～13：00	悉尼外汇交易市场	06：00～15：00
东京外汇交易市场	08：00～15：30	中国香港外汇交易市场	10：00～17：00
法兰克福外汇交易市场	14：30～23：00	伦敦外汇交易市场	15：30～（次日）0：30
纽约外汇交易市场	21：00～（次日）04：00	—	—

4.2.2 即期外汇交易

1. 即期外汇交易的概念

即期外汇交易又称现货交易或现期交易，是指外汇买卖成交后，在两个工作日内办理交割的外汇交易，一般是在成交后的第二个营业日进行交割。如果交割的那一天正逢银行节假日，就顺延到下一个工作日交割。即期交易采用即期汇率，通常为外汇银行的当日挂牌汇率，或参考当地外汇市场主要货币之间的汇率加一定比例的手续费。例如，一家德国进口商从美国进口计算机，星期一货到验明后付款，在两日内也就是本周三前按当地银行外汇牌价完成交割，就是即期交易。

即期交易的交割日根据不同的市场的习惯而不同。在欧美市场上，交割日是成交后的第二个营业日。例如，在伦敦市场上成交一笔英镑兑美元的交易，则其交割日应为第二日，如次日恰逢英国和美国的节假日，则顺延一天，遇周末则要顺延至下周。在远东市场上，例如在中国香港市场，为两个工作日交收，之所以交割时间有所滞后，是因为不同货币的清算中心一般都在其发行国，彼此的清算过户需要一定的时间。

即期外汇交易通常由做市商向询价者报出买卖某种货币双向价格，被标明价格的货币是基础货币（如美元、英镑、欧元等）。

例：USD/JPY＝125.00/125.10

USD（基础货币）/JPY（标价货币）

＝125.00（基础货币的买入价）/125.10（基础货币的卖出价）

（该报价中美元为基础货币，日元为标价货币。斜线左边是银行对基础货币的买入价；右边是基础货币的卖出价。）

由于汇价是由用户报出的，银行与顾客是交易的双方，所以银行的买入价就是顾客的卖出价。如顾客买入日元，卖出美元，对银行而言则是卖出日元，买入美元，因此，日元兑美元汇率是 125.00；若顾客卖出日元，买入美元，日元兑美元汇率是 125.10。外汇买入价与卖出价的差价为银行作为做市商的利润。

2. 即期外汇交易的种类

即期外汇交易包括个人即期外汇交易和公司即期外汇交易。

个人的即期外汇交易包括柜台上外汇现钞的买卖或进入个人金融业务区进行自主即期外汇交易。

企业的即期外汇交易通常可分为汇出汇款、汇入汇款、出口收汇和进口付汇四种类型。

（1）汇出汇款。需要对外国支付外币的客户，如有外币可向银行直接支付外币，如无外币，则要由本币兑换成外币后，委托银行向国外的收款人汇出外汇。银行接受了汇款人的委托，便请求收款人的往来银行从本行的外币结算账户中借记相当金额，支付给收款人。

（2）汇入汇款。汇入汇款是收款人从国外收到以外币支付的款项后，可以存入自己的外币账户，也可将外汇收入结售给银行取得本币（即结汇制）。通常，办理汇款的外国银行事先就将外币资金转入接受汇款银行的结算账户。

（3）出口收汇。出口商将出口货物装船后，立即开立以双方商定的结算货币计价的汇票，并在汇票下面附上有关单证，请银行议付，以便收回出口货款。银行将汇票等单据寄往开证行，按照汇票即期支付的条件，接受以外币支付的款项，并让支付行将应付款记入自己的外币结算账户中。

（4）进口付汇。为进口商开出信用证明的银行，按照出口商开出的附有全部单证的即期汇票条件，将外币计价的进口货款通过外币结算账户垫付，然后向进口商提示汇票，请其按照即期付款条件支付。进口商经本币（或外币）向银行支付了进口货币，进口结汇就完成了。

3．即期外汇交易的作用

（1）满足客户临时性的支付需要。通过即期外汇买卖业务，客户可将手上的一种外币即时兑换成另一种外币，用以应付进出口贸易、投标、海外工程承包等的外汇结算或归还外汇贷款等。例如，某公司需在星期三归还某外国银行美元贷款 100 万，而该公司持有日元，它可以在星期一按 1 美元兑 130.00 日元的即期汇率向银行购入 100 万美元，同时出售日元。星期三，该公司通过转账将 1 亿 3 千万日元交付给银行；同时银行将 100 万美元交付给该公司，该公司便可将美元汇出以归还贷款。

（2）帮助客户调整手中外币的币种结构。遵循“不要把所有的鸡蛋放在同一个篮子里”的原则，通过即期外汇买卖，将其全部外汇调整为美元、欧元、日元等的组合，通过多种币种组合实现分散外汇风险。

（3）可以作为外汇投机的重要工具。这种投机行为既有可能带来丰厚利润，也可能造成巨额亏损。

4．即期外汇交易的运作方式

这里主要介绍银行对公司客户的即期外汇交易程序。

（1）开户。在银行开立相应的外币账户，账户中要有足够支付的金额，或者携带以银行为收款人的转账支票，直接将卖出货币转入银行。开户的有关规定如下：

要求有进出口贸易合同；外汇买卖金额不得低于 5 万美元，低于 5 万美元的交易则按当天银行外汇牌价进行买卖；客户可通过电话或预留交易指令的方式在银行办理即期外汇买卖。客户申请通过电话交易，须向银行提交由企业法人代表签字并加盖公章的《委托交易授权书》，指定被授权人可通过电话方式与银行叙做即期外汇买卖交易，同时，被授权人必须在银行预留电话交易密码。通过电话交易后第二个工作日，客户还需向银行补交成交确认书，若对已达成的交易有争议，以银行的交易电话录音为准。

（2）按要求填写《保值外汇买卖申请书》，由企业法人代表或有权签字人签字并加盖企业公章。客户在填制《保值外汇买卖申请书》时，须向银行预留买入货币的交割账号，交易达成后，银行在交割日当天把客户买入的货币划入上述指定的账户。

（3）向银行询价交易。外汇买卖价格由银行参照国际市场价格确定，客户一旦接受银行报价，交易便成立，客户不得要求更改或取消该交易，否则由此产生的损失及费用由客户承担。

（4）交割。交易达成后应当在两个交易日内办理交割手续。

4.2.3　远期外汇交易

1. 远期外汇交易的概念

远期外汇交易又称期汇交易，是指交易成交后并不立即办理，而是按事先约定好的日期和汇率进行交割的外汇买卖形式。远期外汇交易与即期外汇交易的不同主要表现为交割日的不同，只要交割日在成交两个营业日以上的外汇交易均属于远期外汇交易。

2. 远期外汇交易的要素

远期外汇交易的主要要素：一是约定的远期交割日，这个日期是外汇交易成交后第二个工作日以后的某一天。远期外汇交易的期限通常为一个月、三个月、六个月、一年以及不规则起息日（如 20 天、1 个月零 10 天、3 个月零 25 天等），1～3 个月的远期交易是最为常见的。交割日超过一年的远期外汇交易称为超远期外汇交易。二是远期汇率，即远期外汇交易双方约定的汇率。

3. 远期外汇交易的作用

远期外汇交易的作用在于规避汇率风险。由于这种交易提前把将来的汇率确定下来，因此买方实际上把未来的汇率风险转嫁给了卖方；当然，卖方也会通过这种方式试图把风险转嫁给别人。

【例析】美国某进出口公司计划从日本进口一套设备，预计 3 个月后付款 1 亿 2 千万日元。为避免日元升值、美元贬值所带来的汇率损失，该公司向银行购买 3 个月的远期日元。假定当时 3 个月的远期日元的汇率为 120.00，那么该客户需要 100 万美元。这样不论将来汇率如何变化，客户锁定了成本，保留了既得的利润。如果不购买远期日元，而美元对日元又持续下跌，例如下跌到 110.00，该客户就需要多付 9 万多美元。

当然，也存在另一种情况，就是 3 个月后美元升值、日元贬值，这样到付款时再购买日元就会比较便宜，这样，订立远期合约等于将美元升值的利益转移出去了。但是，对于从事实业的公司、企业及个人来说，应多从成本核算出发，从外汇保值的目的出发，排除侥幸心理，多考虑做远期外汇买卖，特别是付款时间较长的情况更应注意，时间越长预测汇率越困难。

4. 远期汇率的决定

远期汇率不仅受即期汇率的影响，还受两种货币的利率以及期限的影响。

远期汇率，是以在即期汇率上加减升水和贴水的方法表示的。某种货币的远期汇率大于即期汇率时，其差额就是升水；远期汇率小于即期汇率时，其差额就是贴水。甲货币对乙货币的远期汇率有升（贴）水，就是乙货币对甲货币的远期汇率有贴（升）水。同时，期限越长，远期汇率升水越大，反之依然。用公式表示为：

远期汇率＝即期汇率＋升（贴）水

升水和贴水的大小，主要取决于两种货币的利率平价条件，即利率的高低和期限的长短。利率较高的货币在远期市场上表现为贴水，利率较低的货币在远期市场上表现为升水。当甲、乙两种货币的相同期限利率水平无差异时，从理论上讲，升水和贴水就等于零，也就是远期汇率等于即期汇率，这种情况称为平价。

升水或贴水也称远期点数或汇水，它的报价受即期交易报价和两种不同货币的利率差异以及远期天数的影响。

升水或贴水的计算公式如下：

升水或贴水（远期点数）＝即期汇率×利率差异×远期天数/（100×年的天数）。

远期点数加（减）即期汇价可以计算出远期汇率。如果基础货币的利率高于标价货币减去远期点数，称为基础货币在远期市场贴水，同时，标价货币升水；如果基础货币的利率低于标价货币，为基础货币在远期市场升水，而标价货币贴水。

【例析】美元与加元的三个月定期存款利率分别为5.5%和3.5%，即期汇率为1.5350。远期点数＝1.5350×（－2）×90/36000＝－0.007675

因此，远期点数报价为美元贴水77点；

远期汇率＝即期汇率＋升（贴）水＝1.5350－0.0077＝1.5273

5．远期外汇交易办理程序

目前，在我国公司客户申请办理远期外汇交易业务，必须有合法的进出口贸易或其他保值背景，并提供能证明其贸易或保值背景的相关经济合同（如进出口贸易合同、标书、海外工程承包合同、信用证或贷款合同等）。远期外汇交易的办理程序如下所述。

（1）缴存保证金。银行企业双方签署《保值外汇买卖总协议》后，客户在银行开立外币保证金账户，交存不低于交易本金10%的保证金，保证金币种限于美元、港币、日元和欧元。在银行贷款或信用证项下的远期外汇买卖及银行100%担保项下的远期外汇交易经批准后，视具体情况可相应地减免保证金。

（2）填写《保值外汇买卖申请书》，以下简称《申请书》。

（3）叙做的远期外汇交易《申请书》填妥后，经企业法人代表或有权签字人签字，并加盖公章，到银行询价交易。同即期外汇交易。

（4）保证金管理。远期外汇交易因汇率波动可能会形成浮动亏损，当亏损达到客户存入保证金的80%时，银行将随时通知客户追加保证金，客户应及时补足保证金，如客户不及时或拒绝追加保证金，银行将视情况予以强制平仓，由此产生的一切费用及损失由客户负责。

（5）交割。客户应在交易起息日当天到银行办理交割手续，如不按期交割，银行将按有关规定给予处罚。客户因故不能按期办理交割，需要展期的，应在不迟于交割日三个工作日前向银行提出展期申请，经银行审核同意后，填写《申请书》，通过办理掉期外汇买卖进行展期。如果客户要对已达成的远期交易提前交割，应在提前交割的三个工作日前向银行提出申请，经银行审核同意后，填写《申请书》通过办理掉期外汇买卖调整交割日期。

（6）保证金支取。在外汇买卖如期交割后，客户将剩余保证金转走时，须凭企业出具的保证金支取通知书办理有关支取手续。

6．利用远期交易套期保值

远期外汇交易是国际上最常用的规避外汇风险、固定外汇成本的一种交易方式。一般来说，客户在贸易结算、国外投资、外汇借贷或还贷的过程中总会涉及外汇保值的问题，通过叙做远期外汇买卖业务，可事先将某一项目的外汇成本固定，从而达到保值和防范风险的目的。

【例析】某日，美元兑日元的汇率为 133，根据贸易合同，美国进口公司将在下个月 6 日支付 4 亿日元的进口货款。公司担心美元兑日元的汇率下跌会增加换汇成本，于是同银行叙做一笔远期外汇买卖，按远期汇率 132.50 买入 4 亿日元，同时向银行支付 3 018 867.92 美元（400 000 000/132.50 = 3 018 867.92）。同时银行将向公司支付 4 亿日元。起息日（资金交割日）为下个月 6 日。这笔远期外汇买卖成交后，美元兑日元的汇率成本便固定下来，无论汇率如何变化，甲公司都将按 132.5 的汇率水平从银行换取日元。

假如甲公司等到支付货款的日期才进行即期外汇买卖，若下个月 6 日美元兑日元的即期市场汇率跌至 124，那么甲公司必须按 124 的汇率买入 4 亿日元，同时卖出美元：

$$400\,000\,000/124=3\,225\,806.45$$

与做远期外汇买卖相比，公司将多支出美元：

$$3\,225\,806.45-3\,018\,867.53=206\,938.92$$

由此可见，通过远期外汇买卖可以锁定进口商进口付汇的成本。同样，恰当地运用远期外汇交易，出口商也可以锁定汇率，避免因汇率波动可能带来的损失。但是由于锁定汇率，远期外汇交易也会失去获利的机会。

4.2.4　套汇和套利交易

1. 套汇交易

套汇是指利用不同外汇市场的外汇差价，在某一外汇市场上买进某种货币，同时在另一外汇市场上卖出该种货币，以赚取利润的外汇买卖。

套汇一般可以分为地点套汇和时间套汇两种形式。地点套汇是指套汇者利用不同外汇市场之间的汇率差异，同时在不同的地点进行外汇买卖，以赚取汇率差额的一种套汇交易。地点套汇又可分为直接套汇和间接套汇两种。时间套汇实质上就是掉期交易，后面章节将详细介绍。

直接套汇又称为两地套汇，是利用在两个不同的外汇市场上某种货币汇率发生的差异，同时在两地市场上低买高卖，从而赚取汇率的差额利润。

【例析】在同一时间内，出现下列情况：

伦敦市场 GBP/USD=1.4815/1.4825

纽约市场 GBP/USD=1.4845/1.4855

若某一套汇者在伦敦市场上以 1.4825 的价格卖出美元，买进英镑，同时在纽约市场上以 1.4845 的价格买进美元，卖出英镑，则每英镑可获得 0.0020 美元的套汇利润。

若以 100 万英镑进行套汇，则可获得 2000 美元（未扣除各项费用）。上述套汇活动可一直进行下去，直到两地美元与英镑的汇率差距消失或极为接近为止。

【例析】设某日纽约外汇市场即期汇率为 USD1 = HKD7.7775/7.7785，香港外汇市场该汇率为 USD1 = HKD7.7875/7.7885，若不考虑其他费用，中国香港某银行进行 100 万美元的套汇交易可获得多少收益？

纽约买进 100 万美元，香港卖出 100 万美元：778.75−777.85 = 0.9 万美元

间接套汇又称三角套汇或多角套汇，是指利用三个或多个不同地点的外汇市场中三种或多种货币之间的汇率差异，同时在这三个或多个外汇市场上进行外汇买卖，以赚取汇率差额的一种外汇交易。间接套汇相对于直接套汇比较复杂，在投资者在进行间接套汇时，必须先判断是否有套汇的机会。判断是否值得套汇的方法是：把三地汇率改成相同的标价法，然后用三个卖出价或三个买入价相乘，若乘积等于 1 或者约等于 1 时，说明市场之间的货币汇率关系处于均衡状态，没有汇差，或只有微小的差率，但不足以抵补资金调度成本，套汇将无利可图。若乘积不等于 1，说明存有汇率差异，此时套汇有利可图。

【例析】汇市价格资料如下：

伦敦市场 GBP/JPY=195.59/195.79

纽约市场 GBP/USD=1.6180/1.6196

东京市场 USD/JPY=119.63/119.65

请分别用 100 美元和 100 英镑套汇。

第一步：首先辨别有无套利机会：

1.6180 × 119.63 ÷ 195.79=0.9886

0.9886 不等于 1，有套利机会。

第二部：寻找套汇路径：

对于 100 美元：先在纽约市场换成英镑，再到伦敦市场换成日元，最后到东京市场换回美元，最后得到 100 ÷ 1.6196 × 195.59 ÷ 119.65 = 100.93 美元，实现获利。

对于 100 英镑：先在伦敦市场换成日元，再到东京市场换回美元，最后到纽约市场换成英镑，最后得到 100 × 195.59 ÷ 119.65 ÷ 1.6196 = 100.93 英镑，实现获利。

2．套利交易

（1）套利交易的概念。套利是指利用两国利率之差，将货币投资于利率高的国家，从而获取收益。如 A 国利率低于 B 国，最初对 B 国货币需求增加，所以 B 国货币升水，到期后需要卖掉 B 国货币换成 A 国货币，所以远期 B 国货币贴水 A 国货币升水。套利收益与存在 A 国的利息相比较决定投资方向。收益差逐渐缩小直到投资于两国其收益相同，则套利活动停止。

【例析】假设在国际市场上，6 个月的美元存款利率为 4.75%，同时，6 个月的英镑存款利率为 7.25%。在看到汇率是 GBP1 = USD1.6980/1.6990，假设 GBP/USD 的年贴水率分别为 2.0%，2.5%和 3.0%，汇率预期溢价。这三种情况下应该如何进行套利。

① 当 GBP/USD 的年贴水率为 2%时：

两国半年利差=7.25%−4.75%=2.5%

由此可见，持有英镑比持有美元更有利。

② 当 GBP/USD 的贴水年率为 2.5%，则：

无套利价值。

③ 当 GBP/USD 的汇水年率为年贴水率 3%，则：

持有美元比持有英镑更有利，套利有损失 0.5%。

（2）套利的类型。按照在套利过程中是否采取风险规避措施可将套利划分为抵补套利和

非抵补套利两种形式。

抵补套利又称抛补套利，是指在现汇市场买进一国货币向外投资时，同时在期汇市场出售与投资期限相同、金额相当的该国货币的远期，借以规避风险的套利活动。

【例析】

假设市场行情如下：

伦敦外汇市场　　英镑/美元

即期汇率　　1.8400/1.8420

3 个月汇水　　10/20

伦敦货币市场英镑 3 个月年利率为 8%；纽约货币市场美元 3 个月年利率为 12%。在这种情况下，英国的套利者可在英国以 8%的年利率借入英镑，在即期市场兑换成美元，然后投放在美国货币市场，这样套利者可获得 4%的年利率差。套利者担心 3 个月套利完成后，将美元换回英镑时美元汇率下跌，会减少套利利润或出现亏损。于是套利者将英镑兑换成美元现汇时，卖出 3 个月的美元期汇，规避汇率风险，确保利差收益，套利者抵补套利的具体过程介绍如下：

① 在伦敦货币市场借入 100 万英镑，借款期为 3 个月。到期应还本息为：100×（1+8%×（3/12））=102 万英镑。

② 将 100 万英镑按 1 英镑=1.8400 美元兑换成美元 184 万，3 个月后所持美元本息为：184×（1+12%×（3/12））=189.52 万美元。

按再按远期汇率 1 英镑=（1.8420+0.0020）=1.8440 美元卖出。

③ 3 个月以后，套利者的获利：189.52/1.8440－102=0.7766 万英镑

从以上运算可以看出，套利者做了抵补套利之后，就不必担心汇率的波动对利差的影响，从而确保套利者获得两个货币市场的利率差。

非抵补套利又称非抛补套利，是指没有采取保值措施的套利交易。这种套利由于没有将兑换价格锁定，投资期满后，套利资金收回时，外汇市场汇率变化有两种情况：一种是汇率向套利者有利的方向发展；另一种是汇率向套利者不利的方向发展。

在上例中，3 个月后，套利者在美国市场应收回本息 189.52 万美元，如果此时即期市场美元的汇率比 3 个月前上涨了（即汇率向套利者有利的方向发展），套利者不仅可得两种货币之利率差，还可得到汇率上的好处。3 个月后当套利者收回套利本息 189.52 万美元时，即期市场美元汇率下跌（即汇率向套利者不利的方向发展），且低于 1 英镑＝1.8440 美元，则套利者的利润比做抵补套利减少，如果即期汇率跌至 1 英镑＝1.8580 美元以下时，套利利润不仅被美元汇率下跌抵消，而且还出现套利亏损。由此可见，非抵补套利具有极强的投机性。

4.2.5　外汇期货交易

1．外汇期货交易的概念

外汇期货交易是指买卖双方成交后，按规定在合同约定的到期日内按约定的汇率进行交割的外汇交易方式。

外汇期货是一种规定在将来某一指定月份买进或卖出规定金额的外币的标准化合约。外

汇期货现在主要被用来作为外币套期保值的工具，同时也是重要的外汇投机交易工具。

外汇期货合约的买卖就是外汇期货交易。外汇期货合约的内容一般包括交易币种、交易单位、交割月份、交割日期、交割地点、报价、价格波幅、初始保证金的数额等。在外汇期货市场上交易的货币一般是国际上可以自由兑换的货币，如英镑、加元、美元、澳大利亚元等。目前，全球仅有三家期货交易所提供标准的外汇期货合约，附属于芝加哥商品交易所的国际货币市场（IMM）、新加坡国际货币交易所（SIMEX）和伦敦国际金融期货交易所（LIFFE）。其中，IMM 的期货交易约占全球外汇期货交易成交量 99%以上。

2. 外汇期货交易的特点

（1）标准化的合约，但不同货币的合约规模（交易单位）不同。如在 IMM 交易的第一份英镑期货合约的金额为 25 000 英镑、第一份日元期货合约的金额为 12 500 000 日元、第一份荷兰盾期货合约的金额为 125 000 荷兰盾、第一份加元期货合约的金额为 100 000 加元等。

（2）有固定的交割期限。一般有 3 个月、6 个月、9 个月和 12 个月几种期限，12 个月是最长的合约期限，由于绝大部分合约在到期前已经对冲，故到期实际交割的合约只占很少的一部分。除了规定交割月份外，还规定交割日期，即交割月份中的某一日，如 LIFFE 提供的外汇期货合约规定的交割日期是交割月份的第三个星期三。

（3）以美元来报价。澳大利亚元、日元等货币的报价是以每美元兑多少外币来表示的，这与典型的银行外汇交易的报价方式完全一致。而英镑和加元则采用每单位外币兑多少美元来表示，这是国际外汇期货合约的特点之一。

（4）规定最小波幅。价格最小波幅是外汇期货合约在买卖时，由于供需关系使合约价格产生变化的最低限度。如英镑期货合约的价格最小波幅为每 1 英镑的美元汇价的 5 个基点，每份合约的美元价值为 12.5 美元；加元期货合约的价格最小波幅为每 1 加元的美元汇价的 1 个基点，每份合约的美元价值为 10 美元等。

（5）规定涨跌限制。涨跌限制是指每日交易变化的最大幅度限制。各种外汇期货合约的每日交易变化的最大幅度限制也各不相同。如英镑期货合约的涨跌限制为每 1 英镑的美元汇价的 500 个基点，每份合约的美元价值为 1250 美元；荷兰盾期货合约的涨跌限制为每 1 荷兰盾的美元汇价的 100 个基点，每份合约的美元价值为 1250 美元；瑞士法郎期货合约的涨跌限制为每 1 瑞士法郎的美元汇价的 150 个基点，每份合约的美元价值为 1875 美元等。

3. 外汇期货交易与远期外汇交易的区别

外汇期货交易与远期外汇交易是两个不同的概念。外汇期货交易是买卖双方在期货交易所通过买卖合约，承诺未来某一特定日期以协议价格交割某种有标准数量的外汇的交易形式。两种交易都是在未来某一特定时期以事先约定的价格付款和交割某种特定标准数量外币的交易。但两者也有区别，其区别主要表现在以下几个方面。

（1）交易的目的不同。从事外汇期货交易的目的有两方面，一方面是为了规避外汇风险，如套期保值者；另一方面是通过进行外汇投机活动来谋求利润，如投机者。而从事远期外汇交易的目的主要是规避外汇风险。

（2）交易者及其相互关系不同。外汇期货交易的参加者可以是银行、其他金融机构、公司、政府和个人，只要按规定交纳保证金，均可通过期货交易所中有会员身份的经纪行，进行外汇期货交易。由于交易所设有清算机构，因此从事外汇期货交易的参加者不必考虑交易对方的信用是否可靠。而在远期外汇市场上，参与者多为专业的外汇交易商、经营外汇业务的银行或与银行有良好往来关系、信用良好的企业等。

（3）交易工具不同。外汇期货市场上交易的是外汇期货合约。而远期外汇市场上交易的是远期外汇合约。前者是一种标准化的合约，交易额是用合同的数量多少来表示的。买卖额最小是一个合同，大的可以是几个合同，每个合同的金额，不同的货币有不同的规定。后者无固定的规格，合约细则由交易双方自行商定。

（4）交易组织方式不同。外汇期货交易主要在期货交易所进行，采取公开喊价的方式成交，基本上有一个有形的交易场所。远期外汇交易则是各银行同业间、银行与经纪人间以及银行与客户间通过电信手段在无形市场进行的交易，也就是通常所说的场外交易市场。

（5）交易规则不同。外汇期货交易采用保证金制度，每天的交易都要通过清算所进行清算，盈余者可以提走多余的现金，而亏蚀者则需补交保证金。远期外汇交易则不需要保证金，交易双方只在到期交割时进行结算。

（6）交易方式不同。外汇期货交易交割的方式有两种：一是等到到期日交割，在实际操作中，只有很少的合同进行到期时的实际交割，占 1%～2%；二是随时做一笔相反方向的相同合同数量和交割月的期货交易，称为“结清”，绝大部分期货交易都是如此。而远期外汇交易，一般都会在指定交割日交割现货。此外，外汇期货的交割都通过清算所统一进行，而远期外汇交易是客户与银行之间直接清算交割。

（7）交割日期的规定不同。外汇期货合同中规定合同的到期日为交割月份的第三个星期的星期三（不同品种的交割月不完全相同，外汇期货的交割月份一般为每年的 3 月、6 月、9 月、12 月）。远期外汇交易则没有交割日期的固定规定，可由客户根据需要自由选择。除此之外，就流动性而言，外汇期货合约可以转让，而远期外汇合约不可转让。

4. 外汇期货交易的程序

外汇期货交易是在交易所内进行的，其基本程序包括开户、下单、成交、清算和交割等步骤。

（1）开户。外汇期货交易者通过期货交易所的会员经纪商开立外汇期货交易账户，并签署“风险揭示声明书”“套期保值交易账户证明书”，授权经纪商代为买卖合约、交付保证金。经纪商获得买卖授权后，就可以根据合约条款，按照客户指令进行外汇期货买卖。

（2）下单。客户向经纪人下达交易订单（指令），订单必须简洁明了。订单种类很多，在确定了交易币种、数量、日期后，其中最重要的是价格指令，即客户愿以何种汇率成交。

（3）竞价成交。经纪人接到客户订单后，立即传输到交易所进行竞价成交。

（4）每日结算。交易成交后，场内经纪人将交易记录交给结算所，由结算所进行当天的盈亏清算工作。

（5）交易确认。结算所注册后，发出保证书交给经纪行，经纪行把执行指令的结果通知客户，由客户进行确认。

（6）交割。对于最后交易日未平仓的外汇期货合约，在交割日办理交割手续。

5. 利用期货交易套期保值或套利

（1）套期保值。利用期货交易进行套期保值主要有多头套期保值和空头套期保值两种形式。

多头套期保值是指在期货市场上先买入某种外币期货，然后卖出期货轧平头寸。通过期货市场先买后卖的汇率变动与现货市场相关交易的汇率变动损益相抵冲，以避免汇率波动风险。

空头套期保值是在期货市场上通过先卖后买来固定汇率，从而规避汇率波动产生的风险。

【例析】设美国某进口商在7月10日从英国进口价值125 000英镑的商品，11月10日需向英国出口商支付货款。假设7月10日英镑的即期汇率是GBP1 = USD1.6320，一年后英镑期货价格为GBP1 = USD1.6394。4个月后英镑汇率上升，假定11月10日英镑的即期汇率是GBP1 = USD1.6480，期货价格为GBP1 = USD1.6540。

该美国进口商利用期货市场进行套期保值的具体做法是：在7月10日买入5张9月期英镑期货合约，总价值为125000英镑。到了11月10日，再在期货市场上进行对冲，即卖出5张英镑期货合约，同时在即期外汇市场上买入125000英镑支付货款。这样即可达到保值的目的。

现货市场交易与期货市场交易的具体比较如下表所示。

现货市场	期货市场
7月10	7月10
现汇汇率 GBP1 = USD1.6320	买入5份12月期英镑期货合约（开仓）价格 GBP1 = USD1.6394
GBP125000 折合 USD204000	总价值：USD204925
11月10日	11月10日
现汇汇率 GBP1 = USD1.6480	卖出5份12月期英镑期货合约（平仓）价格 GBP1 = USD1.6540
GBP125000 折合 USD206000	总价值：USD206750
结果：损失 USD2000	结果：盈利 USD1825

【例析】美国一出口商5月10日向加拿大出口一批货物，计价货币为加元，价值100 000加元，1个月后即6月10日收回货款。为防止1个月后加元贬值，该出口商在期货市场上卖出1份6月期加元期货合约。假设5月10日加元的即期汇率为CAD1 = USD0.8590，当天12月期加元期货价格为CAD1 = USD0.8595。

在现货市场与期货市场所进行的交易及结果比较如下表所示。

现货市场	期货市场
5月10日	5月10日
现汇汇率 CAD1 = USD0.8590	买入1份6月期加元期货合约（开仓）价格 CAD1 = USD0.8595
CAD100000 折合 USD85900	总价值：USD85950
6月10日	6月10日
现汇汇率 CAD1 = USD0.8540	卖出1份6月期英镑期货合约（平仓）价格 CAD1 = USD0.8540
CAD100000 折合 USD85400	总价值：USD85400
结果：损失 USD500	结果：盈利 USD550，完整保值，并实现盈利 USD50

（2）投机。用期货进行投机有多头投机和空头投机两种方法。

多头投机（买空）是投机者预测外汇期货价格将要上升，从而先买后卖，希望低价买入，高价卖出从而获得收益。

空头投机（卖空）是投机者预测外汇期货价格将要下跌，从而先卖后买，希望高价卖出，低价买入对冲。

【例析】某投机者预期 3 月期日元期货价格呈上涨趋势，于是在 1 月 10 日在 IMM 市场买进 20 份 3 月期日元期货合约（每张日元期货面额 12 500 000 日元），当天的期货价格为 JPY1 = USD0.008333（即 USD1 = JPY120.00）。到 3 月 1 日，日元期货的价格果然上涨，价格为 JPY1 = USD0.008475（即 USD1 = JPY118.00），该投机者悉数卖出手中日元期货合约获利了结。请计算该投机者的投机损益情况（不考虑投机成本）。

交易过程如下：

1 月 10 日购入时 20 份合约的总价值为：0.008333 × 12 500 000 × 20 = 2 083 250 美元。

3 月 1 日售出时 20 份合约的总价值为：0.008475 × 12 500 000 × 20 = 2 118 750 美元。

该投机者可获取的投机利润为：2 118 750 − 2 083 250 = 35 500 美元。

当然，如果投机者预测错误，即日元期货不涨反跌，投机者就要承担风险损失。

【例析】某投机者预期 9 月期英镑期货将会下跌，于是在 2 月 20 日 GBP1 = USD1.7447 的价位上卖出 4 份 9 月期英镑期货合约（每张英镑期货面额 62，500 英镑）。5 月 15 日英镑果然下跌，投机者在 GBP1 = USD1.7389 的价位上买入 4 份 9 月期英镑期货合约对全部空头头寸加以平仓。请计算该投机者的损益情况（不计投机成本）。

交易过程如下：

2 月 20 日时卖出 4 份合约的总价值为：1.7447 × 62 500 × 4 = 436 175 美元。

5 月 15 日买入 4 份合约的总价值为：1.7389 × 62 500 × 4 = 434 725 美元。

该投机者可获取的投机利润为：436 175 − 434 725 = 1 450 美元。

4.2.6　外汇期权交易

1. 外汇期权交易的概念和特点

期权，又称选择权，是一种以一定的费用（期权费）获得在一定时刻或时期内买入或卖出某种货币（或股票）的权利的合约。外汇期权，又称外汇选择权，是外汇期权合约的购买者在规定期限内按交易双方约定的价格购买或出售一定数量的某种外汇权利的外汇交易形式。

外汇期权交易特点主要表现在以下几方面：

（1）期权交易费不可收回。不管是履行外汇交易的合约还是放弃履行外汇交易的合约，外汇期权买方支付的期权交易费都不能收回。

（2）协定汇率都是以美元为报价货币。

（3）外汇期权交易一般采用设计化合同。

（4）买卖双方权利和义务是不对等的。期权的买方拥有选择的权利，期权的卖方承担被选择的权利，不得拒绝接受。

（5）买卖双方的收益和风险是不对称的。对期权的买方而言，其成本是固定的，而收益是无限的；对期权的卖方而言，其最大收益是期权费，损失是无限的。

2. 外汇期权交易的种类

（1）按是否在交易所交易分为场内交易期权和场外交易期权。

在交易所内交易的期权都是合约化的，到期日、名义本金、交割地点、交割代理人、协定价格、保证金制度、合约各方、头寸限制、交易时间等都是由交易所事先确定的，外汇期权交易者需要做的只是确定合约的价格和数量。在交易所交易的标准化期权可以进入二级市场买卖，具有很大的流动性。交易所交易期权是标准化的，具体包括：标准的工具和数量；标准的敲定价，也称协议价格；标准的到期日；绝大多数是美式期权；收取一定的期权费；要支付给清算所保证金。

场外交易市场交易的期权适合各种客户的需要，不像交易所交易期权那样标准化、可以协商、根据客户的需要对期权进行特制。OTC货币期权占期权交易总量的90%。OTC期权的特点是：可以直接在交易者之间交易，也可通过期权经纪商交易；交易日可以在任何一天，多数是在6个月以内，并且交易细节可由交易者自由协商；不需支付保证金；规模可以协商；通常是欧式期权交易。在OTC期权市场上，期权经纪商对期权的报价一般是通过特定的期权定价模型来进行的，并且要考虑诸如交易货币的即期汇率、实施价格、到期日、利率、交易货币汇率的变动等因素。目前场外交易市场的期权合同也在向标准化发展，其目的是为了提高效率，节约时间。

（2）按交易方向分为看涨期权（或称买方期权）和看跌期权（或称卖方期权）。看涨期权是指期权的买方有权在未来的一定时间内按约定的汇率向银行买进约定数额的某种外汇；看跌期权是指期权的买方有权在未来一定时间内按约定的汇率向银行卖出约定数额的某种外汇。订立期权合同的买卖双方分别为期权出售者和期权购买者。两种基本合同和合同双方组合起来，就有如下四种情况：买入看涨期权；卖出看涨期要；买入看跌期权；卖出看跌期权。

（3）按行使权力的时限分为欧式期权和美式期权。欧式期权是指期权的买方只能在期权到期日前的第二个工作日，方能行使是否按约定的汇率买卖某种货币的权利；美式期权的灵活性较大，可在到期日的任何一天行使合约，因而费用价格也高一些。

（4）按照期权合约交易标的的不同，分为外汇期权和外汇期货期权。外汇期权以即期外汇为交易标的；外汇期货期权以货币期货合约为交易标的。

3. 期权费的决定因素

期权费是期权买卖的价格，是外汇期权交易形式的关键变量，期权费的制定主要依据以下几个因素。

（1）货币汇率的波动性。一般说来，汇率较为稳定的货币收取的期权费比汇率波动大的货币低。

（2）期权合约的到期时间。时间越长，期权费越多，这是因为时间越长，汇率波动的可能性就越大，期权卖方遭受损失的可能性也就越大。

（3）协议日与到期日的汇率差价。当到期日的即期价格高于协议价格时，合约处于赚钱状态，内在价格为正，期权费较高；当到期日的即期价格等于或低于协议价格时，合约处于不赚钱或赔钱状态，内在价格为零，期权费就会较低。

（4）期权供求关系。期权的买方多卖方少，收费自然会更多一些；而如果期权卖方多买方少，收费就会便宜一些，这就是基本供求规律的作用。

4. 外汇期权交易的程序

我国银行只提供欧式期权交易，即客户只有在期权到期日才能执行合约，在期权到期日前，客户不得要求提前行使外汇期权。外汇期权交易的办理程序主要包括以下步骤：申请—缴纳期权费—到期通知—交割几个步骤，如图 4.1 所示。

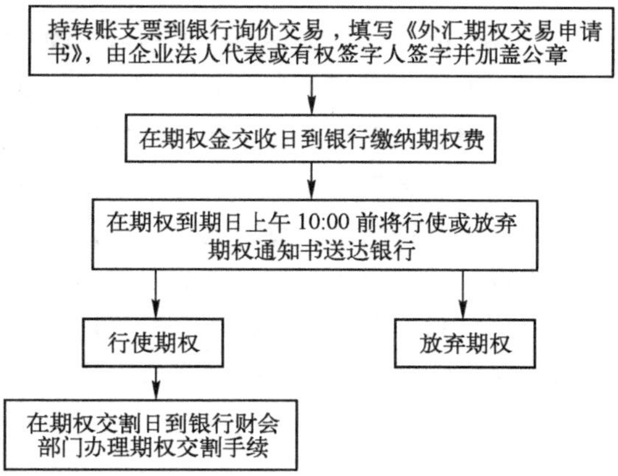

图 4.1　外汇期权交易业务流程图

5. 利用期权交易套期保值或套利

期权交易的买方最大的损失不超过权利金，但收益是不确定的。期权的卖方最大收益为权利金，损失不确定。期权交易主要有保值和投机功能。

（1）期权交易的套期保值。

【例析】美国 A 公司向日本出口设备，预计 3 个月后收到货款 2 亿日元，当时汇率为 USD/JPY = 117.00/117.12。据估计，日元兑美元为 USD1 = JPY118.00 时企业即可保本。A 公司希望锁定利润，但若日元升值，又可以按照市场价格卖日元。因此，B 公司买入了日元兑美元远期外汇期权，协议价格为 USD1 = JPY117.5，期权费 1 万美元。

假设 1：3 个月后，汇率为 USD/JPY = 120.50/120.70。

A 公司执行该期权获得的美元：20000 ÷ 117.50 = 170.212766 万元。

A 公司若不执行该期权获得的美元：20000 ÷ 120.50 = 165.975104 万元。

A 公司因期权保值收益：170.212766 − 165.975104 − 1 = 3.237662 万元。

假设 2：3 个月后，汇率为 USD/JPY = 116.10/116.20。

A 公司若不执行该期权获得的美元：20000 ÷ 116.10 = 172.265289 万元。

与执行该期权所获 170.21276 万美元相比，不执行期权可以换回更多的美元，所以不执行期权，损失仅为 1 万美元的期权费。

（2）期权交易的投机。利用期权交易进行投机，主要是指同时买进和卖出一定数量、相同品种，或敲定价不同、到期日不同的复合期权合约，当价格出现始料未及的逆转或剧烈波动时，期权交易便可提供保护。因为一买一卖的期权必有一盈一亏、盈亏互补，这样就可有效地为已建立的期货投机部分保值。

常见的期权投机方式有垂直套利和水平套利（或月历套利）两种方式。垂直套利是按不同的敲定价同时买进和卖出同一到期月份的看涨期权或看跌期权；水平套利是指交易者在相同敲定价上同时买进和卖出不同到期月份的期权合约。

4.2.7 外汇掉期交易

1. 外汇掉期交易的概念

外汇掉期交易是指将币种相同，但交易方向相反、交割日不同的两笔或两笔以上的外汇交易结合起来进行的交易。简言之，就是以A货币兑换B货币，关于未来某一特定时间，再以B货币换回A货币的交易。外汇掉期交易的主要目的是轧平各货币因到期日不同所造成的资金缺口，对于某一货币而言，买入与卖出的金额是相同的，并不改变外汇的净头寸，但可规避汇率风险。例如，抵补套利时，套利者按即期汇率将英镑兑换成美元，同时按远期汇率将美元换回英镑，使两种货币的净头寸等于零，达到避免汇率风险的目的。因此，外汇掉期交易的主要功能是保值，适用于有返回性的外汇交易。例如，在国际金融市场借款或投资时，都属于有返回性的外汇交易，通过掉期交易可避免因汇率变动导致借款成本增加或投资收益减少。

2. 外汇掉期交易的种类

外汇掉期交易按交割日期的不同，可划分为以下三种类型。

（1）即期对远期的外汇掉期交易。这种掉期交易是最常见的形态，指买进（或卖出）

一种货币现汇时，卖出（或买进）该种货币的期汇，这是做抵补套利时使用的类型。这种形态可分为：买入即期外汇/卖出远期外汇，卖出即期外汇/买入远期外汇。在国际外汇市场，常见的即期对远期的掉期交易分以下三种情况。

一是在即期交割日买进（或卖出），至下一个营业日做相反交易，简记为S/N。例如，在星期三同时做两个合约：一个是即期合约，星期五交割；另一个是远期合约，下星期一交割。这种掉期一般用于外汇银行间的资金调度。

二是在即期交割日买进（或卖出），过一星期后做相反交割，简记S/W。例如，在星期三同时做两个合约：一个是星期五交割的即期买入美元合约，另一是下星期五交割的卖出美元合约。

三是在即期交割日买进（或卖出），过几个月后再做相反交割。

（2）即期对即期的外汇掉期交易。即期交易的标准交割日之前有交易日和第一营业日，在外汇交割中，有的交易者要求将交割日提前，例如，客户要求在交易日的当日交割或次日交割。此类型的掉期交易常见的有以下两种情况。

一是在交易日做一笔当日交割的买入（或卖出）交易，同时做一笔第一个营业日交割的卖出（或买入）的交易。

二是在交易日后的第一个营业日做买入（或卖出）交割，第二个营业日做相反的交割。

（3）远期对远期的外汇掉期交易。远期对远期的外汇掉期交易，是指在即期交割日后某一较近日期做买入（或卖出）交割，在另一较远的日期做相反交割的外汇交易。这类交易可以理解为两笔即期对远期的外汇掉期交易。

3. 外汇掉期成本

外汇掉期交易作为资金调度的工具，或作为套期保值的手段，交易者在交易过程中将承受损益，即外汇掉期成本。在抵补套利的实例中，当远期英镑升水时，套利者买入远期英镑（或卖出远期美元）所支出的美元增加（或所收进的英镑减少）。美元支出额的增加（或英镑收进额的减少）就是套利者保值的成本，也就是外汇掉期成本，对银行而言，则是利率差的收益。

为了同利率比较，需要计算外汇掉期成本年率：

外汇掉期成本年率＝（升贴水数/即期汇率）×（12/远期月数）×100%

在套利日，如果外汇掉期成本年率大于或等于两货币市场的利率差，说明抵补套利者的保值成本太高，无利可图；如果掉期成本小于两货币市场之利率差，说明利差没有完全被掉期成本抵消，尚有套利利润。

在国际金融市场融资时，常用以上公式判断筹资方式成本的高低。

4．外汇掉期交易的程序

外汇掉期交易，对客户的要求与办理即期和远期外汇买卖相同，需要有贸易或其他保值背景，填写《保值外汇买卖申请书》，并比照办理远期外汇买卖的办法交存一定数量的保证金，具体流程如图 4.2 所示。

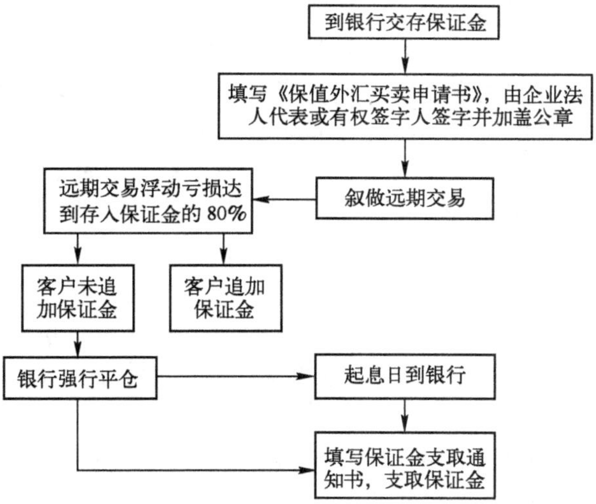

图 4.2　外汇掉期交易业务流程图

此外，客户要对已达成的远期交易进行展期，须在该远期交易起息日的 5 个工作日前向原叙做远期交易的银行机构或部门提出申请，经批准后填写新的《保值外汇买卖申请书》办理外汇掉期交易。

客户要对已达成的远期交易提前交割，须在提前交割的 5 个工作日前向原叙做远期交易的银行机构或部门提出申请，经批准后填写新的《保值外汇买卖申请书》办理外汇掉期交易。

5．利用外汇掉期交易进行套期保值

公司、银行及其他金融机构等投资者进行短期的对外投资，利用掉期交易来规避汇率变动的风险。当外币的利率高于本币的利率时，投资者将本币兑换外币进行短期投资。但在资金回收时，有可能发生外币汇率下跌使投资者蒙受损失的情况，为此，就可以利用外汇掉期交易来避开这种风险。在本币兑换外币的同时，卖出与投资期限相等的等额远期外汇（货币互换），到期时收回的外汇中本金部分的汇率风险就被规避了。

银行通常采用外汇掉期交易抵消与客户进行外汇远期交易所承受的汇率风险，平衡即期交易与远期交易的交割日结构，使银行资产结构合理化。

例如，某银行在买进客户 2 个月期的 50 万远期欧元后，为避免风险，轧平头寸，必须再卖出等量及交割日期相同的远期欧元。但在银行同业市场上，互换比直接出售单独的远期外汇要容易。因此，银行可以采取以下做法：首先，在即期市场上出售 50 万即期欧元；然后，再做一笔相反的掉期买卖，即买进 50 万即期欧元，并卖出 50 万远期欧元，期限也为 2 个月；最后，即期美元一买一卖相互抵消，2 个月期的远期欧元也一买一卖，轧平了与客户交易出现的远期美元的超买。

本章小结

1. 广义的外汇市场泛指进行外汇交易的场所，甚至包括个人外汇买卖交易场所，外币期货交易所等；狭义的外汇市场指以外汇专业银行、外汇经纪商、中央银行等为交易主体，通过电话、电传、交易机等现代化通信手段实现交易的无形的交易市场。外汇市场的构成包括：外汇银行、外汇经纪人、外汇交易商、进出口商及其他外汇需求者、外汇投机者以及中央银行。2.外汇市场根据有无固定场所分为无形的外汇市场和有形的外汇市场；根据外汇交易主体的不同分为批发性的外汇市场和零售性的外汇市场；按外汇市场受管制的程度分为自由外汇市场、外汇黑市和官方市场。

3. 外汇市场的主要功能是：促进国际贸易的顺利进行；实现对外投资；作为国际授信业务的载体；进行外汇投机；规避外汇风险。

4. 外汇交易是指按一定的汇率和特定的交割日进行的货币间兑换的合约。外汇交易的主要方式有：即期外汇交易；远期外汇交易；套汇和套利交易；外汇期货交易；外汇期权交易；外汇掉期交易。

5. 本章的重点内容是外汇市场的含义、构成、分类和功能；外汇交易的类型、运作流程；运用各种外汇交易手段进行投机、套利或套期保值。本章的难点是如何运用各种外汇交易进行投机、套利或套期保值。

课后阅读

世界主要外汇市场介绍

目前，世界上大约有 30 多个国际外汇市场，其中最重要的有伦敦、纽约、巴黎、东京、瑞士、新加坡、香港等，它们各具特色，并分别位于不同的国家和地区，相互联系，形成了全球的统一外汇市场。

1. 伦敦外汇市场

伦敦外汇市场是一个典型的无形市场，没有固定的交易场所，只是通过电话、电传和电报等电子通信设备完成外汇交易。伦敦外汇市场也是世界上最大的国际外汇市场，其外汇交易额占全世界外汇交易额的三分之一。在伦敦外汇市场，有250多家外汇指定银行（包括英国的商人银行，清算银行和外国银行设在伦敦的分行），90多家外汇经纪商，其中有些经纪人还在香港和新加坡设有分支机构。伦敦外汇市场的外汇交易分为即期外汇交易和远期外汇交易。汇率报价采用间接标价法，交易币种众多，最多达到80多种。伦敦外汇市场上，外币套汇业务非常活跃，自从欧洲货币市场发展以来，伦敦外汇市场上的外汇买卖与“欧洲货币”的存放有着密切联系。欧洲投资银行曾积极地在伦敦市场发行大量欧洲德国马克债券，使伦敦外汇市场的模拟外汇更加突出。

2．纽约外汇市场

纽约外汇市场也是一个无形市场，其交易量仅次于伦敦外汇市场的重要国际外汇市场。参加市场活动的有联邦储备银行、美国各大商业银行的外汇部门、外汇银行在美国的分支与代理机构、外汇经纪人、公司财团、个人等。联邦储备银行执行中央银行的职能，同许多国家银行订有互惠信贷，可以在一定限度内借入各种货币，干预外汇市场，维持美元汇率的稳定。纽约外汇市场上的大商业银行是最活跃的金融机构，外汇买卖和收付通过它们在国内外的分支行和代理机构进行。

纽约外汇市场可以说是一个完全自由的外汇市场，汇率报价既采用直接标价法（对英镑），又采用间接标价法（对欧洲各国货币和其他国家货币），便于在世界范围内进行美元的交易。交易货币主要是欧洲大陆、加拿大、日本等国货币。

3．东京外汇市场

东京外汇市场也是一个无形市场，交易者通过现代化的通信工具进行交易。东京外汇市场的参加者有：外汇专业银行，即东京银行；外汇指定银行；外汇经纪人；日本银行；企业法人、进出口企业商场、信托公司、信托银行等非银行客户。在东京外汇市场，银行同业间的外汇交易可以通过外汇经纪人进行，也可以直接进行，但日本国内的企业、个人进行外汇交易则必须通过外汇指定银行进行。东京外汇市场的交易品种比较单一，主要是美元/日元、欧元/日元。

东京外汇市场的交易种类也可以分为即期交易、远期交易、掉期交易。汇率主要有两种，一是挂牌汇率，包括了利率风险、手续费等的汇率，每个营业日上午10点左右，各家银行以银行间市场的实际汇率为基准各自挂牌，原则上同一营业日中不更改挂牌汇率；二是市场连动汇率，以银行间市场的实际汇率为基准标价。

4．新加坡外汇市场

新加坡外汇市场是20世纪70年代随着新加坡成为一个新型国际金融市场而发展起来的。1978年6月，新加坡取消了外汇管制，促进了新加坡外汇市场的进一步发展。新加坡外汇市场由经营外汇业务的本国银行、经批准可经营外汇业务的外国银行和外汇经纪人组成，其中外资银行的资产、存放款业务和净收益都远远超过本国银行。

新加坡外汇市场也是一个无形市场，外汇经纪人在外汇交易中起着重要作用，大部分交易都由他们办理，并通过他们的国际联络网把新加坡和世界各个金融中心联系起来。在新加坡外汇市场上交易的币种不受限制，但以美元为主，约占交易额的 85%。大部分交易都是即期交易，掉期交易及远期交易合计占交易额的 1/3（1977 年）。汇率均以美元报价，非美元货币间的汇率通过套算求得。

5. 香港外汇市场

香港外汇市场是 20 世纪 70 年代以后发展起来的亚太地区的重要国际性外汇市场，也是一个无形市场。20 世纪 70 年代以来亚洲美元市场的兴起，使香港金融业务获得了新的发展，1973 年，香港取消了外汇管制，国际资本大量流入，经营外汇业务的金融机构不断增加，外汇市场越来越活跃，2002 年以成交额计是全球第七大外汇市场。

香港外汇市场的参加者主要是商业银行和财务公司。香港外汇市场上多数交易是即期交易买卖，远期交易和掉期交易约占 20%。20 世纪 70 年代以后，随着该市场的国际化以及港币和英镑脱钩同美元挂钩，美元逐步取代英镑成为市场上交易的主要外币。香港外汇市场上的交易可以划分为两大类：一类是港币和外币的兑换，其中以和美元的兑换为主。另一类是美元兑换其他外币的交易。

课后练习

技能训练

1. 判断题

（1）中央银行既是外汇市场的参与者，又是外汇市场的主要操纵者。（ ）

（2）即期外汇交易也称现汇交易，其外汇买卖必须在当日办理交割。（ ）

（3）远期外汇交易的期限一般有 30 天、60 天、90 天、180 天或 1 年，其中最常见的是 90 天。（ ）

（4）掉期就是将即期外汇交易与远期外汇交易结合在一起所做的一个反方向资金流动。（ ）

（5）外汇期权交易给予了交易买卖双方可以自由选择是否履行合同的权利。（ ）

（6）在间接标价法下，贴水时的远期汇率等于中间汇率加贴水。（ ）

（7）外汇期货合同到期时，交易者通常都办理外汇的实际交割。（ ）

（8）期权合同的购买者，一般预期汇率变动所带来的收益要小于保险费的损失。（ ）

（9）外汇投机者在进行投机时，往往要通过外汇的实际交割来赚取汇率的差价。（ ）

（10）外汇期货合同有效期内，顾客每日都可能发生盈亏。若有盈余，顾客可以从清算公司提取；若发生亏损则要弥补，以保证保证金的约定金额。（ ）

2. 业务题

（1）套算汇率的计算。

① 已知某日外汇市场：EUR/USD=1.0856，USD/JPY=118.34。试计算欧元兑日元的套算汇率。

② 已知某日外汇市场：USD/HKD=7.7965，USD/CHF=1.3843。试计算瑞士法郎兑港元的套算汇率。

（2）买入汇率与卖出汇率的计算。

① 如果某客户向外汇银行询问英镑对美元的汇价，外汇银行报出：GBP/USD＝1.6125/1.6155。该客户欲购入 10 万英镑支付货款，请问该客户应向银行支付多少美元？

② 某瑞士公司欲在美国投资，外汇市场美元对瑞郎的报价为：USD/CHF＝1.3843/1.3873。该公司欲投资 100 万瑞士法郎，请问该客户应从银行得到多少美元？

（3）远期汇率的计算。

① 假设即期汇率为 GBP/USD=1.6367/1.6397，2 个月掉期率为 80/70，试计算 2 个月英镑兑美元的远期汇率。

② 假设即期汇率为 USD/CHF=1.3525/1.3556，3 个月掉期率为 12/16，试计算 3 个月美元兑瑞士法郎的远期汇率。

（4）升（贴）水年率的计算。

① 已知美元的即期汇率为 USD/CAD=1.5243，6 个月远期汇率为 USD/CAD=1.5263，试计算美元 6 个月的升（贴）水年率。

② 已知澳元的即期汇率为 AUD/USD=0.5902，3 个月远期汇率为 AUD/USD=0.5912，试计算澳元 3 个月的升（贴）水年率。

（5）套汇的计算。

已知外汇市场行情为：伦敦市场 GBP/USD=1.4552/62，香港市场 GBP/HKD=13.2312/22，纽约市场 USD/HKD=8.1123/34。

① 利用套汇条件判断有无套汇的可能。

② 若有可能，如何套汇？套汇收益是多少？

（6）套利的计算。

已知一年期市场美元利率为 8%，英镑利率为 10%，某日现汇汇率为：GBP/USD=1.3455。一套利者用 100 万美元在该日进行套利，若一年后市场汇率为：GBP/USD=1.1244。试计算其非抛补套利的获利情况。若英镑一年远期贴水 200 点，试计算其抛补套利的获利情况。

（7）外汇期权的计算。

一美国进口商 2 个月后要支付 100 万欧元的货款，担心 2 个月后欧元升值，于是买入 100 万欧元的看涨期权，协议价格为 USD/EUR=0.8750，期权费为 EUR1＝0.01USD。若到期时即期汇率为：USD/EUR=0.9250；USD/EUR=0.8350；USD/EUR=0.8750。试通过计算分别说明上述三种情况下美进口商买入 100 万欧元的总成本。

3．案例题

某年 3 月 12 日美国出口商 A 与瑞士进口商 B 签订 50 万瑞士法郎的出口合同，预定在 3 个月后进行货款结算。签约时，即期汇率为 USD/CHF＝1.7950/1.7963，出口商 A 认为 3 个月后瑞士法郎贬值的可能性很大，届时将影响其出口收入。该出口商有以下方案可选择：

方案一：不做任何外汇风险的防范措施。

方案二：采用远期外汇交易来防范外汇风险（3 月 12 日，USD/CHF3 个月的远期汇水为 70/80BP）。

方案三：采用外汇期货交易来防范外汇风险。该出口商指示外汇期货经纪人卖出 4 份 6 月 16 日交割的瑞士法郎期货合约，期货价格为 CHF1＝USD0.5648。假设 6 月 12 日即期外汇市场果然贬值，汇率为 USD/CHF＝1.8223/1.8248，期货市场价格为 CHF1＝USD0.5450，该出口商指示外汇经纪人买入 4 份 6 月 16 日交割的瑞士法郎期货合约，同时将收到的出口货款 50 万瑞士法郎在即期外汇市场上卖出。

要求：

① 计算该出口商签约时计划出口收入的美元金额。

② 如果执行方案一，该出口商将蒙受多少的汇率风险损失？

③ 如果执行方案二，请计算 3 个月远期汇率，并分析方案二是否起到防范汇率风险的作用；若是，比较方案一，减少了多少损失？

④ 如果执行方案三，比较该出口商到期收入与计划出口收入情况，分析方案三是否起到汇率风险防范的作用。

⑤ 比较方案二和方案三，哪一种方案的汇率风险防范的效果更好？

复习思考

1. 名词解释

外汇市场　　套汇　　抵补套利　　非抵补套利　　即期外汇交易

远期外汇交易　　外汇期货交易　　外汇掉期交易　　外汇期权交易

2. 填空题

（1）广义的外汇市场指从事_______的交易场所，它是_______的重要组成部分。

（2）外汇市场按有无固定的交易场所，可分为_______和_______。

（3）外汇交易是指外汇买卖的主体为了满足某种经济活动或其他活动的需要而进行的_______。

（4）外汇银行的报价一般都同时报出_______和_______。

（5）外汇掉期交易是指在_______某种货币的同时，卖出或买进_______，以避免汇率风险的一种外汇交易。

（6）即期外汇交易又称_______交易，是指买卖双方成交后，在_______办理交割的外汇买卖。

（7）远期外汇交易又称_______交易，是指外汇买卖时，买卖双方先签订合同，规定交易的_______、_______、_______及_______等，并于将来某个约定时间进行交割的外汇业务活动。

（8）在远期外汇买卖中，远期汇率与即期汇率的汇价差称为_____________。

（9）如果一种货币的远期汇率高于即期汇率，称之为_______；如果一种货币的远期汇率低于即期汇率，称为_______；如果一种货币的远期汇率和即期汇率相等，称为_______。

（10）在期汇投机时，先卖出期汇后买进现汇的投机交易称为_______；先买进期汇后卖出现汇的投机交易称为_______。

（11）外汇期货交易是指交易双方在_______内，通过_______方式买卖_______交易。

（12）外汇期货交易按交易的目的的不同，分为_______和_______。

（13）外汇期权交易按买进和卖出的性质，分为_______和_______；按行使期权有效日，分为_______和_______。

（14）不管汇率如何变动，期权交易中购买方的最大损失莫过于_______。

（15）外汇掉期交易是指在_______某种货币的同时，卖出或买进_______，以避免汇率风险的一种外汇交易。

3．单项选择题

（1）银行报出的外汇买入价是从（　　）的角度而言的。

A．询价行　　B．报价行
C．买卖外汇的客户　　D．卖出外汇的客户

（2）世界上绝大多数国家的外汇市场是（　　），它已成为当代外汇市场的主体形态。

A．批发市场　　B．自由市场
C．有形市场　　D．无形市场

（3）以点数标示的远期汇率差价，每点代表每个标准货币所折合货币单位的（　　）。

A．十分之一　　B．百分之一
C．千分之一　　D．万分之一

（4）外汇市场上，最常见的远期外汇交易期限是（　　）。

A．1 个月　　B．3 个月　　C．6 个月　　D．9 个月

（5）客户在合同到期日必须履行合同，实行交割的外汇交易是（　　）。

A．远期外汇交易　　B．欧式期权
C．美式期权　　D．择期外汇交易

（6）可以在合同期内任何一天放弃执行合同的外汇交易是（　　）。

A．掉期交易　　B．欧式期权
C．美式期权　　D．择期外汇交易

（7）外汇交易额通常以（　　）美元为单位进行买卖。

A．100 万　　B．200 万　　C．300 万　　D．500 万

（8）在短期资本投资或在资金调拨活动中，如果将一种货币调换成另一种货币，为避免外汇汇率波动的风险，常常运用（　　）。

A．择期交易　　B．掉期交易
C．期权交易　　D．远期外汇交易

（9）外汇期权交易的价格是（　　）。

A．手续费　　B．保险费
C．管理费　　D．代理费

（10）期权合同的购买者在期权交易中最大的损失是（　　）。

A．不能收回的保险费
B．远期汇率与协定汇率差距
C．现行市场汇率与协定汇率的差距
D．利率波动所遭受的损失

4. 多项选择题

（1）外汇市场上的参与主体有（　　）。

A. 外汇银行　　B. 进出口商

C. 外汇经纪人　　D. 中央银行

（2）远期外汇交易的特点是（　　）。

A. 实行双向报价

B. 不收取手续费

C. 交易双方有直接合同关系

D. 最后要进行交割

（3）择期外汇交易是（　　）。

A. 合同到期前客户有权要求银行实行交割

B. 合同到期前客户有权放弃执行合同

C. 外汇期权交易的一种类型

D. 远期外汇交易的一种类型

（4）在外汇市场上，需要卖出远期外汇的客户可能是（　　）。

A. 进口商　　B. 出口商

C. 外币债权人　　D. 外币债务人

（5）在外汇市场上，需要买入远期外汇的客户可能是（　　）。

A. 进口商　　B. 出口商

C. 外币债权人　　D. 外币债务人

（6）在外汇市场上，远期汇率的标价方法主要有（　　）。

A. 直接标出远期外汇汇率

B. 直接标出远期汇率的中间价

C. 标出远期汇率与即期汇率的中间汇率

D. 标出远期汇率与即期汇率的差价

（7）远期对远期的掉期交易所涉及的两笔外汇业务的（　　）。

A. 金额相同　　B. 汇率相同

C. 汇率不同　　D. 交割期相同

（8）外汇期货交易的特点有（　　）。

A. 实行双向报价　　B. 不收取手续费

C. 买卖合同是标准化的　　D. 交易双方无直接合同关系

（9）以下有关外汇期权交易说法正确的是（　　）。

A. 期权合约的买卖双方的收益和风险不对等

B. 买卖的期权合同是标准化的

C. 保险费不能收回

D. 对于期权合同的购买者来说，保留了汇率变动可能带来的收益

（10）美式期权合同购买者在合同到期日（　　）。

A. 有权执行合同　　B. 有权放弃合同的执行

C. 之前，有权执行合同　　　　D. 之前，有权放弃执行合同

5. 简答题

（1）外汇市场由哪些主体构成？

（2）即期外汇交易报价的依据是什么？

（3）如何利用远期外汇交易进行汇率风险防范？

（4）远期外汇交易与即期外汇交易有哪些不同？

（5）外汇期货交易中买卖的标的是什么？它有什么特点？

（6）简述外汇期货交易的业务流程。

（7）在进行外汇期权交易时，购买期权合同方（客户）与出售期权合同方（银行）的利益是否相等？

（8）与外汇期权和择期交易相比，远期外汇交易的特点是什么？

（9）比较远期外汇交易、外汇期权交易与外汇期货交易。

（10）外汇掉期交易的特点是什么？

第 5 章

外汇风险与外汇风险管理

学习目标

1. 知识目标

（1）理解外汇风险的概念及构成因素；

（2）熟悉企业、银行、国家三种涉外经济主体面临的特定的外汇风险类型；

（3）掌握各类经济主体管理外汇风险的基本原理和基本方法。

2. 技能目标

（1）能够识别涉外经济活动中存在的外汇风险；

（2）能够针对经济主体的具体情况，设计出较为合理的避险方式。

章前引例

2008 年 10 月 20 日，某知名集团旗下的 A 公司召开新闻发布会。会上集团主席表示，

由于该公司的财务董事越权与香港数家著名的银行签订了金额巨大的澳元杠杆式远期合约，导致公司已经产生 8 亿港元的损失，而且以目前的汇率市价估计，这次外汇杠杆交易可能带来高达 147 亿港元的损失。

A 公司在澳大利亚有一个铁矿项目，该项目是西澳最大的磁铁矿项目。据有关消息称，这个项目总投资约 42 亿美元，很多设备和投入都必须以澳元来支付。这一点也得到了集团主席的回应，他说 A 公司直至 2010 年对澳元的需求都很大。整个投资项目的资本开支，除目前的 16 亿澳元之外，在项目进行的 25 年内，还将在全面营运的每年度投入至少 10 亿澳元，为了降低项目中存在的货币风险，因此签订若干杠杆式外汇买卖合约。

这起外汇杠杆交易是在澳元突然走高的时候启动的，但是自 2008 年 7 月份以来，澳元汇率波动加大，在 7 月中旬到 8 月中旬短短一个月间，澳元开始出现持续贬值，澳元兑美元跌幅也高达 10.8%，这几乎抹平了之前的涨幅。

A 公司的公告表示，有关外汇合同的签订并没有经过恰当的审批，其潜在风险也没有得到评估，因此已终止了部分合约，剩余的合同主要以澳元为主。管理层表示，会考虑以三种方案处理手头未结清的外汇杠杆合同，包括平仓、重组合约等多种手段。

思考下列问题：

1．导致 A 公司发生巨额亏损的原因是什么？

2．什么是外汇风险？

3．外汇风险发生的原因是什么？

4．作为涉外企业，应当如何防范外汇风险？

5.1 外汇风险概述

5.1.1 外汇风险的概念及构成

1．外汇风险的概念

外汇风险又称汇率风险，是指由于汇率的变动，导致外汇资产或负债以本币折算的价值变动，从而给涉外经济主体带来损失或收益的可能性。从事涉外贸易、投资和借贷活动的主体，不可避免地会在国际范围内收付大量外汇或拥有以外币表示的资产和债权、债务，汇率的波动将会给外汇持有者或运用者的未来现金流量带来不确定性，这种不确定性有可能导致损失，也可能带来收益，这些体现都为外汇风险。通常，风险管理的重点放在规避损失这一方面。

知识链接

风险和市场风险

风险是一个常用而宽泛的词汇，频繁出现在经济、政治、社会等领域，当前对于风险的定义主要有以下三种：风险是未来结果的不确定性；风险是损失的可能性；风险是未来结果对期望的偏离，即波动性。第一种含义是传统西方经济学对风险的定义，符合经济、政治、社会等领域对于风险的理解。第二种含义只将风险与损失联系在一起，属于传统意义上对风险的理解，符合目前金融机构特别是金融监管当局对风险管理的思考模式。根据这种定义，对风险的度量主要侧重于对损失的度量。第三种含义没有限定结果的偏离方向，认为任何方向的偏离（有利或不利）都是风险的表现，这突出反映在金融投资普遍以收益率方差（或标准差）作为风险计量指标的主流分析框架之中。与传统的定义相比较，这种对风险的理解更加符合现代金融风险管理理念，即风险既是损失的来源，也是盈利的基础。

按照风险的形态划分，风险主要包括信用风险、市场风险、操作风险、流动性风险等。其中，市场风险又叫价格风险，是指市场价格（利率、汇率、股票价格、商品价格）的变动使金融资产及其组合价值发生波动。

2．外汇风险的构成

外汇风险一般包括三个因素：本币、外币和时间。任何一项国际经济活动必然涉及外币的收付，并需要与本币进行折换，折换后的本币价值是衡量一个企业经济效益的指标，本币与外币构成了外汇风险的两个因素。此外，一笔业务的完成均有一个期限，这个期限就是时间因素，在确定的时间内，本币与外币的折合比率可能发生变化，从而产生外汇风险。

一笔应收账款或应付账款的时间结构对外汇风险的大小有直接影响，时间越长，在此期间内汇率波动的可能性就越大，外汇风险就越大；时间越短，外汇风险就越小。在既定的时间范围内，汇率波动的幅度越大，外汇资产价值遭受损失的程度就越大，外汇风险就越大；汇率波动的幅度越小，外汇资产价值遭受损失的程度就越小，外汇风险就越小。因此，外汇风险包括时间风险与价值风险两个层次，而防范外汇风险的基本思路也包括两个方面：一是防范时间风险，其方法或把将来外币的兑换提前到现在进行，或根据对汇率走势的预测，适当调整将来外币收付的时间；二是防范价值风险，可通过选择计价结算的外币种类，以消除或减少外汇风险。

【例析】某一企业 90 天后有一笔收汇收入，该企业将来的这笔外汇收入既存在时间风险，又存在价值风险。现该企业借入一笔外汇贷款，其金额与未来的外汇收入相等，并将这笔外汇贷款的偿还时间也规定在 90 天后，即以 90 天后的外汇收入来偿还这笔贷款，从而把将来的风险转移到现在，消除了时间风险。然而受汇率波动影响的价值风险仍然存在，因此，要消除价值风险，应将外币借款兑换成本币，然后以本币进行投资来获得一定的投资利润，这样才能消除全部风险。

5.1.2 外汇风险的类型及成因

1. 企业面临的外汇风险

涉外企业在它的经营活动过程、结果、预期经营收益中，都存在着由于外汇汇率的变化而引起的外汇风险，主要有三类，交易风险、折算风险和经济风险。其中，在经营活动中的风险为交易风险；在经营活动结果中的风险为折算风险；预期经营收益的风险为经济风险。

（1）交易风险是指一个经济体在以外币进行计价成交的交易活动中，由于外汇汇率波动应收资产与应付债务价值不同而引起的风险。交易风险是由于以外币计价的应收、应付等交易在发生时与结算时汇率不同而产生的。在测量交易风险时，需要确定哪些交易项目承担着交易风险，并掌握结算日与成交日汇率变化的幅度。

交易风险的产生主要表现在以下几个方面。

① 以外币计价的赊购或赊销。依据商业信用购买或销售商品或劳务，合同金额以外币计价，这是产生交易风险最普遍的原因。一般来讲，在出口中收进外汇一方，如果签约时的外汇汇率高而结算时的外汇汇率低，那么出口方将遭受损失，损失程度视汇率变化的情况而定；相反，在进口中支付外汇的一方，如果签约时的外汇汇率低而结算时的外汇汇率高，那么进口方将遭受损失。

【例析】一家德国企业向美国出口产品，货款为 100 万美元，同时从美国进口一批产品，货款为 80 万美元，双方约定三个月后以美元支付这两笔款项。此时，德国企业便产生了 20 万美元的外汇头寸，面临着美元贬值的风险。设交易成交日的汇率为 USD/EUR=1，若三个月后汇率保持不变，仍为 USD/EUR=1，则德国企业可以获得款项 20 万欧元；若美元贬值，贬值后的汇率为 USD/EUR=0.8，则德国企业只能收到相当于 16 万欧元的款项，遭受损失 4 万欧元。

② 以外币偿付的资金借贷。当发生国际性的外币借贷时，偿还款项时的汇率与借贷发生时的汇率不同，就会产生交易风险。一般来讲，在国际借贷中，贷款人将承担在借贷期内外汇汇率下降的风险，而借款人将承担在借贷期内外汇汇率上升的风险。

【例析】一家企业在德国债券市场上发行 3 年期的债券 3 亿欧元，债券到期时，企业拟定以美元换取欧元偿还债务，此时企业产生 3 亿欧元的外汇头寸，承受欧元升值的风险。设发行债券时汇率为 USD1 = EUR1，则通过发行该笔债券所获得的 3 亿欧元资金折合 3 亿美元。如果到期欧元升值为 USD1 = EUR0.8，则企业须付出 3.75 亿美元偿还债务。此时即使不计算额外的利息支出，仅支付本金一项，企业就需多支付 7500 万美元。

③ 投机性远期外汇交易。在远期外汇交易中，有一部分是出于投机的目的，造成投机者的外汇头寸暴露，从而产生交易风险。投机性远期外汇交易是基于投机者预期未来某一时点市场上的即期汇率与目前市场上的远期汇率不一致而进行的远期外汇交易，分为买空和卖空两种形式。

买空，是投机者预测某种货币的汇率将会上涨时，投机者先买进这种货币的远期外汇，然后在到期时再卖出这种货币的即期外汇的投机交易。

【例析】在伦敦外汇市场上，如果某外汇投机商预测英镑兑美元的汇率将会大幅度上升，就可以做买空交易，先以当时 GBP1 = USD1.5550 的 3 月期远期汇率买进 100 万 3 个月英镑远期；在 3 个月后，当英镑兑美元的即期汇率猛涨到 GBP1 = USD1.7550 美元时，就在即期市场上卖出 100 万英镑。轧差后便会获得 100 ×（1.7550 − 1.5550）= 20 万美元的投机利润。当然，若交割日市场即期汇率的变动与投机者的预期相反，投机者将会遭受损失。若 3 个月后市场即期汇率不升反跌为 GBP1 = USD1.4550，则该投机者将遭受 10 万美元的损失。

卖空，是投机者预测某种货币的汇率将下跌时，投机者先卖出这种货币的远期外汇，然后等到远期外汇的交割日再买进这种货币的即期外汇进行冲抵的一种投机活动。

【例析】在东京外汇市场上，某投机者判断美元在 1 个月后将贬值，于是他立即在远期外汇市场上以 USD1 = JPY110.03 的价格抛售 1 月期 1000 万美元，交割日是 4 月 1 日。到 4 月 1 日时，即期美元的汇率不跌反升，为 USD1 = JPY115.03。该投机者在即期外汇市场购买 1000 万美元现汇实现远期合约交割，要遭受 1000 ×（115.03 − 110.03）= 5000 万日元的损失。

④ 其他外币资产或负债。除了以上情况，交易风险还涉及股息、利息、租金、专利权等诸多方面。事实上，凡是涉及以外国货币计算的任何商业活动或投资行为都包括在内。若外汇汇率下跌，本国货币相对坚挺，持有外币资产将会有损失，持有外币负债将会有利得；反之，若本币汇率下跌，外国货币相对坚挺，则持有外币资产将会有利得，持有外币负债将会有损失。

（2）折算风险，又称会计风险或转换风险，是指经济主体在对资产负债表和损益表进行会计处理中，在将功能货币转换成记账货币时，因汇率波动而呈现账面损失或收益的可能性。通常，拥有外币资产负债的经济主体需要将原来以外汇度量的各种资产和负债，按照一定的汇率转换成用本国货币表示，以便汇总编制综合的财务报表。在这里，功能货币是指经济主体在具体经济业务中使用的货币，记账货币是指经济主体在编制综合财务报表时所使用的报告货币，通常是本国货币。一旦功能货币与记账货币不一致，在会计上就要做相应的转换，由于功能货币与记账货币之间汇率的变动，会计报表中某些项目的价值也会相应地发生变动，从而形成折算风险。

【例析】我国某合资企业以美元为记账货币，年初该企业有 4 万英镑存款，汇率水平为 GBP1 = USD1.83，在财务报表中折算为 7.32 万美元。年底该公司编制资产负债表时，汇率水平为 GBP1 = USD1.5，该笔英镑存款经重新折算仅为 6 万美元，账面价值减少了 1.32 万美元。虽然这种损益是会计性质的账面损失，是尚未实现的、不涉及实际的现金流量，但却会影响到企业向股东和社会公众公开营业报告的结果。

同一般的涉外经济主体相比，跨国公司在海外的分公司或子公司所面临的折算风险更为复杂。一方面，海外分支机构同一般经济实体相似，在从事有关的国际经济活动中，它们要使用相对于东道国而言的各种外币。因此，当它们以东道国的货币入账和编制财务报表时，需要将所使用的外币转换成东道国的货币。在这一场合，它们所遇到的折算风险与一般经济实体是完全一致的；另一方面，在其编制企业合并财务报表时，又需要把海外分支机构以外币表示的资产和负债转换成以母公司所在国货币表示的资产和负债，这又会进一步加剧跨国公司的折算风险。

折算风险的大小在很大程度上取决于会计核算方法，在会计核算过程中，不管采用现行汇率还是历史汇率，都会对折算风险产生不同的影响。

（3）经济风险，又称为经营风险，是指未预料的汇率变动使企业预期收益可能蒙受损失的外汇风险。在经济风险的定义中，需要注意的是：一是汇率变动仅指汇率变动，不包括预料到的汇率变动。因为企业在评测未来获利状况进行经营决策时，已经将预料到的汇率变动对未来获利状况所产生的影响考虑进去了，这种情况的变动影响不会构成风险。二是特别强调在出现意外汇率变动的情况下，企业的生产成本与销售价格将会发生变动，从而引起企业产销数量的调整，并最终带来企业获利状况的变化，使企业面临经济风险。经济风险很大程度上取决于企业对汇率的预测能力，预测的准确程度将直接影响该企业在融资、销售与生产方面的战略决策，从而影响企业承担的经济风险的程度。

【例析】我国某啤酒厂在 20 世纪 80 年代初，向银行贷款美元外汇从国外进口了当时非常先进的啤酒生产设备，产品质量、销售情况也很好，毛利润当时在 40%左右。但到了 20 世纪 90 年代，美元兑人民币汇率出现了很大变化，从 1 美元兑 5 元多人民币涨至 1 美元兑 8 元多人民币，汇率涨幅达 60%左右，由于该企业产品在国内销售，使用人民币结算，又无其他外汇来源，因此不得不用人民币购买相应的美元外汇后归还银行的贷款，此时人民币汇率的飙升已使企业的经营利润远远不能弥补巨大的汇率损失，企业难以为继，最后不得不破产。

从本质上说，经济风险代表了企业未来竞争力的可能变化。因此，经济风险对企业经营业绩的影响要比交易风险及折算风险大得多，相对于后两者对企业一次性的影响，这种风险对企业的影响是长期的。

2. 银行面临的外汇风险

与一般企业一样，银行在外汇业务经营中也会面临交易风险、折算风险和经济风险。下面主要介绍银行特有的一些外汇风险。

（1）外汇买卖风险。外汇买卖风险是指银行在经营外汇买卖业务中，当存在外汇敞口头寸时，因汇率变动而遭受损失的可能性。银行在外汇市场上进行外汇买卖，一种是代客进行外汇买卖，充当中介，赚取买卖价差和手续费收入；另一种是银行的自营外汇买卖。无论出于何种目的进行买卖，银行在某种货币上的买进和卖出很可能出现金额和期限的不匹配，从而导致外汇风险。

知识链接

当买入某种外汇的数量大于卖出的数量时，这种情形叫做长头寸或多头，这种头寸将来在卖掉时会因汇率下降而使银行遭受损失；当卖出某种外汇的数量大于买入的数量时，这种情形叫做短头寸或空头，这种空头将来再补进时，会因汇率上升而使银行遭受损失。空头和多头都被称为敞口头寸，同时也是银行从事外汇买卖时的受险部分。在存在敞口头寸的情况下，一旦汇率发生预料不到的变化，银行就可能遭受损失，严重的会导致银行的破产倒闭。

【例析】某瑞士银行从事外汇买卖，当日苏黎世外汇市场美元兑瑞士法郎的收盘汇率为 USD1 = CHF2.1030/2.1040，该银行按照 USD1 = CHF2.1030 的买入价从某一客户手中买入 200 万美元，同时又按照 USD1 = CHF2.1040 的卖出价，向另一客户卖出 150 万美元，从而出现 50 万美元的多头。按照当日收盘时的卖出价，该瑞士银行卖出 50 万美元，应当收回 105.2 万瑞士法郎。然而次日外汇市场开市时，美元兑瑞士法郎的汇率跌至 USD1 = CHF 1.9830/1.9840，该瑞士银行按照 USD1 = CHF1.9840 的卖出价将 50 万美元多头售出，只能收回 99.2 万瑞士法郎，其损失是显而易见的。

（2）外汇信用风险。外汇信用风险是指银行在经营外汇业务时因交易方不能或不愿履行外汇交易合约而给银行造成损失的可能性。外汇信用风险包括：交易行之间的信用风险、对客户交易的信用风险、国家风险等。前两者是交易方破产倒闭、经营恶化、违规交易引起的，后者是因战争、动乱、严重自然灾害或政策的变动而产生的。对银行而言，外汇信用风险的损失远比外汇买卖风险要大得多，所以考察交易方的资信能力对防范银行外汇信用风险至关重要。

【例析】美国某银行向德国某公司出售 102 万即期欧元以换取 100 万即期美元，交割时间是某星期二。这家美国银行在星期二法兰克福外汇市场开始营业时，把欧元汇到法兰克福，这时纽约外汇市场还没有开始营业。由于美元资金通常在纽约结算，在纽约时间上午 9 点钟即法兰克福时间下午 3 点钟以前，德国公司还不能向美国银行汇去美元。假如这家德国公司在法兰克福时间 3 点以前宣布破产，美国银行因汇出欧元却收不到美元而遭受损失，它只能作为这家德国公司众多的债权人之一，等待着破产程序的履行，以希望得到部分补偿。

知识链接

赫斯塔特风险

赫斯塔特银行（Herstatt）曾是一家从事外汇交易很活跃的中等银行，美国的许多银行与赫斯塔特银行进行美元兑德国马克的外汇交易。1974 年 6 月 26 日，德国政府关闭了赫斯塔特银行，当天，已经支付了大量德国马克的美国银行不能从赫斯塔特银行获得相应的美元，由此，这些美国银行出现了支付困难问题。纽约许多银行在确认自己收到相应的支付前，也停止向客户支付货币。这些影响通过纽约银行间网络结算系统不断扩张，在随后的几天里，整个系统的大宗资金拆借量下降了 60%，几乎导致美国外汇市场的崩溃。由此，该银行的破产促成了巴塞尔委员会的诞生。

（资料来源：中国银行业从业人员资格认证办公室：风险管理．中国金融出版社，2007 年。）

（3）外汇借贷风险。外汇借贷风险是指银行在以外币计价进行对外投资和外汇借贷活动中因汇率变动而给银行造成损失或收益的外汇风险，它包括对外筹资中的外汇风险和对外投资中的外汇风险。

当银行借入一种外币但需转换成另一种外币使用，或者作为偿债资金的来源是另一种外币时，银行要承受借入货币与使用货币或还款货币之间汇率变动的风险，如借入货币汇率上升，则银行筹资成本加大；反之，若借入货币汇率下降，则银行筹资成本减少。在银行以外币进行对外投资时，投资结束时外币汇率下降，投资的实际收益（以本币表示）就会下降，从而蒙受损失。

3．国家面临的外汇风险

国家面临的外汇风险主要有外汇储备风险和外债风险两种。

（1）外汇储备风险是指一国持有的外汇储备因储备货币贬值或投资引发损失而带来的风险。它主要包括外汇储备库存风险和外汇储备投资风险，其中，外汇储备库存风险是指由于储备货币贬值使外汇储备缩水而引起的风险，这是一种静态风险；外汇储备投资风险是指利用外汇储备投资的过程中，由于各种不确定性导致损失或收益的风险，这是一种动态风险。

自国际社会实行浮动汇率制以来，世界各国外汇储备都面临同样的运营环境，即储备货币汇率波动很大，这样给各国的外汇储备带来很大的风险。由于外汇储备是国际清偿力的最主要构成部分，是衡量一国国力大小的一个重要指标，因此外汇储备面临的风险一旦变为现实，对一国的影响将十分显著。

小资料

外汇储备：风险与对策

相关数据显示，截至 2009 年 6 月末，我国外汇储备余额为 21 316 亿美元，其中，2009 年的第 2 个季度，外汇储备净增长 1778 亿美元。在美国宽松的货币政策格调未变、美元贬值压力不断加大、外汇储备时刻面临缩水风险的背景下，如何对日益庞大的外汇储备进行合理的战略性安排，已然成为摆在中国面前的一大难题。

外汇储备结构的不合理似乎是显而易见的：当前的外汇储备中，美国国债约占 40%，5 月份中国又一次增持了 380 亿美元的美国国债，美国巨额的财政赤字加剧了通货膨胀和美元贬值的风险，这使得以美元资产为主的外汇储备结构面临着重重考验。但另一方面，减持美元资产所面临的困难也是显而易见的：首先，中国持有的美国国债占美国国债总量比重不过 6.8%，但却占外国持有美国国债总额的 24.3%，而且美国国债在我国外汇储备中的份额超过了 1/3，且超过了 GDP 的 1/6，足见美元资产对于中国外汇储备的重要性。如果中国减持 10%所持有的美国国债，即可引发美元价格大跌，但我国剩下的 90%国债资产价值也将迅速缩水。其次，很多学者提出了美国国债的替代品，比如黄金、石油，但这些产品市场容量较小，对于庞大的外汇储备而言无异于杯水车薪，而且这些产品仓储困难，交易不便，成本较高，面临着自然损耗问题。此外，从历史上看，黄金、石油等商品价格的波动率远远高于美国债券的价格波动率，难以满足外汇储备价值稳定性的要求。因此，继续增持美国国债既是中国不得已而为之的选择，也是市场的自然选择。

但从长远来看，汇率稳定、金融稳定、政策的独立都需要对外汇储备做出新的制度安排，而从安全性来看，对存量的调整似乎不如对流量的调整更为有效。当前，跨境贸易人民币结算的试点工作已经开始启动，这将大大提升人民币的国际地位，减轻外汇储备增长的压力。而人民币的国际化更需要对国际经贸合作进行合理的布局，近年来亚洲区域内贸易和旅游的发展已经使得人民币在许多国家可以自由兑换。我们应当致力推进与周边国家的经贸合作，巩固和发展人民币在亚洲区域内的地位，提升人民币的话语权，从而在适当的时机推动国际经济规则的改革。同时，中国的货币当局应当将资本输出与推动人民币国际化结合起来，积极迎合企业走出去、投出去的外汇需求，鼓励企业的跨国并购，这将有效降低结售汇的数量，从流量上减轻外汇储备的压力。

（资料来源：周慧兰. 外汇储备：风险与对策.21 世纪经济报道，2009 年 7 月 27 日）

（2）外债风险通常是指债务国在举措外债的过程中，由于国际金融市场上利率、汇率的波动而使自身遭受损失的风险。其中的外债也称主权外债，是指政府作为债务人，与外国政府、企业、金融机构、居民以及国际金融机构所形成的债权、债务关系。外债风险的种类主要包括汇率风险和利率风险两类。汇率风险是指从签约到还款期间，因借贷货币汇率的波动，可能给债务国带来的经济损失或收益。利率风险是指从签约到还款期间，因贷款利率的变动，可能给债务国带来的经济损失或收益。通常固定利率因可以预先锁定利息支付额，风险较小，但筹资成本较高，浮动利率较为灵活，但不确定因素较多，因此风险也较大。

如果一国政府不注意控制外债风险，则可能引发债务危机，带来极为严重的后果。1981 年 3 月，波兰政府宣布无力偿还到期外债的本息，给国际银行业发出债务危机的信号。1982 年由于墨西哥政府无力偿还因外债而触发的发展中国家债务危机，更是强有力地证实了国家外债风险的存在。从此，国家外债风险成为国际银行界密切关注的问题。2008 年爆发的冰岛债务危机和 2009 年年底显现的希腊债务危机，再一次表明政府控制外债风险尤为重要。

5.2 外汇风险管理

5.2.1 外汇风险管理的原则

1. 全面重视原则

涉外经济主体要对自身经济活动中面临的外汇风险高度重视，并站在全局的高度，综合运用多种分析方法，全面系统地考察各种风险事件存在和发生的概率、损失的严重程度以及风险因素导致的其他问题，以便及时、准确地提供比较完备的决策信息，避免顾此失彼而造成人为的更大的损失。

2. 管理个性化原则

没有一种外汇风险管理办法能够完全消除外汇风险，因此，涉外经济主体应当针对外汇风险的不同成因以及自身的风险管理能力，充分考虑国家的外汇管理政策、金融市场发达程度、避险工具的成熟程度等外部制约因素，选择不同的外汇风险管理方法，进行灵活多样的外汇风险管理。

3. 收益最大化原则

涉外经济主体要对外汇风险管理的成本和收益进行精确的计算，以综合收益最大化为出发点，制定具体的风险管理战术。金融市场上应用最广泛的风险管理工具，例如，远期外汇交易、互换、期货、期权等，都需要付出一定的成本和代价，如果规避外汇风险所减少的损失金额小于为此支付的成本，外汇风险管理就是失败的。收益最大化原则要求实现避险效果时支出成本最小。

5.2.2 外汇风险管理的策略

1. 风险规避

风险规避是指对经营中出现的所有外汇风险头寸进行 100%的套期保值，从而消除一切风险因素，使外汇风险缺失产生的必要条件。风险规避策略可以使涉外企业和个人遭受风险损失的可能性降为零，而且简单易行，没有直接成本。然而，这种策略使涉外企业和个人在规避风险的同时，也相应放弃了可能获利的机会，机会成本较高。

2. 风险控制

风险控制是指通过控制风险因素，降低损失发生的几率，减轻损失的严重程度。风险控制策略在运用中有两种方式，一种是在损失尚未发生之前，通过控制风险因素，降低损失发生的几率；一种是在损失发生的过程中，通过控制风险因素，降低损失的严重程度。风险控制策略是涉外企业或个人在不愿放弃可能获利机会的情况下，为了尽可能减少损失而采取的积极的风险管理策略。

3．风险转嫁

风险转嫁是指经济主体通过各种合法手段将其承受的外汇风险转移给其他经济主体。如企业可以通过购买保险将自己所承担的外汇风险转嫁给保险公司；在外汇期权交易中，期权买方也可以通过支付一定期权费将外汇风险转嫁给期权卖方。

4．风险对冲

风险对冲是指通过使风险中受损机会与相应的获利机会相匹配，从而使损失与收益相互抵消。在涉外经济活动中，有些业务性质是相同的，只要通过相反方向的操作，就可以锁定成本，获得稳定的收益。风险对冲策略虽然不能消除风险因素，但是，涉外企业和个人在遭受经济损失的同时，能够获得相当的经济收益，与损失相抵消，可以使自身的净经济损失降到最低程度。

5．风险分散

风险分散是指利用多种外汇头寸之间的负相关关系，通过分散化和多样化降低风险。如经济主体可以持有多币种外汇头寸，从而用其中某些外汇汇率上升的收益弥补某些外汇汇率下跌的损失；一个国家在国际储备管理中，同样可以通过储备资产多元化来分散汇率风险。

知识链接

风险分散的理论基础——马柯维茨的资产组合理论

20 世纪 60 年代以前，对风险的估计还是十分粗糙的，只能用高、中、低这样的词汇大概衡量，这种不能量化的衡量结果给投资者的资产管理带来一定难度。1952 年，美国经济学家诺贝尔经济学奖获得者哈维·马柯维茨（Markowitz）在《资产组合选择》一文中提出了资产组合理论，首次采用均值和方差作为测量收益与风险的基本手段，使投资风险的衡量可以数量化，这是对现代金融理论的重大贡献。

利用均值与方差，除可测量单一资产的收益与风险外，还可以用来测量资产组合的收益与风险。与投资单一资产不同，当持有资产的种类超过一种时，对投资风险的衡量就不能停留在把各种单一资产的风险简单相加上。因为多种资产的收益率之间可能存在不同的相关关系，可能是正相关，可能是负相关，也可能是不相关。正相关关系越强，通过组合投资降低风险的程度就越低；负相关关系越强，通过组合投资降低风险的程度就越高。

5.2.3 外汇风险管理的方法

1. 企业交易风险管理的方法

交易风险是企业面临的一种重要风险，因此采取相应措施规避交易风险是外贸企业的工作重点之一。交易风险，可供选择的管理方法主要有两类：签约时的风险管理和签约后的风险管理方法，各种方法的实务操作如下所述。

（1）签约时的风险管理。

① 做好计价货币选择。在有关对外贸易和资金借贷等经济交易中，选择何种货币作为签订合同的计价结算货币或清偿货币，直接关系到交易主体是否承担外汇风险。在选择计价货币时通常采用以下方法：

方法 1：在对外交易中尽量使用本国货币计价结算。无论是对外贸易还是资金借贷，选用本币作为合同货币，可以在结算或偿还时收付本币，不会发生本国货币与外国货币的兑换问题，也就从根本上消除了外汇风险。但是，这一方法一般只适用于实行货币自由兑换的国家，否则交易方一般不会轻易接受，因为采用本币作为合同货币，实际上是将外汇风险完全转嫁给交易方承受。

方法 2：尽力争取收汇时使用硬币，付汇时使用软币。硬币是指汇率稳定且具有升值趋势的货币；软币是指汇率不稳定且具有贬值趋势的货币。如果出口商和债权人以硬币作为合同货币，在结算或清偿时，合同货币汇率的上升可使出口商和债权人换回更多的本国货币；如果进口商和债务人以软币作为合同货币，在结算或清偿时，合同货币汇率的下跌可使进口商和债务人支付较少的本国货币。但是在实际交易中，各种货币的“软”或“硬”并不是绝对的，其软硬局面往往会出现转变，因此这种方法并不能绝对保证经济主体免遭汇率变动的损失。

方法 3：交易时软硬币相搭配，即对外贸易货款或对外借贷资本，均使用一半硬币，一半软币。这样，出口方或债权人的软币损失可以被硬币收益抵消；进口方或债务人的硬币损失可以被软币收益所抵消。

方法 4：以多种货币报价。如使用“一篮子”货币计价，“一篮子”货币是多种货币加权组合的复合货币。以“一篮子”货币计价实际上是利用多种货币之间的负相关的关系，通过组合降低风险。

方法 5：结合进出口使用的币种进行对外报价，即企业经常收入和支付的外币币种应尽量保持一致，这样外汇的应收账款和应付账款的汇兑收益和损失就会互相抵消。

② 加列合同条款。为了转移或者分摊汇率变动所造成的经济损失，在签订合同时，可以考虑加列一些保护性的合同条款，主要有两种：均摊损益条款和货币保值条款。

均摊损益条款是指当合同货币的汇率发生变动而出现经济损失或经济收益时，由交易双方共同分摊。具体做法是：在结算日，根据签约日和结算日合同货币与本币汇率的简单算术平均值，对签约日确定的合同货币金额进行调整。

【例析】合同货币使用英镑，签约日英镑兑本币（美元）的汇率为 GBP/USD=1.5200，合同金额为 20 万英镑。到结算日，汇率变动为 GBP/USD=1.5800，调整后的合同货币金额为：

$$\frac{1.5200\times 20}{(1.5200+1.5800/2)}\text{万英镑}$$

货币保值条款是指选择某种与合同货币不一致、价值相对稳定的货币，将合同金额转换为由所选货币来表示，在结算或清偿时，按所选货币表示的金额以合同货币完成收付。货币保值条款有三种：黄金保值条款、外汇保值条款和“一篮子”货币保值条款。目前该方法采用比较多的货币保值条款即选择多种货币对合同货币保值。在签订合同时使用该条款，要确定好所选择的多种货币与合同货币之间的汇率，并规定每种所选货币的权数。如果汇率发生变动，则在计算或清偿时，根据当时汇率变动的幅度和每种所选货币的权数，对收付的合同货币金额做相应调整。

【例析】如果每桶石油原价为 35 美元，为防止汇率波动，用“一篮子”货币进行保值，其中英镑占 50%，欧元占 30%，日元占 20%。在签约时汇率分别为：GBP/USD=2，EUR/USD=2，USD/JPY=110；在付汇时汇率变化为：GBP/USD=2.5，EUR/USD=2.5，USD/JPY=100。则付汇时每桶石油的价格应为 $35\times 50\%\times 0.5\div 0.4+35\times 30\%\times 0.5\div 0.4+35\times 20\%\times 110\div 100=42.7$ 美元。

③ 调整价格法。在国际贸易或金融活动中，出口商或债权人希望使用硬币，进口商或债务人希望使用软币，但在一笔经济交易中，交易双方都想争取到对自己有利的合同货币显然是不可能的，当其中的一方接受对自己不利的合同货币时，可通过调整价格或者利率来降低外汇风险。

当出口商或者债权人以软币作为合同货币时，可以在谈判中要求适当提高商品价格或者贷款利率，称为加价保值。其中，加价后的商品价格＝原商品价格×（1＋计价货币贬值率）。

当进口商或者债务人以硬币作为合同货币时，可以在谈判中要求适当降低商品价格或贷款利率，称为压价保值。其中，压价后的商品价格＝原商品价格×（1－计价货币升值率）。

调整价格可以降低风险，但仍然存在本币与外币的兑换问题，所以风险仍然存在。

（2）签约后的风险管理。

① 通过外汇交易转嫁外汇风险。在签订交易合同以后，经济主体可以通过外汇市场和外汇交易来控制汇率风险，主要方法有以下几种：远期外汇交易、外汇期货交易、外汇期权交易、掉期交易、货币互换。

② 提前法或错后法。提前法或错后法是指经济主体根据对计价货币汇率走势的预测，将收付外汇的结算日提前或者错后，以达到防范外汇风险或获取汇率变动收益的目的。对于出口商或者债权人来说，如果预测计价货币的汇率下跌，可以征得交易方的同意，争取提前收入外汇，以避免由于汇率下跌造成本币收入减少的损失；反之，如果预测计价货币的汇率上涨，可争取延期收进外汇，通过汇率上升增加本币收入。对于进口商或者债务人来说，如果预测计价货币的汇率下跌，可以征得交易对方的同意，争取延期支付外汇；反之，如果预测计价货币的汇率将上涨，则尽量争取提前支付外汇。提前或错后的方法严格来说并不能完全消除外汇风险，提前结汇减少了承受外汇风险的外币头寸，错后结汇则具有投机性质，一旦预测失误就会遭受损失。

需要注意的是，提前或错后这种办法受进出口合同中既定支付条件的限制，临时更改支付日期不仅会打乱资金计划，还会增加相应的结算成本，并带来一定的风险。

③ 平衡法与组对法。平衡法是指经济主体在一笔交易发生时或发生后，再进行一笔币种、金额、收付日完全相同但资金流向正好相反的交易，使两笔交易面临汇率变动的影响相互抵消的一种方法。

【例析】某公司在3个月后有10万美元的应付货款，该公司应设法出口同等美元金额的货物，使3个月后有一笔同等数额的美元应收货款，借以抵消3个月后的美元应付货款，从而消除外汇风险。

一般情况下，一个国际企业取得每笔交易的应收、应付货币“完全平衡”是难以实现的，对于金额较大的、存在着一次性外汇风险的贸易，可以采用平衡法。

组对法是指制造与存在风险的货币相联系的另一种货币的反方向流动来消除该种货币的外汇风险，另一种货币与该种货币流动方向相反，但金额相同、时间相同。组对法与平衡法的区别在于，作为组对法的货币是第三国货币，它与具有外汇风险的货币做反方向流动。具有外汇风险的货币相对本币升值或贬值时，作为组对的第三国货币也随之升值或贬值。可见，组对法使用要求是，作为组对的两种货币，其汇率经常呈现高度正相关关系。组对法并未使外汇风险完全消失，一旦这些币种之间的相关程度发生了变化，甚至相关关系发生了逆转，期望中的资金组对就不能实现，并有可能承受双重的外汇损失。

平衡与组对管理技巧的运用大大降低了在外汇市场上通过外汇交易转嫁外汇风险的必要性，在节约费用的同时又避免了外汇风险。然而，这种方法必须以跨国公司内部子公司之间或者与第三方之间存在双向性的资金流动为前提。

④ 借款法与投资法。借款法与投资法主要是改变外汇风险的时间结构，其中借款法是将未来的收付转移到现在，而投资法是将未来的支付转移到现在。借款法适用于有未来外汇收入的情况。出口商在签订合同之后，可向银行借入一笔与未来外汇收入相同币种、金额和期限的款项，在现汇市场上兑换成本币，到期后用出口收入的外汇偿还借款，从而避免汇率波动的风险。

投资法适用于有未来外汇支出的情况。进口商在签订合同之后，可在现汇市场上买入与将要支付的外汇币种、金额相同的外汇，将其投放于短期资金市场，如购买国库券、商业票据、大额存单等，其投资期限与未来外汇支出的期限相同。投资法会占用企业大量的流动资金，企业可以从银行借入相同期限的本币贷款用于投资，到了结算日，投资到期时，用收回的外汇支付货款，同时偿还银行的本币贷款。

⑤ 国际信贷法。国际信贷法是指在中长期国际支付中，企业利用“福费廷”、出口信贷、保付代理等形式，在获得资金融通的同时冲销或转嫁外汇风险的方法。“福费廷”是指在延期付款的大型机器设备交易中，出口企业把经进口商承兑的、期限在半年以上的远期汇票无追索权的向出口商所在地银行或贴现公司进行票据贴现，提前获得现款的资金融通形式。出口商在贴现时是无追索权的，以后票据拒付与出口商无关，同时，出口商可以立即获得现金，转换成本币，将外汇风险转嫁给贴现公司或贴现银行。

出口信贷是国际贸易中最常用的一种资金融通方式，由出口方银行直接或间接地向进口企业提供货款垫付，其目的是通过对进口商提供资金支持来促进本国的出口，它包括买方信贷和卖方信贷。买方信贷是由出口方银行直接向进口商或进口商银行提供贷款用于支付货款。卖方信贷是由出口方银行以优惠利率向出口商提供中长期贷款，再由出口商以分期付款或赊销的方式，将成套设备卖给进口商，使出口商对银行的负债与出口商对进口商应收货款轧平。通过出口信贷方式，出口商的外汇风险就被转嫁给银行或抵消了。

保付代理又称“保理”业务，当出口商争取不到以进口方银行开立信用证的方式收取货款的情况下，并且对进口商的资信不太了解时，可以将应收货款以及相应单证转卖给保理商，提前获取发票应收金额的大部分，其余部分到期收进，减轻汇率变动的风险。

⑥ 投保法。目前，世界上许多国家的政府对某些外汇风险提供保险服务，当保险标的因汇率变动而遭受损失时，由保险公司给予适当赔偿。各国在保险标的、范围等方面的具体做法各不相同。以日本为例，只对作为长期外币债权持有者的设备和零部件出口商，以及向海外提供技术者提供；其保险范围限于日元升值在 3%～20%之间时所造成的损失；使用币种仅限于美元、英镑、欧元等。在美国，由国际开发署承担保险责任，保险标的为美国居民的对外投资。

除上述提及的方法外，还有许多防范交易风险的方法，对涉外企业来说，关键是要紧密结合企业业务的实际，选择合适的避险手段避免外汇风险。

2. 企业折算风险管理的方法

折算风险的折算损益是一种会计账面上的损失，一般并不涉及企业真实价值的变动，在相当程度上具有“未实现”的性质，因此，折算风险不同于交易风险或经济风险，这种账面风险主要影响的是向股东和债权人提供的会计报表。但是这种折算损益也在一定程度上反映了企业所承担的外汇风险，这种未实现的账面损失有可能在未来成为实际的损失。

对企业折算风险的管理通常可以选择以下两种方法。

（1）资产负债表保值。这种方法要求在资产负债表上以各种功能货币表示的受险资产与受险负债的数额相等，以使其折算风险头寸（受险资产与受险负债之差）为零，这样，无论汇率怎样变动，也不会带来会计折算上的损失。具体按以下步骤操作：

第一步，计量资产负债表各账户、科目中各种外币的规模，确定净折算风险头寸的大小。

第二步，根据风险头寸的性质确定受险资产与受险负债的调整方向。如果以某种外币表示的受险资产大于受险负债，就需要减少受险资产，或增加受险负债，或者同时进行；反之，如果以某种外币表示的受险资产小于受险负债，则需要增加受险资产，或减少受险负债，或者同时进行。

第三步，在明确调整方向和调整规模后，要进一步确定对哪些账户、哪些科目进行调整。这正是实施资产负债表保值的难点所在，因为优先账户或科目的调整可能会带来相对于其他账户、科目调整更大的收益性、流动性损失，或者会造成新的其他性质的风险（如信用风险、市场风险等）。从这一点上说，通过资产负债表保值获得折算风险的减轻或消除，是以牺牲经营效益为代价的。因此，需要对具体情况进行认真分析与权衡，决定科目调整的种类和数额，使调整的综合成本降为最低。

举例　某美国企业外币资产和外币负债净头寸

资产			负债			净头寸	调整方向
账户	币种	净头寸（借）	账户	币种	净头寸（贷）		
应收账款	英镑	100 万	应付账款	英镑	200 万		
	欧元	300 万		欧元	500 万		
活期银行存款	英镑	200 万					
	欧元	100 万					
6 个月银行存款	英镑	400 万	6 个月借款	英镑	1000 万		
	欧元	500 万		欧元	300 万		

（2）风险对冲法。风险对冲法是指通过金融市场进行操作，利用外汇合约的盈亏来冲抵折算盈亏。但是这种方法有许多的缺陷，首先，在签订外汇合约时，折算风险头寸是未知的，远期或期货合约的避险金额很可能不同于折算风险暴露；其次，风险对冲法实际上是用实现的外汇合约盈亏冲抵未实现的账面折算盈亏，而外汇合约的盈亏要计入纳税所得，折算盈亏通常并不纳入所得税的征收范围，视各国法规而异。由于税收差异的存在，金融市场风险对冲操作并不能有效降低企业的实际风险。

（3）递延资产摊销法。某些国家在会计制度和税法允许的情况下，企业可以将折算损益作为递延项目逐年累积，不计入企业当期损益，也不影响缴纳所应得税金。因此，递延处理已经在很大程度上降低了折算风险的不利影响；企业可以直接对股东、债权人等会计报表的重要使用者解释会计折算损益的性质，让使用者了解折算风险，无须担心折算损益导致的账面盈余波动；大型跨国公司的经营活动通常涵盖了多种货币，自动产生风险分散的效果，减轻了汇率波动对股东权益的影响。

3．企业经济风险管理的方法

经济风险管理的目标是防止未预料的汇率变动对整个企业未来现金流的消极影响，因此不能运用一般的保值技术对其简单处理，而必须从企业全局的角度出发，通过企业生产管理、营销管理及财务管理的多样化组合来规避、减轻风险。

（1）经营多样化。经营多样化是指在全球范围内分散企业原料来源地、生产地址以及市场销售，以达到减轻企业经济风险的目的。经营多样化的作用主要体现在两个方面：一方面经济风险因经营的多样化而降低。当汇率出现未预料的变动后，汇率在某些市场上会下降，而在另外一些市场上却有可能会提高，对企业的生产与经营活动所产生的影响在某种程度上会相互抵消，不会对企业现金流量产生太大的影响。另一方面，在出现未预料的汇率变动后，企业可以根据不同地区生产成本与市场销售的变化，相对容易地调整经营策略，从而降低经济风险。例如，汇率变动后，可以改变生产的投入组合，更多利用贬值国的原料，改变不同生产地的产量分配，在不同市场采取不同的产品策略、价格策略、促销策略和市场策略等。可见，经营的多样化将大大有利于企业降低经济风险。

（2）财务多样化。财务多样化是指在多个金融市场、以多种货币寻求资金来源与资金去向，实现筹资与投资的多样化。在筹资方面，通过在不同国家的金融市场运用不同的金融工具筹集多种货币的资金来源，来降低筹资成本，减少筹资风险，特别是筹资的汇率风险；在投资方面，通过在多个国家投资不同的金融工具，并进行合理的资产组合，实现稳定地创造多种货币的投资收益。当汇率发生变动，收益与损失同时发生并相互抵消，从而降低企业的经济风险。

企业作为外汇风险最主要的受险主体，面临的外汇风险种类繁多、情况复杂，企业防范外汇风险的方法也相应较多，现将各种方法归纳整理如图 5.1 所示。

4．银行外汇买卖风险管理的方法

（1）轧平头寸。银行可以通过外汇市场的即期交易和远期交易将外汇买卖中的敞口头寸或形成的多头或空头头寸调整为零的状态，即头寸平衡，以此消除外汇风险。

如果在每一个到期日，所有货币的外汇交易记录表上，买卖金额恰好相等，那么不管汇率发生什么变化，银行都不会有资金损失，不存在汇率风险。如果某一种货币的交易记录表中，存在金额或者期限的不匹配，银行就承担了外汇风险。

【例析】以某银行一份简单的德国马克交易记录为例，如表 5.1 所示。从表中可以清楚地看到银行外汇头寸的外汇风险。该银行在每个时期德国马克头寸都是不平衡的，都有缺口头寸。当汇率变动时，这些缺口头寸就会面临外汇风险。如德国马克兑美元的即期汇率从 1.48 下降到 1.45，即期多头头寸就会损失 3000 美元。

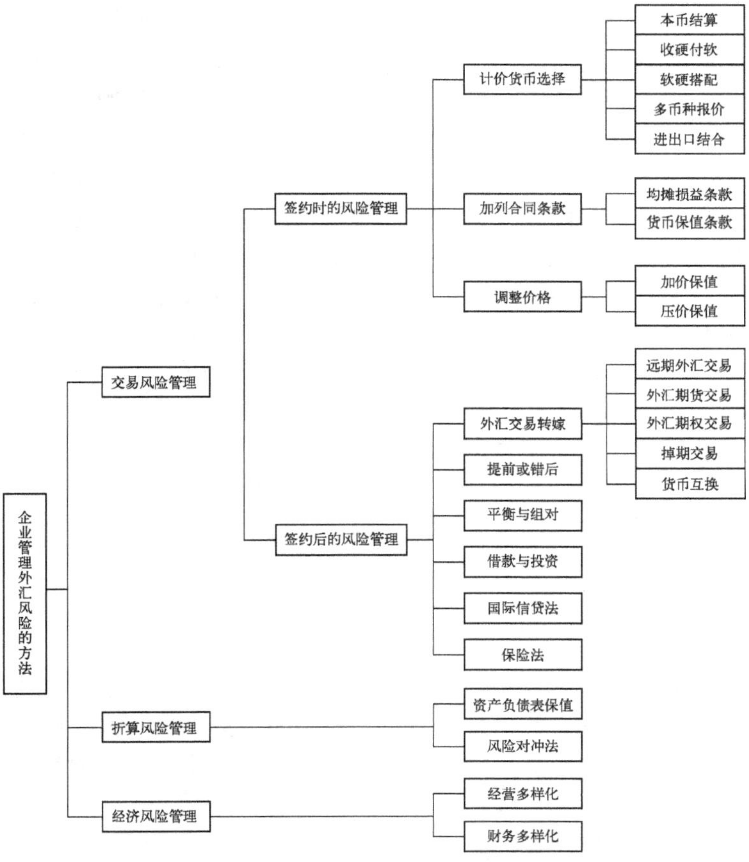

图 5.1　企业管理外汇风险的方法

表 5.1　某银行德国马克交易记录表

单位：万美元

期　　限	买入（+）	卖出（－）	合　　计
即期	10		+10
1个月		200	−200
2个月	100		+100
3个月		100	−100
6个月	150		+150
12个月	100		+100
24个月		100	−100
合计	360	400	−40

为规避外汇缺口头寸面临的外汇风险，最简单的办法就是在外汇市场上将多余的头寸对冲掉，使多头头寸和空头头寸相互抵消，消除外汇风险。

（2）限额管理。原则上，银行应当每天轧平所有的头寸，避免不必要的外汇风险，从而保证赚取无风险的买卖价差收入。但是由于银行每日非常频繁的外汇交易，买卖的货币种类和期限非常多，而且轧平所有头寸需要承担大量的交易成本，因此，在银行的经营管理中，通常的做法是采用限额管理的方法，限定风险的大小，把风险控制在可承担的范围之内。

常见的外汇风险限额包括三种：交易限额、风险限额和止损限额。交易限额是指对总外汇交易头寸或净外汇交易头寸设定的限额。总头寸限额对外汇交易的多头头寸或空头头寸给予限制，净头寸限额对多头头寸和空头头寸相抵后的净额加以限制。风险限额是指对按照一定的计量方法所计量的外汇风险设定的限额，如对内部模型计量的风险价值设定的限额和对期权性头寸设定的期权性头寸限额等。止损限额即允许的最大损失额，是银行对最高损失的容忍程度，而这种容忍程度主要取决于银行对外汇业务的进取程度和对外汇业务收益的期望值。在市场中的参与程度越高，期望收益越高，愿意承担的风险就越大。通常，当某项头寸的累计损失达到或接近止损限额时，就必须对该头寸进行对冲交易或将其变现。

外汇风险限额可以分配到不同的地区、业务单元和交易员，还可以按资产组合、金融工具和风险类别进行分解。通常，交易额度即总受险额度的制定与分配分级进行。总受险额度由上级主管部门制定，受险的最高额度即开盘交易后允许存在尚未平盘的最大头寸。未平盘头寸余额不得超过规定限额，否则视为越权行为。银行高层管理人员交易额度大于外汇交易部各级别交易员额度，交易员的级别不同，额度不同。

5. 银行外汇信用风险管理的方法

银行外汇信用风险的管理主要是为交易对象制定信用限额，即根据交易对象的资历、经营作风、财务状况，制定出某个特定时期内对其授信的限额。当对方的授信总额超过这一限额时，则要停止授信业务或要求另一银行给予相应的信用担保。信用额度可依资信状况定期调整，以趋利避害。

银行外汇信用风险管理的关键是要在日常业务中对交易对象进行必要的资信调查，评定信用等级，随时了解和掌握对方的有关情况，并对有关放款和投资项目进行认真、可行的研究与评估，甚至跟踪检查，便于及时发现情况，从而采取措施。

6. 银行外汇借贷风险管理的方法

银行外汇借贷风险的管理，主要从以下几方面着手管理：一是分散筹资或投资，以减轻某种货币汇率下跌所带来的影响程度；二是综合考虑借贷货币汇率与利率的变化趋势；三是银行本身要专设机构，对外汇借贷活动进行统一的管理和监督；四是灵活地运用掉期交易等其他金融工具对借贷和使用不一致的货币币种进行转换，以规避汇率波动产生的风险。

7. 国家外汇储备风险管理的方法

（1）保持外汇储备的货币多元化，以分散汇率变动的风险。

（2）根据进口商品、劳务和其他支付需要，确定各种货币的数量、期限结构以及各种货币资产在储备中的比例。

（3）在确定储备货币资产的形式时，既要考虑储备资产的收益率，也要考虑流动性、灵活性和安全性。

（4）密切注意储备货币汇率的变化，及时或不定期调整不同币种储备资产的比例。

因此，外汇储备风险的管理原则是：安全、灵活、保值、增值。安全是第一位，只有在安全的前提下，保值和增值才能实现。这里所说的安全，不仅是货币汇率、利率风险的防范，更重要的是变现、流通、兑换风险的防范。同时，由于储备资产是支付工具，所以需要具有灵活性。因此，为减少储备资产风险，在考虑对外支付的情况下，应该采取积极主动的手段，把储备当做金融资产进行管理和运营。在保值的基础上，不仅仅要获取基本利息的收益，还要努力争取获得较高的投资收益，实现储备资产的增值。

8. 国家外债风险管理的方法

针对国家外债风险的管理主要是做好利率风险和汇率风险的管理和控制。一方面，债务国在筹资时必须根据广泛的市场预测和调查确定合理的利率水平和结构体系；另一方面，债务国必须密切关注世界经济形势和国际金融市场动态，把握好各个主要货币之间的汇率变动，预测主要货币汇价的发展趋势，选择好币种。

在进行国家外债风险管理时，需要正确处理汇率风险和利率成本的关系。有的币种虽然利率相对较低，但是汇率波动比较剧烈，汇率风险比较大；而有的币种利率相对高一些，但是币值比较稳定，汇率风险较低。以我国为例，在选择外债的币种时，曾一度比较注重日元的低利率，而忽视日元汇率的高波动风险，于是借入的日元比例较高，在日元大幅度升值期间，外债负担明显增大。由此可见，仅仅注重筹资成本而忽视汇率变动的可能性具有很高的风险，这就要求在利用外债的时候综合考虑汇率水平和利率成本，争取在承担较低风险的同时将成本最小化。

案例分析示例

管理者的偏差

2007 年 1 月，中华集团公司与美国某公司签订出口订单 1000 万美元，当时美元兑人民币汇率为 7.20，6 个月后交货时，人民币大升值，美元兑人民币汇率为 7.00，由于人民币汇率的变动，该公司损失了 200 万元人民币。这一事件发生后，该公司于 2007 年 3 月召开了关于公司强化外汇风险管理的高层会议，总结本次损失发生的经验教训，制定公司外汇风险管理对策。有关人员的发言要点收集如下：

总经理陈某：①加强外汇风险管理工作十分重要，对于这一问题必须引起高度重视；②外汇风险管理应当抓住重点，尤其是对于交易风险和折算风险的管理，必须制定切实的措施，防止汇率变化对公司利润的侵蚀。

常务副总经理吴某：赞同总经理的意见，目前我国人民币汇率的形成机制发生了变化，因此不能再固守以往的管理方式，忽视汇率风险，必须对所有的外汇资产和外汇负债采取必要的保值措施。另外，总经理提出的加强折算风险管理的观点也十分重要，已建立的海外子公司即将投入运营，应当采取必要的措施对折算风险进行套期保值，避免出现账面损失。

总会计师李某：加强外汇风险管理的确十分重要。根据最近对外汇风险管理的相关问题的初步研究，发现进行外汇风险管理的金融工具还是比较多的，采取任何一种金融工具进行避险的同时，也失去了汇率向有利方面变动带来的收益，外汇的损失和收益主要取决于汇率变动的时间和幅度，因此强化外汇风险管理，首先必须重视对于汇率变动趋势的研究，根据汇率的不同变动趋势，采取不同的对策。

董事长张某：赞同以上各位的发言，最后提两点意见：①思想认识要到位。自 2005 年 7 月 21 日起，我国开始实行以市场供求为基础、参考“一篮子货币”进行调节、有管理的浮动汇率制度。人民币汇率不再盯住单一美元，形成了更富弹性的人民币汇率机制。在此宏观背景下，采取措施加强外汇风险管理十分必要。②建议财务部成立外汇风险管理的小组，由财务部经理担任组长，具体负责外汇风险管理的日常工作。

问题：试分析公司各成员对外汇风险管理的观点是否正确？

分析答案如下：

总经理陈某：有关外汇风险管理重点的观点不恰当。理由：对于一个企业来说，经济风险比折算风险和交易风险更为重要，因为经济风险对企业的影响是长期的，而折算风险和交易风险的影响是一次性的。

常务副总经理吴某：“对所有的外汇资产和外汇负债采取保值措施”的观点不恰当。理由：外汇资产和负债由于汇率变动可能出现增值或减值，这种增值或减值可能自然抵销，因此不需要对所有外汇资产和外汇负债采取保值措施。“对于折算风险进行套期保值”的观点不恰当。理由：减少折算风险的同时可能会增加交易风险，因此，如果折算风险不对现金流量产生影响，就不必对折算风险进行套期保值。

总会计师李某：“采取任何一种金融工具进行避险的同时，也就失去了汇率向有利方面变动带来的收益”的观点不恰当。理由：采取远期外汇交易、外汇期货等金融工具避险，通过锁定汇率，可以回避汇率不利变化带来的损失，但同时也失去了汇率有利变化带来的收益，而采取外汇期权金融工具避险，既可以回避汇率不利变化带来的损失，又可以享受汇率有利变化带来的收益。“外汇的损失和收益主要取决于汇率变动的时间和幅度”的观点不恰当。理由：外汇的损失和收益取决于三个因素：受汇率变动影响的外汇敞口；汇率变动对外汇资产和负债的影响程度；汇率变动时间和幅度。

董事长张某：“建议财务部成立外汇风险管理的小组，由财务部经理担任组长，具体负责外汇风险管理的日常工作”的观点不恰当。理由：外汇风险包括经济风险、交易风险和折算风险，其中经济风险涉及生产、销售、原材料供应以及区位等经营管理的各方面，因此，经济风险的管理超出了财务部门的职责，需要各部门共同努力，通过调整企业经营策略和采取内部管理办法来达到管理经济风险的目的。

本章小结

1. 外汇风险又称汇率风险，是指由于汇率的变动，导致外汇资产或负债以本币折算的价值的变化，从而给涉外经济主体带来损失或收益的可能性。外汇风险的三个构成因素分别是本币、外币和时间。

2. 外汇风险的受险主体主要包括企业、银行和国家。其中，企业主要面临交易风险、折算风险和经济风险；银行作为特殊的企业，面临特殊的外汇风险如外汇买卖风险、外汇信用风险和外汇借贷风险；国家面临的外汇风险则主要是外汇储备风险和外债风险。

3. 涉外经济主体管理外汇风险可以采取的策略有：风险规避、风险控制、风险转嫁、风险对冲、风险分散。

4. 企业可以选择下列方法管理外汇交易风险：①在签约时选择有利的合同货币、加列合同条款或者调整价格；②签约后通过外汇交易转嫁外汇风险、提前或错后、平衡与组对、借款与投资、国际信贷法、保险法等。另外，企业可以通过资产负债表保值和风险对冲法管理折算风险，通过多样化的方法分散经济风险。涉外企业应根据实际情况选择合理的避险方式。

5. 银行可以通过轧平头寸消除外汇买卖风险，然而，在银行经营实务中，通常的做法是采用限额管理，把风险控制在可承受的范围之内。

6. 国家外汇储备风险的管理原则是：安全、灵活、保值、增值。

7. 本章的主要内容是外汇风险的类型和外汇风险的管理方法。本章的难点在于企业交易风险和折算风险的管理。

课后阅读

百富勤破产案

1998 年 1 月 12 日下午 5 时，传来令人震惊的消息：百富勤投资集团公司发出公告：

“百富勤已委托罗宾逊会计师事务所作为清盘人，进入法律程序进行清盘。”这意味着亚洲（除日本外）最大的独立上市投资银行——富勤已宣告破产。

震惊之余，人们自会将目光投向源于 1997 年下半年的一场跌荡全球的金融风暴，这场在泰国爆发并迅速波及东南亚乃至全球的金融危机。1997 年 7 月 2 日，泰国中央银行宣布放弃实施了 14 年的盯住美元的汇率制度安排，改成有管理的浮动汇率制，从而宣告在与货币投机者持续两个多月的短兵相接的较量中，泰国中央银行失利，同时，这也宣告一场货币危机在泰国全面爆发。泰铢在外汇市场上当天大泻 17%，危机迅速波及东南亚及整个亚洲地区，七八月间，菲律宾比索、马来西亚林吉特、印尼盾和新加坡元兑美元的汇率屡创历史新低。与此同时，这些国家的股市发生大幅波动，雅加达、马尼拉、新加坡股市分别下跌了 6.9%、9.3%、

6%。东南亚金融危机进一步向全球其他新兴市场和发达国家扩散，而且还从外汇市场波及其他市场如股票市场，由一国货币危机发展成为影响更为广泛的全球性金融动荡。正是此次风暴使东南亚投资银行界受到相当大的冲击和损失。由于百富勤大量投资于东南亚市场，此番东南亚货币及股市狂泻给它造成了无法弥补的损失。1997 年 7 月，东南亚国家货币接二连三贬值：7 月 2 日泰国宣布放弃捍卫泰铢，当日泰铢贬值 20%；7 月 11 日菲律宾让比索自由浮动；3 天后马来西亚放弃保卫林吉特；8 月 14 日印度尼西亚让印尼盾自由浮动，印尼盾狂泻不止。这一天泰国 390 亿外汇储备只剩下 11 亿，被迫向 IMF 求救。由于百富勤是区内最大的亚洲货币债券商，货币突然贬值，使一些由百富勤安排发行债券的东南亚公司无法履行如期还款责任，因此百富勤在 8 月及 10 月共拨出 6000 万美元做呆账准备。另外，欠百富勤庞大款项的印尼计程车公司 SS 本计划以配股筹集资金，偿还百富勤的巨额债务，但由于印尼盾连创新低，汇率从 1 美元兑换 2400 印尼盾跌至 3900 印尼盾。于是 SS 决定再度延迟配股计划，这一决定使百富勤能否收回 SS 公司债项成为悬念。尽管百富勤一直未曾透露其与 SS 之间的债务关系，但实际上百富勤手上持有一笔多达 2.65 亿美元的 SS 短期票据，而此笔票据将在 1998 年 2 月至 4 月到期，以当时印尼在金融危机中的局势，不仅遭受巨大的汇率风险（损失近半，至 1998 年 1 月百富勤宣布破产，印尼盾已跌破 1 美元兑换 6000 盾），而且连这笔贷款是否能够顺利回收都成为问题，机会甚为渺茫。而百富勤在东南亚其他国家的业务也在这场危机中遭受不同程度的损失，特别是在泰国的业务受损最为严重。导致百富勤倒闭的诱因是亚洲金融危机，但主要原因是公司在报告及会计程序、风险管理和内部审计上的基础系统性缺陷。证券业是一个高风险行业，对于投资银行来说，风险防范与控制相当关键，这也是投资银行发展成熟与否的重要标志。小型投资银行在风险防范和控制水平相对滞后的情况下还可以取得一定的发展，但随着公司规模的扩大，风险防范和控制的重要性就会日益显现出来。百富勤在不到 10 年的时间里一跃成为香港投资银行界的佼佼者，但随着其规模的扩张，风险防范和控制能力却没能够相应地提高，最终导致了破产，这个教训是相当深刻的。

百富勤破产及其对本来已经相当脆弱的香港市场的冲击，至今仍令人扼腕叹惜，是一个在国际金融市场上由于外汇风险引发损失进而导致破产的典型案例。在感慨国际资本市场风云突变之时，百富勤的兴与衰更值得全世界投资银行界人士的深思——外汇风险需时刻提防，不能有丝毫懈怠。

（资料来源：中国期货业协会网站 http://www.cfachinA.org）

课后练习

技能训练

1．判断题

（1）外汇风险仅指因汇率变动带来损失的可能性。 （　　）

（2）外汇风险的不确定性是指外汇风险可能发生也可能不发生。（　）

（3）某企业为支付进口货款所需 1000 万美元将承受美元汇率下降的风险。（　）

（4）折算风险不涉及实际的现金流量，但却会影响到企业向股东和社会公开营业报告的结果。（　）

（5）经济风险是指意料之中的汇率变动可能引起企业未来一定期间盈余能力与现金流量变化的一种潜在风险。（　）

（6）外汇交易风险、外汇折算风险和外汇经济风险一样，都是对汇率变化将产生的影响的一次性描述，都只是对过去的回顾，不能够预测未来汇率变化将产生的影响。（　）

（7）加价保值法主要用于出口交易，压价保值法主要用于进口交易。（　）

（8）黄金保值条款现在仍然可以采用。（　）

（9）福费廷业务是进口商将票据卖断给银行或大的金融公司。（　）

（10）为了有效地管理交易结算风险，企业不但需要知道总的风险头寸，还应将这些头寸按照不同的期限加以分别列示，以便采取恰当的管理手段。（　）

2. 业务题

（1）我国某公司 6 月 1 日从美国进口一批货物，价值 100 万美元，支付条件为 90 天远期不可撤销信用证，假设 90 天远期汇率为 USD1＝RMB7.8900/7.8920，该公司为了防止 90 天后美元升值而产生外汇风险，决定采用远期合同法避险。请问如何操作？

（2）某美国出口商向英国出口一批价值 50 万英镑的商品，3 个月以后由英国进口商以英镑支付。美国出口商担心英镑贬值会使其出口的美元收入减少，于是采用借款法规避外汇风险，假定英镑借款的年利率为 3%，即期汇率为 GBP1＝USD1.5450，该美国出口商应当如何操作？

3. 案例分析题

（1）某女士是福建石狮一家鞋厂的老板，某年上半年企业的经营分外红火，仅对美国市场就出口了 100 万美元的旅游鞋。根据合同，美国经销商将在 8 月初把货款打到她的账上。可是天有不测风云，就在她对今年的出口形势感到乐观的时候，中央银行突然宣布人民币汇率由固定改为浮动，同时升值 2%，这一变故令某女士措手不及。这意味着她拿到的货款折合成人民币仅有原来的 98%，平白无故损失了近 20 万元人民币。

问题：该女士如何利用远期外汇买卖业务规避汇率风险？

（2）某公司是一家生产型的涉外企业，原材料大部分从国外进口，生产的产品约有三分之一销往国外。企业出口收汇的货币主要是美元，进口支付的货币除美元外，主要还有欧元和英镑。该企业每个月大约有 100 万美元的外汇收入，400 万美元左右的非美元（欧元、英镑）对外支付。当时欧元兑美元汇价在平价下方，英镑兑美元也在 1.5 美元左右，而到了第二年上半年欧元兑美元不仅突破了平价，而且最高时甚至达到 1 欧元兑换 1.18 美元，该公司因此而蒙受了巨大的汇率风险损失。

问题：试分析该企业面临的外汇风险，并为该企业设计较为合理的避险方法？

复习思考

1. 名词解释

外汇风险　　交易风险　　折算风险　　经济风险　　外汇买卖风险

2. 填空题

（1）一般来讲，在出口中收进外汇一方，如果签约时的外汇汇率高而结算时的外汇汇率低，那么________将遭受损失；相反，在进口中支付外汇的一方，如果签约时的外汇汇率低而结算时的外汇汇率高，那么________将遭受损失。

（2）如果银行买入某种外汇的数量大于卖出的数量时，这种情形叫做____________或__________，这种头寸将来在卖掉时会因____________而使银行蒙受损失；当卖出某种外汇的数量大于买入的数量时，这种情形叫做__________或______，这种空头将来再补进时，会因__________而使银行蒙受损失。

（3）风险分散策略主要是利用多种外汇头寸之间的________关系，通过分散化和多样化降低风险。

（4）当一个出口商或者债权人以软币作为合同货币时，可以在谈判中要求适当_______商品价格或者贷款利率；当一个进口商或债务人以硬币作为合同货币时，可以在谈判中要求适当________商品价格或者贷款利率值。

（5）平衡法是指经济主体在一笔交易发生时或发生后，再进行一笔________、________、________完全相同但________正好相反的交易，使两笔交易面临汇率变动的影响相互抵消的一种方法。

3. 单项选择题

（1）某企业为支付进口货款所需 1000 万日元将承受日元汇率上升的风险，该风险属于（　　）。

A．交易风险　　B．折算风险　　C．经营风险　　D．会计风险

（2）根据汇率风险管理中选择有利的合同货币这一基本方法，下列说法正确的是（　　）。

A．进出口争取使用硬币

B．对外借贷争取使用软币

C．进口争取使用硬币

D．争取使用两种以上软硬币搭配的货币

（3）在套利操作中，套利者通过即期外汇交易买入高利率货币，同时做一笔远期外汇交易，卖出与短期投资期限相吻合的该货币，这种用来防范汇率风险的交易是（　　）。

A．远期外汇交易　　B．货币期货交易

C．货币期权交易　　D．掉期交易

（4）假设中国某商业银行 A 将在 3 个月后向泰国商业银行 B 支付 3500 万泰铢的外汇，当前外汇市场美元对泰铢的汇率为 1 美元＝35 泰铢。A 银行预期泰铢对美元的汇率将上升，

因此 A 银行选择在新加坡外汇交易市场支付 5 万美元、购买总额为 3500 万泰铢的买入期权，其执行价格为 1 美元＝35 泰铢。如果 3 个月后泰铢不升反降，即期汇率变为 1 美元＝56 泰铢，则 A 银行的净收益或净损失为（　　）。

A．净收益 5 万美元　　B．净损失 5 万美元
C．净收益 32.5 万美元　　D．净收益 37.5 万美元

（5）在进出口贸易中，如果预测计价货币将要升值或汇率上升，就可采取如下措施（　　）。

A．迟收早付
B．迟付早收
C．更换计价货币
D．在外汇市场上卖出计价货币以改变其供求

（6）当外汇汇率上升时，银行持有外汇多头可以（　　）。

A．获利　　B．受损　　C．没有影响　　D．不能确定

4．多项选择题

（1）外汇风险的三个构成要素是（　　）。

A．汇率　　B．时间　　C．本币　　D．外币

（2）当外汇汇率上升或本币汇率下降时，下列选项中（　　）会使涉外企业面临损失。

A．外币收入大于外币支出　　B．外币收入小于外币支出
C．外币资产大于外币负债　　D．外币资产小于外币负债

（3）防范外汇风险要做好计价货币的选择，包括（　　）。

A．争取使用本币计价　　B．采用收软付硬法
C．采用收硬付软法　　D．进出口货币尽量一致

（4）德国某公司进口一批机器设备，6 个月后以美元付款，该公司所承受的汇率风险类型及其管理方法是（　　）。

A．交易风险，做远期外汇交易买入远期美元
B．交易风险，在期货市场上做美元多头套期保值
C．交易风险，买进一笔美元看跌期权
D．折算风险，做远期外汇交易卖出远期美元

（5）为了防范远期美元收入的汇率风险，出口商可以（　　）。

A．进行即期外汇交易卖出即期美元
B．进行远期外汇交易买入远期美元
C．进行远期外汇交易卖出远期美元
D．进行货币期货交易做美元空头套期保值

（6）利用借款法与投资法规避汇率风险，下列说法正确的是（　　）。

A．借款法用于有未来外汇收入的场合
B．投资法用于有未来外汇收入的场合
C．借款法是将未来的收付转移到现在
D．投资法是将现在的支付转移到未来

5．计算题

（1）某交易商拥有 1 亿日元远期空头，远期汇率为 0.008 美元/日元。如果合约到期时汇率分别为 0.0074 美元/日元和 0.0090 美元/日元，那么该交易商的盈亏如何？

（2）法国某公司从美国进口一批商品，双方于某年 1 月 1 日正式签订合约。合约规定，以美元计价结算，货价为 200 万美元，结算日期为同年 10 月 1 日。美元对欧元的即期汇率在 1 月 1 日为 EUR/USD=1.2322，到 10 月 1 日 EUR/USD=1.2523。如果这家法国公司不进行套期保值，按结算日的即期汇率计算比签约日的即期汇率计算将有多少损失？

（3）某年 7 月 1 日，在伦敦外汇市场上，美元兑瑞士法郎的 3 个月远期汇率为 USD/CHF=1.6137。按此汇率，瑞士的一家商业银行分行从顾客手中买入 600 万美元的 3 个月远期外汇，并向顾客卖出 300 万美元的 3 个月远期外汇，从而出现 300 万美元的 3 个月远期外汇头寸多头。然而，一周以后，当该分行要实际抛出多头的 300 万美元的 3 个月远期外汇时，美元兑瑞士法郎的 3 个月远期汇率下跌为 USD/CHF=1.5025，下跌幅度为 7%。按照该多头产生的 3 个月远期汇率计算，该分行要抛出多头的 300 万美元的 3 个月远期外汇，到期交割时可以收入多少万瑞士法郎？该分行按此汇率将多头的 300 万美元的 3 个月远期外汇抛出，实际能收入多少万瑞士法郎？损失多少？

（4）某年 3 月 7 日，设在伦敦的一家美国商业银行分行卖出 1000 万美元的期权，获期权费 2 万英镑。由于随后美元兑英镑的即期汇率下跌的趋势明显，该分行的风险增大，该分行便于 3 月 18 日向另一家金融机构买入 1000 万美元的卖权，支付期权费 2 万英镑。假定该分行要以美元购买英镑来支付期权费，美元兑英镑的即期汇率在 3 月 7 日为 GBP/USD=1.4566，到 3 月 18 日下跌为 GBP/USD=1.4978，根据 3 月 7 日的即期汇率测算，需支付多少万美元？根据 3 月 18 日的即期汇率进行实际兑换，需要支付多少万美元？遭受多少经济损失？

（5）韩国银行 SKB 持有美元净多头头寸 150 万美元。目前的即期汇率为 1 美元＝770 韩元。如果即期汇率变为 1 美元＝780 韩元，SKB 因其美元净多头头寸地位，其收益或损失如何？如果即期汇率变为 1 美元＝760 韩元，SKB 的收益或损失又如何？

（6）假定韩国银行 SKB 吸收一笔 1000 万美元的 1 年期存款，再用这笔款项发放 1 年期韩元贷款。美元汇率为 1 美元＝770 韩元。如果存款成本（利率）为 8%，贷款收益率（利率）为 15%，问：

① SKB 面临的风险有哪些？SKB 该笔贷款的净利息收入和净收益是多少？

② 假定美元升值至 1 美元＝900 韩元，SKB 将处于怎样的境地？

③ 假定美元贬值至 1 美元＝600 韩元，SKB 将处于怎样的境地？

（7）韩国某银行上月的外汇资产负债头寸和外汇即期汇率（韩元/外汇）如下表所示。

外汇资产负债头寸表

币种	美元	欧元	英镑
资产	236 748	103 065	332 655
负债	342 982	179 450	119 828
本月即期汇率	770	980	1220
上月即期汇率	720	970	1300

① 计算每一种外汇的净头寸。
② 计算由于即期汇率的变动而导致每一种外汇头寸的收益或损失。
③ 该银行如何对冲其表内外汇头寸的外汇风险？

6. 简答题

（1）企业面临的外汇风险有哪些？
（2）简述外汇风险的构成要素及相互关系。
（3）试说明本币计价法和平衡法在减缓或消除外汇风险中的局限性。
（4）进口商在什么情况下会提前付款，什么情况下会推迟付款？
（5）试比较平衡法与组对法的不同点。
（6）试述福费廷与一般贴现的区别。
（7）企业在签订涉外经济合同时，应从哪些方面注意防范外汇风险？
（8）在外汇市场上，可通过哪些方式规避外汇风险？

第 6 章

国际金融市场与国际融资

学习目标

1. 知识目标

（1）理解国际金融市场的概念、类型和特征；
（2）了解国际货币市场、国际资本市场、国际外汇市场、国际黄金市场等的概念和特征；
（3）了解各种国际融资渠道的含义及其适用条件。

2. 技能目标

（1）能运用国际债券融资、国际股票融资、国际借贷融资等几种基本国际融资手段开展对外业务；
（2）能够分析各种因素对国际金融市场的影响；
（3）能够分析国际金融市场对经济金融的影响，并提出相应的政策建议。

章前引例

一、2010 年国际金融市场交易量和格局

（1）伦敦、纽约和东京仍是全球三大外汇交易中心，全球外汇市场成交量稳步上升。
（2）英国是跨国借贷业务的集中地，全球场外利率衍生品市场规模小幅增。
（3）美国、欧元区、日本、英国在全球债券市场占据绝大多数份额，全球债券市场未清偿余额下降。
（4）全球股票市值继续回升，中国股票市场规模增长显著。
（5）伦敦、纽约是世界黄金现货、期货交易中心，全球黄金交易量上升。
（6）纽约、芝加哥和伦敦保持在商品期货市场的领先地位，全球商品期货成交量继续增长。

二、国际资本流动出现恢复性增长

2010 年国际资本流动出现恢复性增长。据 IMF 估计，2010 年全球资本净流动规模为

12575.3 亿美元，增长 12%。

（1）跨国直接投资微幅增长。

全球外国直接投资（FDI）19 流动的增长基本处于停滞状态。据联合国贸发会议（UNCTAD）2011 年 1 月的估计，在经历了 2008、2009 年的大幅下降后，2010 年全球 FDI 将比 2009 年微幅上升 1%，达到 11220 亿美元。

结构方面值得关注的主要特征有：流向亚洲和拉丁美洲的 FDI 的强劲增长抵消了发达国家 FDI 流入的减少，流向发展中和转型经济体的 FDI 首次占据了全球的一半以上。

（2）国际债券发行波动较大。

受欧洲主权债务危机影响，2010 年国际债券发行大幅下降且各季度波动较大。全年净发行债券 14880 亿美元，较上年大幅下降 46%。欧洲发达经济体国际债券发行大幅下降且波动较大，新兴经济体和其他发达经济体的债券发行则较为平稳。

（3）银行跨境借贷止跌企稳。

从资金流向来看，资金从增长缓慢的成熟经济体流向高经济增长的新兴市场国家，特别是亚太和拉丁美洲－加勒比地区。

（资料来源：根据《2010 年国际金融市场报告》整理）

思考下列问题：

1．什么是国际金融市场？

2．国际金融市场包括哪些类型？

3．国际金融市场对我国经济发展有什么影响？

4．国际融资的渠道有哪些？

6.1 国际金融市场

6.1.1 国际金融市场概述

1．国际金融市场的概念和分类

国际金融市场是指居民与非居民之间及非居民与非居民之间从事各种国际金融交易的场所。

（1）按其性质不同，分为传统国际金融市场和新兴离岸金融市场。市场所在国的居民与非居民之间从事的市场所在国货币的国际信贷和国际债券业务，并受市场所在国当局的金融法律、法规管辖的市场称为传统国际金融市场；大部分交易发生在市场所在国的非居民之间，其买卖涉及一切可自由兑换的钱币，并且业务活动也不受任何国家金融法律和法规约束的市场称为新兴离岸金融市场。

（2）按其有无固定场所分为有形市场和无形市场。有形市场是国际性有组织的和集中的金融资产交易场所。无形市场由各国经营国际金融业务的机构如银行、非银行金融机构或跨国公司构成，它们在国际范围内进行资金融通、有价证券买卖及其有关的国际金融业务活动，是通过电话、电传、计算机等现代化的通信设施相联系的网络体系来完成的。

（3）按市场功能不同分为国际货币市场、国际资本市场、国际外汇市场、国际黄金市场以及金融衍生工具市场。国际货币市场是资金融通业务和借贷期限在一年（含一年）以下的短期资金市场，其主要功能是为政府、中央银行、工商企业及个人等参与货币市场交易的各方，调节短期资金余缺，解决临时性资金周转困难。国际资本市场是指经营一年期以上的国际性中长期资金借贷和证券业务的国际金融市场，其主要功能有两方面：一是提供一种使资本从剩余部门转移到不足部门的机制，使资本在国际间进行优化配置；二是为已发行的证券提供流动性充分的二级市场。国际外汇市场是进行国际性货币兑换和外汇买卖的场所或交易网络，是国际金融市场的核心，在第 4 章中有详细介绍。国际黄金市场是世界各国集中进行黄金交易的场所，是国际金融市场的特殊组成部分。金融衍生工具市场也称派生市场，该市场交易的工具是金融衍生工具，即一种交易者为转嫁风险的双边合约，其价值取决于基础市场工具或资产的价格及其变化，主要有金融期货市场、期权市场、互换市场、远期合约市场等。

（4）国际金融市场按照融资渠道不同分为国际信贷市场和国际证券市场。国际信贷市场主要从事资金借贷业务，依照借贷期限的长短可划分为短期信贷市场和长时间信贷市场。国际证券市场是国际股票、债券等有价证券发行和交易的市场，是长期资金的投资人和需求者之间的有效中介，是金融市场的重要构成部分。

2. 国际金融市场的形成和特征

（1）传统的国际金融市场（在岸国际金融市场）的形成和特征。传统的国际金融市场是国际金融市场的起点，一般是以本国雄厚的综合经济实力为后盾，依靠国内优良的金融服务和较完善的银行制度发展起来的。传统的国际金融市场与国内金融市场存在密切的内在联系，是在国内金融市场的基础上自然形成的。世界上一些主要的国际金融市场如早期英国的伦敦，两次世界大战前后美国的纽约及二战后日本的东京等都有如此的轨迹。国内金融市场是本国居民之间发生金融资产交易的场所，交易的对象一般是本国货币，空间范围也仅限于本国境内。当金融资产交易的主体扩大到非居民，交易范围超越国境之外，国际金融市场就逐步形成了。

传统的国际金融市场之所以被冠以“在岸”名称，这个“岸”不是地理意义的概念，其主要特点是：该市场要受到市场所在国法律和金融条例的管理和制约，各种限制较多，借贷成本较高；交易活动是在市场所在国居民和非居民之间进行的；通常只经营所在国货币的信贷业务，本质上是一种资本输出的形式。因此，传统的国际金融市场还称不上真正意义上的国际金融市场。

（2）离岸国际金融市场的形成和特征。离岸金融市场主要是制度和政策推动的产物，它突破了国际金融市场首先必须是国内金融市场的限制，使国际金融市场不再限于少数发达国家的金融市场，而向亚太地区、中东、拉美和全世界范围扩展。

离岸国际金融市场的特征表现为：市场参与者是市场所在国的非居民，即交易关系是外国贷款人和外国借款人之间的关系；交易的货币是市场所在国之外的货币，包括世界主要的可自由兑换货币；资金融通业务基本不受市场所在国及其他国家的政策、法规约束。以上特征表明离岸金融市场是国际化的金融市场，是真正意义上的国际金融市场。欧洲货币市场作为离岸金融市场的总体，它的出现标志这一新型的国际金融市场的诞生。

知识链接

全球主要金融市场介绍

1. 纽约金融市场

纽约金融市场是国际金融中心之一。1810 年纽约取代费城，成为美国国内最大的金融和商业中心。但当时国际金融交易仍然集中在伦敦，第一次世界大战期间及战后，纽约迅速发展为国际金融中心。第二次世界大战以后，纽约金融市场在国际金融领域中的地位进一步加强。美国凭借其在战争时期膨胀起来的强大经济和金融实力，建立了以美元为中心的资本主义货币体系，使美元成为世界最主要的储备货币和国际清算货币。纽约联邦储备银行作为贯彻执行美国货币政策及外汇政策的主要机构，在金融市场的活动直接影响到市场利率和汇率的变化，对国际市场利率和汇率的变化有着重要影响。纽约金融市场主要包括：外汇市场、短期资金市场、长期资金市场、纽约股票市场、黄金期货市场。

2. 伦敦金融市场

伦敦金融市场是国际金融市场之一。20 世纪 50 年代，美国国际收支不断出现逆差，导致美元大量外流。从 1957 年起，欧洲美元市场应运而生。伦敦凭借其原有的国际金融中心地位，逐渐成为这个市场的中心。外国银行为了发展欧洲货币业务，纷纷涌入伦敦城，设置机构。到 1982 年年底，外国银行在伦敦开设的分支机构达 449 家，世界上 100 家大银行中已有 94 家在伦敦设立分支机构，伦敦城的地位又大大加强，重新成为世界上最重要的金融中心之一，故至今仍是与纽约金融市场并列的最重要的国际金融市场之一。伦敦金融市场交易活动中心集中于伦敦城，由英格兰银行、13 家清算银行、6 家海外银行以及贴现公司、商业银行、财务公司和保险公司等构成。伦敦金融市场按货币种类可分为英镑资金市场和欧洲货币市场。前者主要侧重于短期资金的借贷以及证券交易、外汇交易和黄金交易。后者则涉及欧洲美元等外币的同业拆放、工商贷款和欧洲债券等方面。

3. 香港金融市场

香港金融市场是亚太地区重要的国际金融中心之一，第二次世界大战后已有一定的基础。进入 20 世纪 70 年代后，香港当局为促使香港经济结构多元化，采取了一系列措施，如解除外汇管制、开放黄金市场、放宽外国银行在港开设分行、取消外币存款利息税的限制等，使香港金融市场得到了较快的发展，成为与新加坡齐名的亚洲美元市场。香港金融市场主要由五类市场构成：资金市场、长期资本市场、外汇市场、境外美元市场、黄金市场。

4. 东京金融市场

东京金融市场是日本最大的金融市场，世界重要国际金融市场之一。东京金融市场在较长的时间里对外封闭，是有诸多管制的内向性市场。随着日本经济的恢复与发展，东京金融市场的规模不断扩大，由于国际金融环境的变化，日本金融机制进一步改革，推动金融市场的自由化和日元的国际化，使东京金融市场居世界前列。东京金融市场主要包括三类市场：资金市场、外汇市场、证券市场。

（3）国际金融市场的新特点。当前国际金融市场表现出了一些新的特点，具体表现为以下几方面。

① 金融全球化趋势。主要表现为金融机构设置的全球化、金融业务活动的全球化、资本流动的全球化和金融市场的全球化。金融全球化的新特征表现在：私人资本成为国际资本流动的主角、国际金融市场一体化进程加快、发展中国家在国际资本市场中的投资比例有所上升、大规模金融并购浪潮风起云涌、跨国银行业务综合化和网络化。

② 金融自由化趋势。这是指20世纪80年代初西方国家普遍放松金融管制后出现的金融体系和金融市场充分经营、公平竞争的趋势。很多国家根据国际通行的金融管制条例，在完善本国监管制度的同时，逐步减少了政府对金融机构及其业务的直接干预和限制，逐步放开金融市场，进行业务自由化、市场自由化、价格自由化、资本流动自由化等改革。

③ 国际融资证券化趋势，债券和股票作用明显增强。随着发达国家逐渐放松金融管制，发展中国家加快金融自由化，金融创新向深度和广度的快速发展以及高科技运用于金融市场的推动力，融资证券化已经成为国际金融市场发展的必然趋势，证券融资的比例日渐上升。

④ 国际金融的监管问题更迫切。全球金融市场一体化的步伐逐渐加快的同时，不能忽视由于过度投机，特别是资金大量抛空的投机，进而导致市场心理恐慌、秩序混乱，其危害极大。目前国际金融体制已经出现较大的变化，特别是资金从银行体系转向基金市场，金融衍生产品迅速发展，对于活动范围是跨国别、跨区域的国际游资的活动，并非一国所能驾驭，所以金融监管的难度相应加大。

3．国际金融市场的作用

国际金融市场的积极作用具体体现在以下几方面。

（1）促进国际贸易和国际投资的发展。国际金融市场的主要作用是处理国际贸易引起的国际间债权、债务清算和为国际投资提供服务。国际金融市场的发展，便利了国际间资金的划拨和结算，同时由于它促进了借贷资本的国际融通和产业资本的国际流动，为国际性闲置资金提供了投资渠道，使资金不足国家可以顺利地在国际金融市场获取资金，用于本国经济的发展。

（2）调节各国国际收支，促进经济平衡发展。国际金融市场是各国尤其是发展中国家提高国际支付能力，缓和国际收支失衡的重要渠道。国际金融市场上的汇率变动会影响国际收支，因为国际收支不平衡会引起外汇供需的变化，从而造成外汇汇率的变动，而外汇汇率的变动又可以调节国际收支，使之恢复均衡。不过这种均衡作用是一个缓慢的过程。

（3）推动生产和资本国际化的发展。二战后，资本主义经济国际化趋势的一个非常重要的表现是跨国公司的快速发展。因此在客观上需要一个资金规模巨大、筹集资金容易并且不受各国管制的国际化的金融市场。跨国公司和生产国际化的广泛发展，使国际金融市场的功能和效率大大提高。同时国际金融市场的发展满足了跨国公司的经营需要，极大地推动了生产和资本的国际化，使世界经济资源进一步优化配置，从而促进了整个世界经济的发展。

国际金融市场既具有积极作用，同时也产生一些消极影响，其消极作用具体表现为以下几个方面。

（1）国际金融交易与实际经济日益脱节，加大了金融风险。据统计，目前全世界金融交易量大约是商品和服务交易总量的2.5倍，在巨额的国际资本流动中只有10%与实体经济交易和投资有关。全球性金融衍生品市场的迅猛发展也滋生了过度投机和经济泡沫，使实体交易量、金融原生品交易量和金融衍生品交易量形成倒金字塔，增加了国际金融市场的脆弱性，加大了金融风险。

（2）国际金融市场一体化使金融风险随全球化发展而扩展。在国际金融市场一体化进程中，金融业各机构之间、金融机构与其他部门之间以及国内市场和国际市场之间相互依赖，任何一个地方出问题，风险都具有连续反应和波及整个系统的蔓延效应，一国的金融风险或危机会迅速传播到世界各地，从而使来自国际金融市场的风险对各国金融业形成较大冲击。

（3）巨额的国际资本流动增大了国际金融市场的风险。国际资本流动在 20 世纪 90 年代的增长十分迅速，直接投资和证券投资取代了商业银行贷款成为国际资本流动的主流。从 IMF 有关统计数据看出，新兴市场资本流入的超常增长始于 1990 年，至 20 世纪 90 年代中期，发展中国家占全球外国直接投资的比重达 40%（1990 年为 15%），占全球证券资产流入的 30%（1990 年为 20%），资本的流入一方面可以促进经济增长、提高人们生活水平，但国际资本流动的易变性又极易对外汇市场和证券市场造成冲击。

6.1.2 国际货币市场

国际货币市场主要包括银行短期信贷市场、短期证券市场及票据贴现市场。

1．银行短期信贷市场

银行短期信贷市场是银行对客户提供一年或一年以内短期贷款的市场，目的在于解决临时性的资金需要和头寸的调剂。贷款的期限最短为一天，最长为一年，也可三天、一周、一月、三月、半年等。利率以伦敦银行同业拆借率为基准，交易通常以批发形式进行，少则几十万英镑，多则几百万英镑，交易简便，不需担保和抵押，完全凭信誉和电话、电传进行。

2．短期证券市场

短期证券市场是国际间进行短期证券交易的场所，期限不超过一年。交易对象有短期国库券、可转让的银行定期存单、银行承兑汇票和商业承兑汇票。

国库券是西方各国财政部为筹集季节性资金需要或进行短期经济和金融调控而发放的短期债券，期限一般为 3 个月或半年，利率视情况而定，通常以票面金额打折的方式和拍卖的方式推销。

银行存单是存户在银行的定期存款凭证，可以转让和流通。存单的利率与伦敦银行同业拆放利率大致相同，到期后可向发行银行提取本息。

银行承兑汇票和商业承兑汇票都是一种信用支付工具，前者由银行承兑，后者由商户或个人承兑，承兑后可“背书”转让，到期可持票向付款人取款。由于银行信誉较高，银行承兑汇票比商业承兑汇票的流动性要强。

3．票据贴现市场

票据贴现市场是对未到期票据按贴现方式进行融资的场所。贴现是指将未到期的信用票据打个折扣，按贴现率扣除从贴现日到到期日的利息后向贴现行换取现金的一种方式。贴现交易使持票人提前取得票据到期时的金额（扣除支付给贴现行的利息），而贴现行则向要求贴现的持票人提供了信贷。贴现业务是货币市场资金融通的一种重要方式。贴现的票据主要有国库券、银行债券、公司债券、银行承兑票据和商业承兑票据。贴现率一般略高于银行利率。经贴现后的票据，贴现行或从事贴现的银行可以用它们向中央银行要求再贴现。中央银行利用这种再贴现业务来调节信用、调节利率、进而调控宏观金融。

6.1.3 国际资本市场

1. 国际资本市场概述

国际资本市场是长期资金融通市场，通常是指经营一年期以上的国际性中长期资金借贷和证券业务的国际金融市场。其主要功能是筹措和运用各类国内、国际资金，以满足本国的生产建设和国民经济发展的需要。通常 1～5 年为中期，5 年以上为长期。

国际资本市场资金的主要供应者是商业银行、保险公司、投资公司和信托公司等。资金需求者主要是国际金融机构、各国政府、工商企业、信托公司、房地产公司以及金融公司。国际资本市场从融通资金的方式来分，具体分为银行中长期信贷市场和证券市场。从地域角度看，它是由分布在世界各地的国际资金集散中心所组成，如伦敦、纽约、东京、法兰克福、巴黎、苏黎世、卢森堡、香港和新加坡等。

2. 银行中长期信贷市场

国际银行贷款指在国际金融市场上，一国银行向另一国借款人提供资金融通的业务。它具有以下主要特点：资金来源广泛，国际上众多的商业银行和银团的资金都可作为借款人的资金来源；具有较强的选择性和灵活性，因为可以借到各种自由兑换的外汇，并且无附加条件，手续简便，资金的用途一般不受贷方限制，还本付息的方法较多；成本相对高，贷款使用市场利率，多以浮动利率为主，与政府贷款或国际金融机构贷款相比，具有利率高、期限短的特点；风险大，由于利率水平相对较高且普遍采用浮动利率计息，利率、汇率的频繁变动增大了借款人的利率风险和汇率风险。

3. 国际债券市场

国际债券是指一国政府、企业、金融机构等为筹措外币资金在国外发行的以外币计值的债券。20 世纪 80 年代国际债务危机后，国际融资出现明显的债券化趋势。商业银行在非银行金融机构迅猛发展的强有力竞争下，难以依靠传统的存款业务吸收足额资金，对国际贷款也持谨慎态度。因此，为增强业务竞争力，增加了债券的发行量。对于投资者来说，债券既有稳定的收益，又有高度流动性，有利于分散投资风险；借款人也出现了“脱媒”现象，他们为了降低筹资成本，也愿避开银行中介，直接通过市场发行债券筹资，使国际债券市场规模进一步扩大，一体化趋势逐步增强，国际债券成为各国扩大融资的重要选择。

4．国际股票市场

国际股票市场是指在国际范围内发行并交易股票的场所或网络，有两种存在形态：一是有形市场，证券交易所是其典型代表；二是无形市场，它是各种现代化通信工具联系起来的交易网络。随着科学技术的迅猛发展，无形市场的地位日益突出。

目前国际股票市场的特点是：主要投资人是机构投资者，包括各种基金组织、金融机构、公司等，国际股票市场国际化趋势日益明显。

6.1.4　国际黄金市场

1．国际黄金市场的分类

国际黄金市场可根据其性质、作用、交易类型和交易方式、交易管制程度和交割形式等做不同的分类。

（1）按其性质和对整个世界黄金交易的影响程度，可分为主导性市场和区域性市场。主导性市场是指其价格的形成及交易量的变化对其他黄金市场起主导性作用的市场，这类市场主要有伦敦黄金市场、纽约黄金市场、苏黎世黄金市场、芝加哥黄金市场、香港黄金市场等。区域性市场主要指交易规模有限，且大多集中在本地区并对整个世界市场影响不是很大的市场，这类市场主要有巴黎黄金市场、法兰克福黄金市场、布鲁塞尔黄金市场、卢森堡黄金市场、新加坡黄金市场、东京黄金市场等。

（2）按交易类型和交易方式的不同，可分为现货交易和期货交易。国际黄金市场的交易方式主要有现货交易和期货交易两种。所谓现货交易，是指交易双方成交后两个营业日内交割的一种交易方式。所谓期货交易是指交易双方按签订的合约在未来的某一时间交割的一种交易方式。在同业间通过电话联系进行交易的欧洲型市场，如伦敦黄金市场、苏黎世黄金市场等，是以现货交易为主的；设有具体交易场所的美国型市场，如纽约、芝加哥、香港等，是以期货交易为主的。由于黄金交易及其类型上的差异，黄金市场又呈现着国际化的趋势，因而世界上就出现了两大黄金集团：一个是伦敦—苏黎世集团，另一个是纽约（包括芝加哥）—香港集团。这两大集团之间的合作十分密切，共同操纵着世界黄金市场。

（3）按对黄金交易管理程度的不同，可分为自由交易市场和限制交易市场。自由交易市场是指黄金可以自由输出入，居民和非居民均可自由买卖的黄金市场，如苏黎世黄金市场。限制交易市场又可分为两种情况：一种是黄金的输出入一般要受管制，只准非居民自由买卖，而不准居民进行自由交易的黄金市场，如 1979 年 10 月英国撤销的全部外汇管制前的伦敦黄金市场；另一种是对黄金的输出入实行管制，只准许居民自由买卖的国内黄金市场，如巴黎黄金市场，但这并不意味着它与国际黄金市场没有联系，因为黄金也可以流入，而且在黄金的交易价格上它们也是相互影响的。

2．国际黄金市场的功能

黄金市场的发展既为广大投资者增加了一种投资渠道，也为中央银行提供了一个新的货币政策操作的工具。

（1）保值、增值功能。由于黄金价值的稳定和上升趋势，使黄金具有很好的保值、增值功能，因此黄金具备贮藏货币的功能。黄金市场的发展使得广大投资者增加了一种投资渠道，也在很大程度上分散了投资风险。

（2）货币政策功能。中央银行可以通过在黄金市场上买卖黄金来调节国际储备构成以及数量，从而控制货币供给，可见，黄金市场为中央银行提供了一个新的货币政策操作的工具。尽管黄金市场的这一功能作用有限，但是由于其对利率和汇率的敏感性不同于其他手段，因而可以作为货币政策操作的一种对冲工具。随着黄金市场开放程度的逐步加深，该功能的作用也越来越明显。

3. 主要国际黄金市场

（1）伦敦黄金市场。伦敦黄金市场历史悠久，也是世界主要现货市场之一，由 5 家大黄金交易公司组成。第二次世界大战前，伦敦是世界上最大的黄金市场，黄金交易的数量巨大，约占全世界经营量的 80%，是世界上唯一可以成吨买黄金的市场。二战后，伦敦黄金市场关闭，1954 年重新开放。1979 年 10 月，英国废除了全部外汇管制，英国居民可以自由买卖黄金。伦敦黄金市场目前虽然不是世界最大的黄金市场，但仍是世界主要的黄金现货交易市场之一，其价格变化，被看作国际黄金市场价格的晴雨表。

（2）苏黎世黄金市场。苏黎世黄金市场是二战后发展起来的世界性黄金自由市场，它以瑞士三大银行为中心，联合经营黄金。与伦敦金商不同的是，他们不但充当经纪人，还掌握大量黄金储备进行黄金交易。瑞士是著名的各国资金的庇护所，每逢国际政治局势发生动荡或货币金融市场发生波动时，各地大量游资纷纷涌向瑞士，购金保值或从事投机活动。此外，瑞士利率低，持有的黄金可以列为现金项目，市场交易没有任何限制，业务发展趋势良好，现已成为世界最大的黄金现货交易中心。

（3）纽约黄金市场。纽约黄金市场是目前世界上最大的黄金期货市场，每年有 2/3 的黄金期货合约在纽约黄金市场成交，但投机活动充斥整个市场。纽约黄金市场的发展历史很短，但发展速度相当快。1974 年在纽约商品交易所黄金交易开业之初时，每月黄金买卖数量不超过 4 万笔，1980 年纽约黄金市场交易量达 8 亿盎司，约 25 000 吨黄金。纽约黄金市场的建立和发展，使得世界黄金市场的格局发生了重大变化：一方面促进了纽约黄金市场的发展，另一方面，纽约黄金期货市场巨大的交易量，使伦敦黄金市场的每日定价制的权威受到影响，有时还不如纽约黄金市场的定价更合适。

（4）香港黄金市场。香港黄金市场已有 90 多年的历史。从 20 世纪 60 年代开始，香港黄金市场已发展成世界主要的黄金交易中心。香港黄金市场可分为：①主体市场，在固定买卖场所金银贸易市场进行，以港元计价，交易方式是公开喊价，现货交易。②无形市场，以伦敦黄金市场的经营方式，通过电信成交。③期货市场，按纽约黄金市场、芝加哥黄金市场的方式交易，以美元计价。香港黄金市场的黄金买卖集中在香港金银贸易场所进行。由于香港时间凌晨 2 时 30 分至 3 时这段时间正值世界其他黄金市场休市之际，加之香港黄金市场无外汇管制等客观有利条件，使香港黄金市场发展迅速，现已成为世界四大黄金市场之一。

6.2 国际融资

6.2.1 国际融资的概念和分类

1．国际融资的概念

国际融资是指通过国际金融市场来筹集企业发展所需的资金，旨在通过进入资金成本更优惠的市场，扩大企业发展资金的可获取性，降低资金成本。可以说，国际融资是资金超越国界在余缺者之间的调剂，随着国际贸易的产生而产生，随着国际经济的发展而发展。

2．国际融资的分类

国际融资按照融资方式的不同分为国际证券融资、国际借贷融资、国际项目融资、国际租赁融资等方式，它们构成了国际金融市场的实物运作形式，在国际经济关系中占有重要的地位。

6.2.2 国际证券融资

1．国际债券融资

国际债券融资是一国的政府、金融机构、工商企业或国家组织在国际金融市场上以外国货币为面值发行和交易债券的融资方式。

国际债券按发行方式，可以分为公募债券和私募债券。公募债券是在证券市场上公开销售，向市场所有投资者发行的债券。发行公募债券所需信誉等级较高，一般需发行者到证券管理机构登记注册，而且必须经国际认可的资信评估机构评级。公募债券可以上市、转让、买卖和流通，利率较低。私募债券是向特定的投资者发行而不公开上市的债券。债券发行金额小、期限短、手续比较简单，无须经证券交易委员会注册，一般不需信用评级，不公开上市交易，利率较高，但不超过一定期限不能转让。

国际债券融资具有以下几点特点：资金来源广泛，其发行对象是国外投资者，资金来源比国内债券广阔得多；计价货币通用，以自由兑换货币作为计量单位，以便保证发行者和投资者都能够接受；发行规模巨大，发行人进入国际债券市场前通常经过国际性资信评估机构信用评级，在信用得到保证的情况下，巨额借债有可能实现；有汇率变化风险，国际债券使用国际货币，其与本币之间的汇率在借债期由于经济波动可能发生变化，有一定的风险；国家主权保障，代表国家主权的政府通常对本国的国际债券进行检查和控制，并承担最终付款责任。

不同的国际债券，发行程序有所不同，主要包括以下步骤。

（1）发行人确定主干事和干事集团。主干事的主要职责是向发行地国家政府表明发行债券的意向，征得该国政府的许可；在主干事帮助下，发行人申请债信评级；发行人与以主干事为首的干事集团商议确定债券发行的基本条件、主要条款。

（2）发行人按一定格式向发行地国家政府正式递交“有价证券申报书”。

（3）确定并与相关的中介机构签约。发行人通过主干事，组织承购集团，设立受托机构、登记代理机构和支付代理机构；发行人分别与承购集团代表、受托机构代表、登记代理机构代理和支付代理代表签订各种协议。

（4）债券发行过程。发行人通过承购集团，向广大投资者公布“债券说明书”，介绍和宣传债券；承购集团代表（一般是主干事）组织承购集团承销债券，各承购人将承购款付给承购集团代表；承购集团代表将筹集的款项交受托机构代表换取债券，随后将债券交给承购人；各承购人将债券出售给广大的投资者；登记代理机构受理广大投资者的债券登记；受托机构代表将债券款项拨入发行人账户。

2. 国际股票融资

国际股票融资是指符合发行条件的公司组织依照规定的程序向境外投资者发行可流转股权证券的国际融资方式。

国际股票融资具有以下基本特征：①根据多数国家的公司法和证券法，国际股票发行人仅限于资本业已股份化的特定类型的公司组织，通常为股份有限公司或特定类型的有限责任公司；②国际股票发行人与投资人分属于不同的国家或地区，其股票发行或上市交易行为受到不同国家法律的支配，涉及不同国家的公司法、财产法和证券法规则，故其法律冲突问题的解决较为复杂；③国际股票本质上是一种可自由流转的股东权利凭证，具有权利无期限性，采取记名证券形式，其权利内容具有复合性与复杂性，故国际股票的发行、交易与权利争议解决均不同于国际债券；④国际股票融资通常不以单纯的一次性股票发行为内容，发行人往往追求国际股票发行与股票上市的双重后果，其目的在于提高国际股票发行的效率，建立某种长期稳定的国际融资渠道，由此又造成实践中对于股票发行与股票上市概念混用的情况；⑤国际股票融资具有较强的技术性和复杂的程序性，多数国家的证券法或公司法对于股票发行与上市规定有条件规则、上市聆讯规则和程序规则，因而在现代社会中，凡提到股票发行与上市，通常意味着这一行为是在金融中介人和专业机构协助下进行的，是遵循公开和公正原则进行的，并且是在法律规定的条件规则和程序规则控制下进行的。

国际股票融资依照其发行与上市结构可分为不同的类型，其中我国的境外股票融资中较普遍采用的类型有：境内上市外资股结构、境外上市外资股结构和间接境外募股上市结构等几种。

境内上市外资股结构是指发行人通过承销人在境外募集股票（通常以私募方式），并将该股票在发行人所在国的证券交易所上市的融资结构。我国证券法规将依此类结构募集的股份称为“境内上市外资股”，实践中通常称为“B 股”。在我国，境内上市外资股的发行人仅限于根据《公司法》合法设立的股份有限公司；有关发行人公司章程、境内上市外资股的发行条件与审批、境内上市外资股的上市和交易制度均适用中国有关法律和法规；境内上市外资股的股票主承销人和上市保荐人应当由中国的金融中介人担任，但在承销工作上通常由国际性金融中介人担任。

境外上市外资股结构是指发行人通过国际承销人在境外募集股份，并将该股票在境外的公开发售地的证券交易所直接上市的融资结构，此类募股通常采取公开发售与配售相结合的方式。我国的证券法规将依此类结构募集的股份称为“境外上市外资股”，实践中所称的“H股”“N 股”“S 股”等均属之。境外上市外资股结构充分利用了市场所在国的外汇制度、法律制度、证券交易制度相关信息披露制度，采用国际股票融资实践中惯常的组织方式，故其发行效率和股票流动性均优于境内上市外资股。

间接境外募股上市结构是指一国的境内企业通过其在境外的控股公司向境外投资人募集股份筹资，并将该募集股份在境外公开发售地的证券交易所上市的股票融资结构。依其公司重组方式又可分为通过境外控股公司申请募集上市和通过收购境外上市公司增募股份两种。我国目前已在境外募股上市的上海实业、北京控股、航天科技、中国制药等公司均采取此类结构。

知识链接

中国公司在美国纳斯达克上市应具备的条件

对于我国公司而言，在纳斯达克上市的途径有两个：IPO 和反向收购（借壳上市）。而在 IPO 中，一般是采取曲线 IPO 的形式。也就是说，境内企业在海外设立离岸公司或购买壳公司，然后通过资本安排和契约设计将境内资产或权益注入壳公司，然后以壳公司的名义在海外证券市场上市筹资的方式。通常，离岸公司注册在英属维京岛、巴哈马、开曼群岛、百慕大群岛、巴拿马等世界著名的避税岛上，这样能够享受税收优惠，同时能够规避我国政府对于企业海外上市的严格规制。纳斯达克市场上的新浪、网易、搜狐等就是采用这种方式上市的。

除了 IPO 上市之外，我国的企业还可以通过反向收购（借壳上市）在纳斯达克上市。所谓反向收购上市，就是指国内企业在海外购买一家上市公司作为“壳”，然后由上市公司反向兼并中国大陆或大陆之外的企业法人，然后由壳公司实现再融资功能。反向收购上市尽管规避了国内审批程序，但资产业务注入难度、风险较大，而且在短期内很难实现再融资目标。如我国西安的生物技术公司杨凌博迪森就是采用这种方式成功登陆纳斯达克，并成功升板全美证券交易所。

6.2.3 国际借贷融资

1. 政府贷款

（1）政府贷款的概念和特点。政府贷款是以双边国家政府的名义提供和接受的贷款。

政府贷款主要有以下几方面特点：以政府名义进行的政府双边贷款，一般是在两国政治外交关系良好的情况下进行的，是条件优惠的贷款；具有双边经济援助性质的贷款，期限比较长，属于中长期贷款，一般从 10 年到 30 年，有的甚至长达 50 年，而且利率比较低，一般在 1%～3%左右，有的甚至无息，除贷款利息外，有的贷款国政府规定借款国向其支付费率很低的手续费；政府贷款额一般不大，因它受到贷款国的国民生产总值、国际收支及财政收支的制约，不大可能像国际金融组织那样经常提供大额贷款。

（2）政府贷款要考虑的问题有如下几方面。

① 利率。利率是借款国的成本，借款国筹措资金时首先要考虑利率的高低。

② 币种选择。这是最关键的问题，选择的货币若是软币，则借款负担较小，若是硬币，则借款负担加重。

③ 贷款期限。政府贷款的期限一般分为贷款使用期、偿还期和宽限期。贷款的使用期，一般规定在贷款协议当年或1～5年内按建设进度的实际需要提取贷款。偿还期一般规定开始偿还的年度和最后还清的年度日期，以及在偿还期内的年偿还次数与日期。宽限期一般包含在偿还期内，宽限期内只付利息不付本金。

④ 数额。外国政府发放贷款一般根据本国的财政收入、国民收入、国际收支的具体情况而定。同时，还要取得贷款国立法机关或议会批准。

⑤ 还款。贷款的偿还方式有实物偿还和自由外汇偿还两种，通常都采用后者。

⑥ 使用条件。贷款国在发放贷款时，常对借款国的经济政策的实施、某一特定产业或部门的经营或项目方案的落实施加一些条件。谈判项目贷款时，贷款国还常常要求复杂的合同和法律，来保证债务偿还。另外，还对使用政府贷款的项目所涉及的领域有所限制。

⑦ 费用收取。政府贷款附加费用低，它主要有承诺费及手续费两种。承诺费是指借款人没有按协议如期使用定额，造成贷款人资金闲置而向借款人收取的一种补偿性费用。承诺费率一般按未提取贷款金额的 0.125%～0.25%年率计算。手续费则是按贷款金额的一定比例向借款人收取，手续费率为贷款金额的 0.25%～0.5%。

⑧ 服务质量。一般贷款国出于贷款经济方面的考虑，还提供一些其他服务，对借款国来说可以借此机会引进先进技术，学习一些行之有效的管理手段。

2. 国际金融机构贷款

国际金融机构贷款是国际金融机构向某国政府、政府机构运作的项目或私人企业提供的贷款，主要包括以下内容。

（1）国际货币基金组织贷款。国际货币基金组织贷款的对象仅限于会员国政府，贷款只用于解决国际收支的暂时不平衡，用于贸易与非贸易的经常项目支付。目前，国际货币基金组织办理的贷款有普通贷款、专门贷款、临时贷款等。

（2）世界银行贷款。世界银行贷款主要用于发展中国家发展生产、开发资源，提供融资便利，贷款主要是与世界银行审定批准的特定项目相结合，实行专款专用，并接受世界银行的监督。世界银行以支持农业和农村发展、能源开发、人力资源的充分运用、环境保护、旅游资源的开发为其贷款的重点。现在世界银行所发放的贷款主要有项目贷款、部门贷款、技术援助贷款、结构调整贷款和应急性贷款。

（3）国际开发协会贷款。国际开发协会是世界银行的附属机构，主要为较贫穷的发展中国家，即按 1999 年新标准的规定人均 GNP 不足 925 美元的国家提供贷款。国际开发协会的贷款对象虽规定的是会员国政府或公私企业，但一般均以会员国政府为贷款的发放对象。

（4）国际金融公司贷款。国际金融公司也是世界银行的一个附属机构，主要对世界银行会员国私人企业提供无需政府担保的贷款，以帮助私人企业的新建、扩建和改建，促进其发展。国际金融公司的贷款额一般在 200 万～400 万美元；贷款期限一般为 7～15 年，还款时须以原借入的货币偿还；贷款利息视资金风险和预期收益等因素决定，一般高于世界银行贷款利率，最高时为 10%，最低时为 6%，一般在 7%以上。

（5）亚洲开发银行贷款。亚洲开发银行主要是向本地区的发展中国家提供贷款，以支持会员国的农业、农产品加工业、港口、铁路、城市发展、住房、卫生、人口与教育等基础设施的建设。

3. 国际商业银行贷款

国际商业银行贷款是指借款人为支持某一项目，在国际金融市场上向外国银行借入资金。国际商业银行贷款主要具有如下特点。

（1）贷款利率按国际金融市场利率计算，利率水平较高。

（2）贷款可以自由使用，一般不受贷款银行的限制。国际银行贷款不受银行的任何限制，由借款人根据自己的需要自由使用。

（3）贷款方式灵活，手续简便。国际银行贷款比较灵活，每笔贷款可多可少，借款手续相对简便。

（4）资金供应充沛，允许借款人选用各种货币。在国际市场上有大量的闲散资金可供运用，只要借款人资信可靠，就可以筹措到自己所需要的大量资金。

国际商业银行贷款的费用包括银行中、长期信贷费用，主要有管理费、代理费、承诺费和杂费几种。管理费的性质近似于手续费。管理费按贷款总额的一定百分比计算，一次或分次付清。费用率一般在贷款总额的 0.1%～0.5%之间。代理费是由借款人向代理行支付的一种费用。贷方与借方签订货款协议后，贷方银行就承担了全部贷款资金的义务，如借款人未能按期使用贷款，根据国际惯例，借款人要支付承诺费，承诺费率一般为 0.125%～0.25%。杂费也是中长期银团贷款方式下发生的费用，主要指签订贷款协议前所发生的费用，包括牵头行的车马费。律师费、签订贷款协议后的宴请费等，这些费用均由借款人承担。

知识链接

我国对国际商业银行贷款的管理

我国对国际商业银行的短期贷款和中长期贷款采取不同的管理方法。对短期的国际商业银行贷款采取余额管理的办法，即由国家主管部门向经批准的金融机构下达短期国际商业银行贷款的年度余额，由金融机构据此调整本单位的债务水平和资金运用。

对中长期国际商业银行贷款的管理办法包括：

（1）规模控制，国家通过两类计划对中长期国际商业银行贷款实行规模控制：一类是中长期国际商业银行贷款计划，它与国家国民经济和社会发展五年计划、十年规划相衔接，确定全国计划期内借用国际银行贷款的总规模和分地区、分部门规模以及主要建设项目。另一类是年度借用国外贷款计划，它主要确定全国年度借用国外贷款的总规模，并下达正式签约生效的大中型项目当年支付的国外贷款数额。

（2）项目的审批管理，各地方计划委员会和部门计划管理部门将本地区、本部门准备使用国外贷款的项目初审后报国家发展计划委员会审批。送审的文件应包括项目建议书、可行性研究报告和利用外资方案，其内容必须包括借用国际银行贷款的具体形式、数额，国内配套资金落实安排情况，贷款的主要用途，项目经济效益初步测算及外汇平衡情况，贷款的偿还方式和偿还责任（还款人和担保人）。

（3）对外贷款的“窗口管理”，筹措国际银行贷款需要经过国家指定的或者经批准的国内金融机构进行，未经批准的企业或金融机构不得从境外取得贷款，擅自筹措国外贷款，国家将不允许对外偿付本息。

（4）外债的统计、监测、监督制度，借用各类国际商业银行贷款的单位在贷款签约后，必须及时到国家主管部门进行外债登记。每次偿付贷款本息前，借款人应提前向主管部门报送贷款偿还计划，并在主管部门同意后，及时对外偿还应付的本息。

6.2.4 国际项目融资

1．国际项目融资的概念和特点

国际项目融资是国际融资者对一个大型工程项目贷款或投资，等工程项目建成后，再用项目生产产品所换回的现金来偿还融资者的贷款或投资的过程。国际项目融资主要用于资源开发、基础设施和大型设备制造项目。

国际项目融资的特点有如下几方面：国际项目融资的贷款人通常是对拟建项目提供协议贷款的国际性商业银行或由多家商业银行组成的贷款银团；贷款的偿还依赖于为营建某一工程项目而组成的承办单位的资产状况及该项目完工投入运营后获得的现金流量；需要与工程项目有利害关系的更多单位如项目主办人、当地保险机构和政府机构或其代理机构对贷款或投资可能发生的种种风险提供担保，以保证该工程按计划完工、营运，以便有足够的资金偿还贷款；属于无追索权或有限追索权的筹资方式，风险较大，利率也较高。

2．国际项目融资的运作程序

（1）准备阶段。此阶段主要包括项目确定、招标、评标、谈判和签约。东道国政府负责完成对项目的选择和确定，主要是进行技术、经济和法律的可行性论证。接着，进行招标、评标和决标。政府与获得授权的项目公司进行实质性谈判，正式签订有关项目建设经营和转让的权利义务及相关安排的全部合同和法律文件。

（2）建设阶段。投资者根据东道国的法律、法规，按一定的出资比例与东道国共同组建合资经营，即项目公司。项目公司通过项目建设总承包协议将项目交由签约的建设公司全面负责，包括项目的规划、设计、建筑施工、设备安装等，直到项目建成投产的有关工程质量、产品质量符合合同要求为止。

（3）经营阶段。项目建成交付后，项目公司即取得了项目的经营权和受益权，自己直接经营或委托其他机构经营。经营过程中要遵循特许权协议中的有关规定，并向政府提供有关信息资料。在东道国政府的支持下，通过保险、担保、合同等手段降低项目经营中的各种风险。

（4）产权移交。在授权期结束后，项目公司必须将项目无偿转让给东道国政府，东道国政府接管该项目，不仅拥有项目的所有权，而且拥有正常运营项目的收益权。

3. 国际项目融资利弊分析

国际项目融资的优点主要表现为以下几点。

（1）扩大借债能力。国际项目融资不以项目主建人的资信作为主要考虑项目，只有项目的预期收益才是发放贷款的主要条件，扩大了项目主建人的借债能力。

（2）减轻对外负债。由于偿还项目贷款的资金来源是项目本身的收入，贷款对象是承办单位，而承办单位可能是地方机构组建的，也可能是与外国资本合营的，这样就会减轻政府的直接对外负债，扩大了政府对外的融资能力。

（3）降低建设成本，保证项目的经济效益。贷款项目是经过各方面精确、可行性研究确定的，因此项目一般不会占压资金，与其他手段相比时间上更快，以保证资金使用效果，降低建设成本，从而提高项目的经济效益。项目贷款所取得的资金在运用过程中，一部分可采取竞争性招标方式，设备的购价与工程造价有望降低。

承办单位一般可与外商合营，便于学习国外先进管理经验，便于培养与培训干部，提高企业的经营管理水平。

项目融资的缺点主要表现为：

（1）取得贷款的手续复杂，联系面广，不如商业贷款方便。

（2）不是所有申请该项贷款的项目都能被批准。仅限于项目产品的销路好，项目本身有吸引力、能保证盈利的项目。

（3）不如自由现汇贷款灵活，贷款仅限于在该项目上使用。

6.2.5　国际融资租赁

1. 国际租赁的概念和特征

国际租赁指出租人在一定时间内将租赁货物租给承租人使用，定期向承租人收取租赁费用的经济活动。

国际租赁有以下特征：

（1）租赁物的所有权与使用权分离，出租人拥有所有权，承租人只有使用权和支配权。

（2）可起到投资、融资、促销三重作用。国际租赁是融资与融物相结合的一种融资形式，承租人偿还的本金是租赁物的折旧费，利息中包含了出租人的利润及资金的时间价值。国际租赁以融物的形式达到融资的目的，将贸易与金融活动结合起来，成为一种重要的促销手段。

（3）涉及多方面的关系。国际租赁中，至少涉及出租人、承租人和贷货人三者之间的关系，他们可分别属于三个不同的国际或地区。国际租赁业务往往涉及两个以上的合同，由几种单独合同共同来完成，包括租赁公司与制造商之间的设备供应合同，租赁公司与承租人之间的租赁合同，以及金融机构的贷款合同等。

（4）租用期限长，风险较大。租期结束后，承租人一般可选择退租、续租和留购的方式。国际租赁因期限长面临的风险比较大，主要有经营风险、信用风险、利率风险、政治风险和外汇风险。

2．国际租赁的形式和运作程序

国际租赁主要分为国际融资租赁和国际经营承租两种形式。

（1）国际融资租赁。

国际融资租赁指国际出租人按照承租人的要求，向制造商购入设备，并按协议或合同长期供承租人使用的一种租赁方式。这种租赁一般租期较长，几乎相当于设备的实际使用寿命；租金总额等于设备价款、贷款利息和一定利润之和。

国际融资租赁的业务程序为：租赁物由承租人先定，然后由出租人代为购买以供出租，供货人提供设备；承租人负责检查，并代出租人接受该项资产。出租人对设备的质量和技术条件不予担保。

国际融资租赁特点是：全额清偿，租金总额足以偿付出租人购买设备的全部投资，并能使出租人获得一定的收益；租赁期较长，一般与租赁物的经济寿命相当；在合同有效期双方均无权撤销合同；设备的维修保养、保险及过时风险等均由承租人负担。

（2）国际经营租赁。

国际经营承租是指国际出租人将其拥有的设备，以租赁营业方式反复地出租于不同的承租客户，并且对出租设备提供保养、维修、技术更新和技术服务的一种国际租赁方式，是一种中短期融资方式。此方式手续简单，主要适用于通用设备、保养管理要求较高的专用设备或更新快的设备。其特点是：租赁期短，大大低于设备的经济寿命；租赁合同可撤销，承租人在一定条件下可中途解约；租赁合同期满时，承租人不得留购设备；租金比融资租赁的租金高。

3．国际融资租赁利弊分析

（1）国际融资租赁的积极作用主要表现在以下几点。

① 充分利用外资。承租人用融资租赁方式引进机器设备，生产企业不必付出全部货款就可以使用设备，然后再分期支付外汇租金给国外出租人。

② 争取引进时间。承租人若通过信托公司办理融资租赁，可使融资与引进同步进行，既减少了环节，又缩短了时间，使进口货物很快落实，从而达到加快引进的目的。

③ 避免国际通货膨胀的影响。双方根据租赁时设备的售价和银行利息来确定租金的金额，并以合同的形式固定了下来。在租期内，通货膨胀或国际贷款利率上浮都不会影响已经约定的租金额。

④ 有利于企业的技术改造。承租人采用经营租赁方式，可以经常替换过时的设备，使设备保持高效率及其先进性。

⑤ 能减少盲目引进的损失。采用经营租赁方式，灵活方便，如果发现情况不好，则可退租，力求使企业损失降低到最低程度，而且经营租赁还适应暂时性和季节性需要。

⑥ 扩大产品销路。对出租人和设备制造商而言，租赁贸易的方式，是扩大商品销路的一条新途径；并且，由于出租者在设备出租期间所获得租赁费的总和，一般都比出售该设备的价格更高，可以获得更高的收益。

⑦ 避免关税及贸易保护主义方面的限制。租赁设备的所有权是在租赁交易结束时进行转移的，进口租赁被各国当做资本流动而非贸易进口来处理，可绕开进口国某些贸易保护措施

的限制，在提供融资便利的同时，又避免受某些国际协定的限制，对不能由国家提供出口信贷支持的中小企业出口更为有利。

⑧ 金融类出租人向海外进行资本扩张的有效手段。通过开展跨国租赁业务，或在这些国家建立子公司，达到直接或间接输出资本的目的；同时，这些海外子公司还为其作为金融机构的母公司寻找到一些发展其他金融业务的潜在用户，进一步开拓了海外业务。

（2）国际融资租赁的局限性具体表现为以下几个方面。

① 提高了承租人的生产成本。融资租赁由于租金高昂，通常情况下，比用现汇或外汇贷款购买设备的成本高出 12%～17%。

② 禁止中途解约。融资租赁契约经双方签订认可后，一般不得随意终止合同，如果一方毁约或不履行有失条款，就要赔偿对方损失，而且罚款金额较大，因此须慎重考虑。

③ 承租人不能将租赁物进行技术改造、抵押或者出售。在经营租赁期间，承租人只有使用权，没有所有权，没有权利对租赁物进行技术改造、抵押或者出售。

6.2.6　出口信贷

1．出口信贷的概念

出口信贷是出口国政府为了支持和扩大本国大型设备的出口，加强本国商品的国际竞争能力，以利息补贴和提供信贷担保的方式，鼓励本国银行向本国出口商或外国进口商（或进口方银行）提供优惠性中长期贷款的一种融资方式。

2．出口信贷的特点

（1）与出口贸易相联系。出口信贷必须与贷款国的出口贸易项目相联系，而且通常规定出口资本货物的国产化率必须达到一定的标准。

（2）货款条件优惠。出口信贷通常由出口国的官方金融机构，或获官方利息补贴或财政拨款支持的私人商业银行提供，其贷款条件比金融市场一般贷款条件优惠，贷款利率低于市场利率。

（3）政府承担风险。由于出口信贷期限长、金额大，信贷银行存在较大的风险。因此，国家一般设有专门机构对出口信贷发放银行提供安全保障措施——信贷保险，如果发生不能收回贷款的情况，信贷保险机构就予以补偿。

（4）国家设立专门机构管理出口信贷资金。出口信贷一般是中长期信贷，金额较大，各国大多设立专门机构进行管理。我国由中国进出口银行统一管理，该行除办理出口卖方信贷、出口买方信贷和出口福费廷外，还办理保险及担保、我国政府对外优惠贷款、进口买方信贷、转贷外国政府贷款等业务。

3．出口信贷的种类

（1）卖方信贷，指在大型机械装备与成套设备贸易中，为便于出口商以延期付款方式出卖设备，出口方银行向出口商提供的中长期信贷。卖方信贷可增加出口商的竞争力，但其是以商业信用为基础，出口商和出口方银行要承担较大的风险，且价格含贷款利息和费用，不利于谈判成交。

（2）买方信贷，指在大型机械装备或成套设备贸易中，为扩大本国设备的出口，由出口方银行直接向进口商或进口方银行提供的信贷融资。买方借贷包括出口方银行贷款给进口方或进口方银行两种情形。买方信贷能提供更多的融通资金，有利于进出口双方洽谈和组织业务，也有利于进出口双方银行拓宽与企业联系的渠道，扩大业务量，增加收入来源，减轻信贷风险。

（3）福费廷，指在延期付款的大型设备贸易中，出口商把经进口商承兑的远期汇票无追索权的售给出口方银行或大金融公司，从而提前取得现款的一种资金融通形式，是一种没有追索权的贴现业务。福费廷业务由福费廷公司承担主要风险，融资期限可长达10年，出口商可及时获得资金，手续较简便，但一般费用较高。

案例分析示例

纽约国际金融市场的学习

纽约是世界最重要的国际金融中心之一。第二次世界大战以后，纽约金融市场在国际金融领域中的地位进一步加强。美国凭借其在战争时期膨胀起来的强大经济和金融实力，建立了以美元为中心的资本主义货币体系，使美元成为世界最主要的储备货币和国际清算货币。西方资本主义国家和发展中国家的外汇储备中大部分是美元资产，存放在美国，由纽约联邦储备银行代为保管。一些外国官方机构持有的部分黄金也存放在纽约联邦储备银行。纽约联邦储备银行作为贯彻执行美国货币政策及外汇政策的主要机构，

在金融市场的活动直接影响到市场利率和汇率的变化，对国际市场利率和汇率的变化有着重要影响。世界各地的美元买卖，包括欧洲美元、亚洲美元市场的交易，都必须在美国，特别是在纽约的商业银行账户上办理收付、清算和划拨，因此纽约成为世界美元交易的清算中心。此外，美国外汇管制较松，资金调动比较自由。在纽约，不仅有许多大银行，而且商业银行、储蓄银行、投资银行、证券交易所及保险公司等金融机构云集，许多外国银行也在纽约设有分支机构，1983年世界最大的100家银行在纽约设有分支机构的就有95家。这些都为纽约金融市场的进一步发展创造了条件，加强了它在国际金融领域中的地位。

纽约金融市场按交易对象划分，主要包括外汇市场、货币市场和资本市场。纽约外汇市场是美国、也是世界上最主要的外汇市场之一。纽约外汇市场并无固定的交易场所，所有的外汇交易都是通过电话、电报和电传等通信设备，在纽约的商业银行与外汇市场经纪人之间进行。这种联络组成了纽约银行间的外汇市场。此外，各大商业银行都有自己的通信系统，与该行在世界各地的分行外汇部门保持联系，构成了世界性的外汇市场。由于世界各地时差关系，各外汇市场开市时间不同，纽约大银行与世界各地外汇市场可以昼夜24小时保持联系。因此它在国际间的套汇活动几乎可以立即完成。

纽约货币市场即纽约短期资金的借贷市场，是资本主义世界主要货币市场中交易量最大的一个。除纽约市金融机构、工商业和私人在这里进行交易外，每天还有大量短期资金从美国和世界各地涌入、流出。和外汇市场一样，纽约货币市场也没有一个固定的场所，交易是供求双方直接或通过经纪人进行的。在纽约货币市场的交易，按交易对象可分为：联邦基金

市场、政府库券市场、银行可转让定期存单市场、银行承兑汇票市场和商业票据市场等。

纽约资本市场是世界最大的经营中、长期借贷资金的资本市场，可分为债券市场和股票市场。纽约债券市场交易的主要对象是：政府债券、公司债券、外国债券。纽约股票市场是纽约资本市场的一个组成部分。在美国，有 10 多家证券交易所按证券交易法注册，被列为全国性的交易所。其中纽约证券交易所、NASDAQ 和美国证券交易所最大，它们都设在纽约。

问题：对比纽约金融市场，上海在建立国际金融中心的过程中还有哪些方面需要提高？

分析：上海在建立国际金融中心的过程中具体可以在以下五个方面加以提高：

第一，大力提高金融市场证券化程度。虽然我国 10 多年来金融市场的飞速发展使得金融市场证券化程度大大提高，但和国外相比我国的金融市场资产证券化比重仍然很低。当前，应将信贷资产证券化、融资性票据及企业债券市场的试点作为金融市场资产证券化的突破口，利用上海现有的市场体系，形成一个全国统一的、多层次、面向所有金融机构和非金融机构，涵盖全社会投资者的市场。

第二，大力推进金融市场产品高级化的进程。金融市场竞争的核心是产品的竞争，伴随着新的金融产品出现，金融市场将会不断得到发展。随着我国金融行业经营程度提高，市场和客户对产品的需求特点较以往有了显著的转变，必须致力于发展技术含量高的复合型金融产品，并从多方面促使上海从大宗产品定价、保值中心向金融衍生产品中心过渡，使其尽早建成以金融衍生产品交易为主的综合性金融市场。

第三，加快金融市场一体化的步伐。金融市场的一体化是指监管原则的统一性、市场发展的均衡性及资金流动的无障碍性，市场效率提高的同时，市场功能能得以充分发挥。随着金融创新与新型金融产品的出现，模糊了金融分业的概念，资金的横向流动不断打破分割的金融市场，各个市场及市场管制者之间的相互依赖性增强，各金融市场业务与监管政策倾向趋于一体化，其结果是金融市场的协调发展，所以，逐步加强金融市场一体化就变得越来越重要。

第四，大力推动金融市场国际化。随着 2006 年我国金融业的全面对外开放，上海金融市场将在更大程度上融入国际金融市场体系，上海金融市场应通过引入各种有效的渐进式金融市场开放工具逐步实现金融市场的国际化。

最后，应该完善金融市场法制建设。法律体系的效率和金融规范管理是发达金融市场最重要的条件之一。上海作为一个发展中的国际金融中心，其金融市场的发展对立法的需求也先于全国其他地区。考虑到我国立法周期性较长，建议国家就上海金融中心进行单行的、阶段性专门立法，授权上海市人大或市政府对金融创新制定地方性规范，在法定权限内加强金融相关配套的地方立法，扩大国家驻上海金融管理部门的授权。

本章小结

1. 国际金融市场是指从事各种国际金融业务活动的场所。按照有无固定交易场所国际金融市场分为有形市场和无形市场；按照市场性质的不同分为传统的国际金融市场和新兴的离岸国际金融市场；按照融资渠道的不同分为国际信贷市场和国际证券市场；按照市场的功能不同划分为国际货币市场、国际资本市场、国际外汇市场、国际黄金市场以及金融衍生工具市场。

2. 国际融资是指通过国际金融市场来筹集国内经济主体发展所需的资金。国际融资按照融资方式的不同分为国际证券融资、国际借贷融资、国际项目融资、国际租赁融资等方式，它们构成了国际金融市场的实物运作形式，在国际经济关系中占有重要的地位。

3. 本章重点是国际货币市场、国际资本市场和国际外汇市场，以及国际贸易融资、国际项目融资、国际股票、国际租赁等融资方式的认识和理解；本章难点是如何利用各种国际融资方式进行融资。

课后阅读

中国公司在美国 IPO 上市方式的介绍

普通股首次公开发行（IPO），是指企业通过证券交易所首次公开向投资者增发股票，以期募集用于企业发展资金的过程。适合于根基稳固、资金雄厚和知名度高的公司。国内采用该方式上市的主要有华晨汽车、玉柴机械、UT 斯达康、亚信、新浪等。

中国企业的股票在美国股票市场公开发售，可选择以下股票交易所：美国股票交易所（AMEX）、纳斯达克证券交易所（NASDAQ）、纽约股票交易所（NYSE），美国场外电子柜台交易市场（OTCBB）或其他地区性的股票交易所（如波士顿、辛辛那提等股票交易所）。

2005 年中国企业到美国进行首次公开招股的数量为 8 家，筹资 11.4 亿美元。2006 年为 7 家，2007 年前 5 个月达到 10 家。

1. 条件和要求

美国证券法要求采用该方式的境外公司在美国进行注册，境外公司要按照相关要求向美国证券委员会（SEC）和投资人披露有关信息，如下表所示。

非美国企业在美国三大证券交易所原始股首发的上市标准要求表

	纳斯达克小型资本市场	纳斯达克全国资本市场	美国证券交易所	纽约证券交易所
股票面价值	500 万美元	1500 万美元	400 万美元	1 亿美元
或市值	5000 万美元	无要求		
或净收入	75 万美元（最近 3 年中的 2 年）	无要求		
税前收入		100 万美元	75 万美元	1 亿美元(最近 2 年内每年都不少于 2500 万美元
股本			400 万美元	
公众流通股数	100 万	110 万	100 万或 50 万	250 万
流通股市值	500 万美元	800 万美元	300 万美元	1 亿美元
买方最小报价	4 美元	5 美元	3 美元	无要求
做市商数量	3	3	3	无要求
公众持股人数	300 个	400 个	400 个或 800 个	5000 个
经营年限	1 年或市值 5000 万美元	无要求	无要求	无要求
公司治理	有要求	有要求	有要求	有要求

2. 步骤

首先，中国企业赴美上市需要得到中国证监会的批准，申请文件里应该包括企业所在省或所属主管部委的同意书或推荐信。中国证监会规定，中国公司申请海外上市必须符合如下条件：净资产不少于 4 亿元人民币，过去一年税后利润不少于 6000 万元人民币，并有增长潜力，按合理预期市盈率计算，融资额不少于 5000 万美元。公司内部管理完善，组织结构规范，有可靠的外汇来源来支付股息和红利。

主要工作步骤为：第一步，企业应召开董事局会议或股东大会，提交首次上市的建议。第二步，组建一个承销团。在该承销团中应该包括一家律师事务所，一家会计师事务所和一家投资银行，中国企业还可考虑再聘请一个中立的金融顾问或顾问公司。第三步，编制公开说明书。该说明书包括“非财报部分”和“财报部分”。国外律师负责“非财报部分”的撰写，内容包括营运面、财务面、公司面临的风险、发行条件及相关国内外法令等。第四步，拟订其他文件及协议。第五步，回复美国证监会的问题并修改公

开说明书，送交美国证监会再次复核。这种送件和复核的过程要经过好几次，直至美国证监会出示无意见信，整个复核过程可长达数月之久。第六步，巡回路演和正式挂牌。在证券承销团，尤其是投资银行的协助下，企业开始进行巡回路演推介说明。在美国各大城市对潜在投资者进行展示和宣传。完成路演说明会后，接获美国证监会的核准通知，即可开始进行股票的最后定价。

挂牌日当天，所有法律文件将签署完成，公司发行股票，收齐股款，并公告上市事项。至此，上市过程终告完成。

从中国企业召开股东大会正式做出上市决定开始，到该企业股票正式在美国证券市场挂牌交易，整个上市过程大致需要 6 个月到两年时间。

3. 费用

（1）直接费用，包括律师、审计、印刷、证监会登记、各州蓝天法登记、股票交易所申请、股票交易所挂牌、股票记录与转换等费用，大约 100 万～200 万美元。

（2）隐藏费用，包括顾问质询费、路演、交通费、社交费、邮资电话和传真费、定期向美国证券管理委员会申报和披露等，大约 40 万～80 万美元。

（3）投资银行承销费用。承销团的先期费用大约在 10 万～100 万美元范围。

中国企业到美国上市的全部费用大约要占整个募集资金总额的 7%～14%。投资银行的承销费用占 5%～6%。律师和法律顾问费大约 1%。会计和审计费用大约 1%。

课后练习

技能训练

1. 判断题

（1）狭义的国际外汇市场仅指银行间的外汇买卖。　　（　　）

（2）国际外汇市场最原始的功能是实现清偿的功能。（　　）

（3）国际融资按照融资期限长短的不同分为国际证券融资、国际借贷融资、国际项目融资、国际租赁融资等方式。（　　）

（4）国际债券的发行价格可分为平价发行、折价发行和溢价发行三种。（　　）

（5）票据发行便利是以短期市场利率取得中长期资金的筹资方式，降低了筹资成本。（　　）

（6）国际银行贷款不限定用途，贷款金额较大，期限较长，不附带任何条件，但利率较高。（　　）

（7）出口信贷的贷款利率较低，但有指定用途。（　　）

（8）国际融资面临的风险一般比国内融资手段面临的风险大。（　　）

（9）项目融资与传统的企业长期融资是基本相同的。（　　）

2．业务题

2013 年 5 月 1 日，S 公司获得一笔欧洲货币银行贷款，期限一年，利率为 LIBOR＋1.2%，半年浮动一次。在 2013 年 5 月 1 日，LIBOR 为 7.25%，2008 年 11 月 1 日，LIBOR 为 6.25%。计算，该公司在 2013 年 5 月 1 日到 10 月 31 日期间支付的利率是多少？该公司在 11 月 1 日到 2014 年 4 月 30 日期间支付的利率是多少？在该笔贷款中谁承担了利率变动的风险？

复习思考

1．名词解释

国际金融市场　　国际外汇市场　　国际融资　　国际项目融资
国际租赁　　出口信贷

2．单项选择题

（1）国际货币市场是资金融通业务和借贷期限在（　　）年。
A．1 年　　B．2 年　　C．5 年　　D．10 年

（2）“N 股”是指中国大陆公司在（　　）上市的股票。
A．香港　　B．美国　　C．新加坡　　D．欧洲

（3）国际金融市场的基准利率是指（　　）。
A．上海银行同业拆借利率　　B．纽约银行同业拆借利率
C．伦敦银行同业拆借利率　　D．新加坡银行同业拆借利率

（4）目前全球最大的黄金期货交易市场是（　　）。
A．香港黄金市场　　B．伦敦黄金市场
C．苏黎世黄金市场　　D．纽约黄金市场

（5）当前国际金融市场最主要的计价货币是（　　）。
A．美元　　B．欧元　　C．日元　　D．人民币

3. 多项选择题

（1）国际货币市场包括（　　）。

A. 短期信贷市场　　B. 短期证券市场

C. 票据贴现市场　　D. 国际债券市场

（2）出口信贷包括（　　）。

A. 买方信贷　　B. 卖方信贷　　C. 福费廷　　D. 项目融资

（3）国际融资租赁的特点有（　　）。

A. 全额清偿

B. 租赁期较长

C. 在合同有效期双方均无权撤销合同

D. 设备的维修保养、保险及过时风险等均由承租人负担

（4）国际中长期信贷市场的特点是（　　）。

A. 资金来源广泛　　B. 有较强的选择性和灵活性

C. 以固定利率为主　　D. 汇率风险大

（5）国际货币基金组织提供的贷款有（　　）。

A. 开发贷款　　B. 专门贷款　　C. 临时贷款　　D. 普通贷款

4. 简答题

（1）简述国际金融市场的功能有哪些。

（2）比较国际股票融资和债券融资的异同。

（3）简述国际项目融资的优缺点。

（4）简述国际租赁市场的特点。

（5）简述出口信贷的种类和特点。

第 7 章

国际资本流动与国际债务

学习目标

1. 知识目标

（1）了解国际资本流动的含义、分类；
（2）理解国际资本流动的根本原因与具体影响因素；
（3）掌握国际债务结构管理的含义及相关影响因素；
（4）掌握金融危机的概念及金融危机的成因。

2. 技能目标

（1）具备分析国际债务问题的形成原因并提出解决方法的能力；
（2）具备分析具体国际危机的形成原因并提出应对措施的能力。

章前引例

2009 年 10 月初，希腊政府突然宣布，2009 年政府财政赤字和公共债务占国内生产总值的比例预计将分别达到 12.7%和 113%，远超欧盟《稳定与增长公约》规定的 3%和 60% 的上限。鉴于希腊政府财政状况显著恶化，全球三大信用评级机构惠誉、标准普尔和穆迪相继调低希腊主权信用评级，希腊债务危机正式拉开序幕。欧盟开始积极应对希腊债务危机。2009 年 12 月 11 日，欧元区成员国财长同意拿出 300 亿欧元用于必要时救助希腊，暂时解决了希腊眼前的困难。希腊 2010 年 4 月 23 日正式向 IMF 要求援助，希腊、欧盟和 IMF 的谈判在希腊进行，希腊需要在 2010 年 5 月 19 日前获得援助。德国总理默克尔周一表示，当希腊满足相关条件时，德国将启动援助程序，希腊需要采取进一步的节支措施，必须证明其能够回归可持续的经济成长，德国要求希腊先拿出可持续的计划再提供援助，举止适当。2012 年 2 月 21 日，欧元区财长会议批准对希腊的第二轮救助计划，总额为 1300 亿欧元。由此，希腊将能够偿还 3 月份到期的 145 亿欧元国债，从而避免了无序违约。

（资料来源：http://www.baidu.com）

思考下列问题：
1. 什么是国际债务？
2. 什么是金融危机？
3. 危机爆发后应该怎样解决？

7.1 国际资本流动

7.1.1 国际资本流动的含义

国际资本流动（International Capital Movements）是指资本在国际间的转移，一个国家（或地区）的政府、企业或个人与另外一个国家（或地区）的政府、企业或个人之间，以及国际金融组织之间资本的流入和流出。它包括资本流出和资本流入两个方面。资本流出是指本国资本流向外国，它意味着外国在本国的资产减少、外国对本国的负债增加、本国对外国的负债减少、本国在外国的资产增加。资本流入是指外国资本流入本国，它意味着外国对本国的负债减少、本国对外国的负债增加、外国在本国的资产增加和本国在外国的资产减少。

对一个国家或地区来讲，总存在资本流出入，只不过是流出入的比例不同而已。一般来说发达国家是主要资本流出国，发展中国家是主要资本流入国。在当今世界，国际资本又倾向于在发达国家之间对流。

7.1.2 国际资本流动的分类

国际资本流动根据资本的使用期限的长短可分为短期资本流动和长期资本流动。

1. 短期资本流动

短期资本流动，是指期限为一年及以内或即期支付资本的流入与流出。这种国际资本流动，一般都借助于有关信用工具，并通过电话、电报、传真等通信方式来进行。短期国际资本流动主要表现为以下几种形式：

（1）贸易资本流动。

这是指由国际贸易引起的货币资金在国际间的融通和结算，是最为传统的国际资本流动形式。国际贸易活动的进行必然伴随着国际结算，引起资本从一国或地区流向另一国或地区。各国出口贸易资金的结算，导致出口国或代收国的资本流入；各国进口贸易资金的结算，则导致进口国或代付国的资本流出。随着经济开放程度的提高和国际经济活动的多样化，贸易资本在国际流动资本中的比重已经大为降低。一般来说，这种资本流动，是资本从商品进口国向商品出口国转移，具有不可逆转的特点。

（2）银行资本流动。

这是指各国外汇专业银行之间由于调拨资金而引起的资本国际转移。

各国外汇专业银行在经营外汇业务过程中，由于外汇业务或谋取利润的需要，经常不断地进行套汇、套利、掉期、外汇头寸的抛补和调拨、短期外汇资金的拆进拆出、国际间银行同业往来的收付和结算等。

（3）保值性资本流动。

这是指短期资本持有者，为了避免或防止手持资本的损失而把资本在国际间进行转移。这种资本的流动，亦称资本逃避（Capital Flight），这种资本流动的动机是为了资本的安全性和盈利性。引起资本流动的原因是国内政局动荡、经济状况恶化、国际收支失衡以及严格的外汇管制等。因此当发生以上情况各国金融资产拥有者，为了保持其资产不受损失，就会千方百计兑换外汇，以期保值，或者抽资外存等，因此就会引起大量国际短期资本的迅速流动。

（4）投机性资本流动。

这是指投机者为了赚取投机利润，利用国际市场上汇率、利率及黄金、证券等价格波动，通过低进高出或通过买空卖空等方式而引起的资本在国际间的转移。

短期国际资本流动，是国际资本流动中数量巨大、形式复杂的一种，它具有复杂性、政策性、投机性和市场性四个特点。

2．长期国际资本流动

相对而言，长期国际资本流动是指期限在一年以上的资本的流入与流出，它是国际资本流动的重要方式。引起长期国际资本流动的根本原因是世界生产力的发展与国际分工的不断深化。

长期国际资本流动主要有以下几个形式：

（1）国际直接投资，它是指一个国家的企业或个人对另一国企业部门进行的投资。

直接投资可以取得某一企业的全部或部分管理和控制权，或直接投资新建企业。

国际直接投资的形式多种多样，直接投资的方式，一是在东道国建立三资企业；二是收购东道国已存在的企业；三是以投资所得利润对原企业或其他企业进行再投资。

小资料

2013 年，全球外国直接投资增长 11%，至大约 1.46 万亿美元，基本回升到国际金融危机爆发前的水平。从 2005 年至 2007 年，全球年均外国直接投资为 1.494 万亿美元。其中，流入发展中国家的外国直接投资增长 6%至 7590 亿美元，再创历史新高，其在全球外国直接投资总量中的占比达到 52%。中国吸引的外国直接投资从 2012 年的 1200 亿美元增长到 2013 年的 1270 亿美元，在全球最大外国直接投资流入国中继续排在第二位，但与第一位的差距进一步缩小到 320 亿美元；而流入发达国家的外国直接投资增长了 12%，从 2012 年的 5489 亿美元增加到 2013 年的 5760 亿美元，但其在全球外国直接投资总量中的占比仅为 39%，连续第二年维持在历史最低水平。具体来看，美国吸引的外国直接投资仍在继续下降，2013 年为 1590 亿美元，但美国仍为全球最大外国直接投资流入国。欧盟国家吸引的外国直接投资从 2012 年的 2070 亿美元上升到 2013 年的 2860 亿美元，而其中大部分又都流入到几个相对较小的国家——比利时、爱尔兰、荷兰和卢森堡，因为这些国家的税收政策有着较强的吸引力。此外，日本吸引的外国直接投资猛增 61%，至 28 亿美元；流入转型经济体的外国直接投资猛增 45%，达到 1260 亿美元，为历史最高水平，其在全球外国直接投资总量中的占比达到 9%。俄罗斯吸引的外国直接投资猛增 83%至 940 亿美元，使其有史以来首次跻身全球最大外国直接投资流入国前三位。2008 年全球外国直接投资（FDI）规模大幅下降。根据联合国贸易和发展会议（UNCTAD）估计，2008 年全球 FDI 总流入量为 1.45 万亿美元，较上年下降 21.2%。在全球经济面临衰退的情况下，跨国企业压缩生产、裁减员工、削减资本支出，导致了 FDI 流入量的下降。不同国家和地区的 FDI 流入量受危机影响程度有所不同，其中，发达国家 FDI 流入量下降幅度较大，发展中国家 FDI 流入量仍有小幅增长。根据 UNCTAD 估计，2008 年发达国家 FDI 流入量为 8401 亿美元，下降 32.7%；而发展中国家 FDI 流入量为 5177 亿美元，增长 3.6%，与上年 20%以上的增速相比有较大下降。

（资料来源：http://finance.chinanews.comhttp://www.pbc.gov.cn。）

（2）国际证券投资也称为间接投资，是指通过在国际债券市场上购买外国政府、银行或工商企业发行的中长期债券，或在国际股票市场上购买外国公司股票而进行的对外投资。对于一个国家来说，在国际证券市场上买进有关证券，就称投资，它意味着国际资本流出；反之，在国际证券市场卖出有关证券，就称筹资，它意味着国际资本流入。

证券投资形式很多，主要包括股票投资和债券投资。债券投资者所投资的债券，按发行者不同可分为政府债券、公司债券，按发行市场地点和面值货币不同又可分为外国债券和欧洲债券。而国际股票投资主要有直接在海外上市的股票、存托凭证、欧洲股权三种。

总之，国际证券投资与国际直接投资各有优缺点，在实际运用中互相弥补彼此的不足，刺激国际资本的流动，推动有关国家经济的发展。

小资料

2012 年，全球股票市场运行表现为上半年上涨、年中下跌和下半年再次上涨的“N 型”轨迹。2011 年欧债危机暂时缓解，推动全球股市于 2012 年年初上涨；对希腊与西班牙的担忧令全球股市在6月前后触及年内低点；欧洲央行的OMT计划缓解了市场焦虑，带动股市上涨。随着全球宽松货币政策效果逐步显现，各国股市从 7 月份开始再次先后步入上升轨道，多数市场指数屡创本轮危机以来的新高，并将该趋势延续到 2013 年前期。

2012 年，全球债券市场成为危机中主要的避险工具。除了欧洲危机国家长期债券的收益率一度飙升之外，主要国家的债券收益率全年均有所下跌。被市场人士认为具有中期避险作用的美国、德国、英国和日本的国债，10 年期收益率在年中危机最严重时分别创下 1.49%、1.28%、1.54%和 0.74%的低点。欧洲的长期债券市场却出现了分化，其中主要危机国家如希腊、西班牙和意大利 10 年期国债收益率 6 月前后达到最高点，分别接近 40%、6.5%和 7.5%。下半年，国际长期债券市场分化局面有所缓和，主要危机国家 10 年期国债的收益率也有所下降。

（资料来源：http://www.pbC.gov.cn。）

（3）国际贷款是指各国政府、国际金融机构和国际银行等单方面或相互间提供的中长期贷款。

国际贷款的主要特点是：单纯的借贷货币资本在国际间的转移，不像直接投资那样，涉及在他国设立企业实体或收购企业股权，也不像证券投资那样，涉及证券的发行与买卖。国际贷款的收益以利息及有关费用来体现，贷款风险主要由借款者承担。国际贷款的形式主要包括政府贷款、国际金融机构贷款、国际银行贷款等。

（4）国际援助。国际援助是指有关国家经济组织对发展中国家的赠与和提供的优惠贷款。它实际上是长期资本流动的一个组成部分，其形式包括：官方开发援助、其他官方资金和民间资金。

7.1.3 国际资本流动的根本原因

国际资本流动的原因很复杂，其原动力来自于等量资本要求获得等量利润，并进一步要求在风险最低的前提下获得尽可能多的超额利润，这就是资本必须在国际间流动以求获益的根本原因。当然资本能否在国际间自由流动，还取决于外界环境是否宽松。当前国际资本流动之所以能够迅速发展，主要有以下原因：国际资本流动的形成，是一种供给与需求关系产生的结果。正因为存在这样的一种供求关系，才从根本上导致了国际资本流动。

1. 资本供求

从国际资本的供给方面看，发达国家的经济发展水平高，资本积累的规模越来越大，但其国内经济增长缓慢，各种经济矛盾不断激化，国内投资场所日益萎缩，投资收益逐渐下降，因而出现了大量相对过剩的资本。在这种情况下，过剩的资本就会流向海外投资环境较好的国家，特别是劳动力充裕，自然资源丰富的发展中国家，以谋取高额利润。

从国际资本需求方面看，大多数发展中国家的经济落后，储蓄率低，金融市场又不成熟，其国内资金远不能满足经济发展的需要。为解决这一问题，它们不得不以积极的姿态和优惠的待遇引进外国资本，从而形成了对国际资本的巨大需求。资本的大量过剩和巨大需求，是影响国际资本流动的重要因素。

2. 利率与汇率

利率和汇率是密切相关的。例如，一国利率提高，会引起国际短期资本内流，增加外币的供给，从而使本币汇率上升；一国利率降低，则会引起该国短期资本外流，减少外币的供给，从而使本币汇率下降。一般说来，利率与汇率呈正相关，它们往往分别或共同促使资本在国际间流动。

3. 经济政策

一国政府为引导和协调国民经济发展所制定的经济政策对国际资本流动的影响也很大。例如，为克服国内资金短缺的困难，政府会制定出一系列优惠政策来吸引外国资本；当国际收支出现逆差时，政府会利用资本输入，暂时改善国际收支状况；为刺激国内经济发展，政府可能实行赤字预算和通货膨胀政策，而财政赤字和通货膨胀也会引起国际资本流动；调节国际资本流动的方向和规模，政府可采取或松或紧的外汇管制，并制定出国内外的投资政策和指南等。特别在世界经济不景气或国际经济关系不稳定时期，各国经济政策对国际资本流动产生的影响更为重要。

4．风险防范

在现实经济生活中，由于市场的缺陷和各种消极因素的存在，造成投资者经济损失的风险随时可能出现。这种风险，除表现为利率和汇率变化可能导致资本价值减少外，还大量地表现为政治局势不稳定、法律不健全、民族主义情绪高涨、战争爆发、通货膨胀加剧和经济状况恶化等。为规避风险，大量资本从高风险的国家和地区转向低风险的国家和地区。目前，发达国家之间的资本流动规模扩大，就是出于这方面的考虑。同时，从投资策略上看，降低风险可能造成的损失，不仅要求投资分散于国内不同的行业，而且要求投资分散于不同的国家。因为投资者可以利用行业和国家之间的差异以丰补欠，保证投资收益的稳定性，从而使公司面临的总体风险相对小些。

7.1.4 国际资本流动的作用

国际资本流动在资本输入国、资本输出国以及国际金融市场上都存在着广泛的影响。

1．国际资本流动对资本输出国的影响

（1）对资本输出国的积极影响。

① 可以提高资本的边际效益。资本输出国一般是资本较充裕或某些生产技术具有优势的国家。这些国家由于总投资额或在某项生产技术领域的投资额增多；其资本的边际效益就会递减，由此使新增加的投资的预期利润率降低。如果将这些预期利润率较低的投资额，转投入到资本较少或某项技术较落后的国家，便可提高资本使用的边际效益，增加投资的总收益，进而为资本输出国带来更可观的利润。

② 可以带动商品出口。资本输出会对输出国的商品出口起推动作用，从而增加出口贸易的利润收入，刺激国内的经济增长。如某些国家采用出口信贷方式，使对外贷款（即资本输出）与购买本国的成套设备或某些产品相联系，从而达到带动出口的目的。

③ 可以为剩余资本寻求出路，生息获利。国外投资利润率高于国内水平时，剩余资本可以找到更好的投资项目，去追求更大的利润空间。

④ 有利于提高国际地位。资本输出，一般来说意味着该国的物质基础较为雄厚，意味着该国更有能力加强同其他国家的政治与经济联系，从而有利于提高自己的国际声誉或地位。

（2）对资本输出国的消极影响。

① 必须承担资本输出的经济和政治风险。当今世界经济和世界市场错综复杂，资本输出一不小心，如投资方向错误，就会产生经济业务的风险。此外，还得承担投资的政治性风险。这体现在资本输入国发生政变成政治变革，就可能会实施不利于外国资本输出的法令，如没收投资资本，甚至拒绝偿还外债等。在国际债务历史上，曾经发生过有的国家因陷入债务危机而停止还债的现象。

② 会对输出国经济发展造成压力。在货币资本总额一定的条件下，资本输出会使本国的投资下降，从而减少国内的就业机会，降低国内的财政收入，加剧国内市场竞争，进而影响国内的政治稳定与经济发展。

2. 国际资本流动对资本输入国的影响

国际资本流动固然能够为世界各国和国际金融市场带来便利的和积极的影响，但是流动的过程中也伴随着一些负面作用，会产生种种风险，如果这些风险处理得不好，将会引起危害和损失。

（1）对资本输入国的积极影响。

① 可以弥补输入国资本不足。一个国家获得的间接投资，通过市场机制或其他手段会流向资金缺乏的部门和地区；一个国家获得直接投资，则在一定程度上会弥补国内某些产业的空心化现象。其结果，既解决了资金不足问题，也促进了经济的发展。

② 可以引进先进技术与设备，获得先进的管理经验。资本流动的很大一部分是直接投资。该投资的特点就是能给输入国直接带来技术、设备，甚至是销售市场。因此，只要输入得当，政策科学，资本输入无疑会提高本国的劳动生产率，增加经济效益，加速经济发展进程。

③ 可以增加就业机会，增加国家财政收入。资本输入的目的很大程度上是用来创建新企业或改造老企业，这对发达国家或发展中国家都是如此。这样，就有利于增加就业机会，有利于增加国民生产总值，进而有利于增加国家财政收入，提高国民的生活水平。

④ 可以改善国际收支。一方面，输入资本，建立外向型企业，实现进口替代与出口导向，就有利于扩大出口，增加外汇收入，进而起到改善国际收支的作用；另一方面，资本以存款形式进入，也可能形成一国国际收支的来源。

（2）对资本输出国的消极影响。

① 输入国若输入资本过多，超过本国承受能力，则可能会出现无法偿还债务的情况，导致债务危机的爆发。

② 可能使本国经济陷入被动境地。输入资本过多又管理不善并使本国经济不能获得长劲发展的话，输入国就会对外产生很强的依赖性。这样，一旦外国资本停止输出或抽走资本时，本国经济发展就会陷入被动的境地，甚至使本国的政治主权受到侵犯。

③ 加剧国内市场竞争。大量外国企业如果把产品就地销售，必然会使国内市场竞争加剧，从而使国内企业的发展受到影响。

3. 国际资本流动对国际金融市场的影响

（1）对国际金融市场的积极作用。

① 形成全球利润最大化。长期资本流动可以增加世界经济的总产值与总利润，并趋于最大化。因为，资本在国际间进行转移的一个原因，就是资本输出的盈利大于资本留守在国内投资的盈利，这意味着输出国因资本输出，在资本输入国创造的产值，会大于资本输出国因资本流出而减少的总产值。这样，资本流动必然增加世界的总产值和总利润，而且资本流动一般是遵循哪里利润率高往哪里流动的原则，最终会促使全球利润最大化。

② 加速世界经济的国际化。生产国际化、市场国际化和资本国际化，是世界经济国际化的主要标志。这三个国际化之间互相依存，互相促进，推动了整体经济的发展，内部条件不断充实，如全球金融市场的建立与完善，高科技的发明与运用，新金融主体的诞生与金融业务的创新，以及知识的累积、思维的变化等等，这些都使资本流动规模大增，流速加快，影响更广，而其所创造的雄厚的物质基础，又反过来推动生产国际化与市场国际化，使世界经

济在更广的空间、更高的水平上获得发展。

③ 加深了货币信用国际化。首先，加深了金融业的国际化。资本在国际间的转移，促使了金融业尤其银行业在世界范围内广泛建立，银行网络遍布全球，同时也促使了跨国银行的发展与国际金融中心的建立，这些都为国际金融市场增添了丰富的内容。目前，不少国家的金融业已成为离岸金融业或境外金融业而完全国际化。其次，促使以货币形式出现的资本遍布全球，如国际资本流动使以借贷形式和证券形式体现的国际资本大为发展，渗入到世界经济发展的各个角落。再次，国际资本流动主体的多元化，使多种货币共同构成国际支付手段。目前，几个长期资本比较充裕的国家，其货币都比较坚挺，持有这些货币，意味着更广泛地在世界范围内实现购买力在国际间的转移或可更有选择余地地拥有清偿国际间的债权债务的手段。可见，这些都在不同程度上加深了货币信用的国际化。

（2）对国际金融市场的消极影响。

① 国际资本流动中的外汇风险。

从微观上看，国际资本流动中的外汇风险，通过汇率的不正常波动，加大企业成本与收益核算的难度，从而影响企业的涉外业务；通过改变企业债权债务的外汇价值，加大企业的偿债负担，从而造成企业不能按时偿还到期债务的风险。通过上述两方面的影响，外汇风险可能最终影响到企业的经营战略。

从宏观上看，国际资本流动中的外汇风险可能会因改变贸易商品的国际价格而造成一国贸易条件的恶化。由于汇率的变化，外汇风险会造成一国旅游业的大幅波动，影响一国资本流动的状况，改变一国经常项目状况，影响一国货币当局外汇储备的结构和数量，从而影响一国的国际收支，最终对一国国民收入和国内就业及经济发展造成不良影响。

② 国际资本流动中的利率风险。

国际资本流动中，利率是国际货币使用权的价格。国际资本流动中的利率风险，总的来说就是由于国际金融市场的利率变动使借贷主体遭受损失的可能性。国际银行贷款和国际债务是涉及利率风险的国际资本流动的两种主要形式。

a．国际银行贷款。

在国际银行贷款中，对借方而言，若借方按照固定利率从国际商业银行借款或按照浮动利率从国际商业银行借款，在整个借款的有效期内，若国际市场利率下跌或上涨，借方支付的利息总额，就会高于按照贷款发放日利率水平所确定的利率所可能支付的利息额。这就是借方所面临的利率风险。

由于国际商业银行的资金往往来源于吸收存款或发放金融债券所获得的借款，在其借款和对外放款之间存在利率不匹配的问题。这种不匹配，表现在浮动利率与固定利率的不匹配，也表现在利率期限的不匹配。市场利率的变化，可能造成国际商业银行在支付借款利息和收取贷款利息两方面同时蒙受损失。因此，作为贷方的国际商业银行，其所面临的利率风险要比借方更为复杂。

b．国际债券。

对债券的发行方来说，面临着与国际银行借款方类似的风险。如果国际债券发行人以固定利率或以浮动利率发行国际债券，在其债权有效期内，若市场利率下降或上升，发行人将不能享受这种利率下降带来的好处或其支付额将大于按发行日市场利率以固定利率发行所可能发生的支付额。

对债券投资者来说，若投资者将债券持有到期，其面临的风险与发行人类似。但是，如果投资人在债券未到期时在市场上出售变现，如果是固定利率债券，那么在国际债券购买日到转让日的时间里，市场利率的上涨将会造成两个方面的损失：一是购买者将要蒙受在此期间内由于少收利息而带来的经济损失；另一方面由于市场利率上涨，国际债券的流通价格会下跌，低于债券的发行价格，投资者在变现时会遭受由于债券价格下跌而带来的损失；两种损失之和就是投资者所蒙受的利率风险。如果是浮动利率债券，在购买日到转让日之间，市场利率的下跌也会造成两方面的影响：一方面，购买者要蒙受在此期间少收利息的损失；另一方面，市场利率的下降会造成债券流通价格的上升，债券投资者在转让债券时会获得价格收益；两者之差就是投资者面临的利率风险。

7.2 国际债务

7.2.1 国际债务概述

1. 国际债务的概念

国际债务又称外债，国际货币基金组织和世界银行将国际债务定义为：一国居民对非居民承担的具有契约性偿还义务的全部债务，包括需要偿还的本金和利息，但不包括直接投资和企业资本。

根据上述定义，结合我国的实际，我国的国际债务（外债）主要是指中国境内的机关、团体、企业（包括外商投资企业）、事业单位，金融机构等向外国政府、国际金融机构、境外企业、个人或其他机构以及在我国境内的非居民借用而尚未偿还的、用外国货币体现的具有契约性偿还义务的全部债务。

2. 国际债务的特点

（1）国际债务必须发生在一国的居民与非居民之间。国际债务的借款人是一国的居民，包括一国境内的个人、企业、非营利性团体以及政府。而国际债务的债权人主要指外国政府、国际金融机构、境外企业、个人或其他机构以及在国境内的非居民。

（2）必须有债权、债务关系存在。国际债务的当事人之间是借贷关系，是以偿还为条件的资金借贷关系，不需还本付息的是赠款而不是债务。

（3）国际债务的债权、债务关系必须具有契约性。国际债务要求有借款人和贷款人签字的、书面的借款协议，口头承诺以及其他没有约束力的协议均不能包含在国际债务的范畴。

（4）国际债务是一个存量的概念，是指截止某一时点，已借用尚未偿还的债务。已借用而归还的国际债务不计算并在国际债务总额度内。

小资料

我国现行国际债务口径

我国的国际债务口径主要包括：

1. 双边政府贷款。
2. 国际金融组织贷款。
3. 境外银行和金融机构贷款。
4. 境外发行的债券。
5. 买方信贷。
6. 延期付款。
7. 国际金融租赁。
8. 补偿贸易中直接以现汇偿还部分。
9. 向外国企业或私人的借款及他们在我国境内的存款。
10. 其他，包括与外国银行间的同业拆放，已在境外注册的驻外机构调入境内并需境内机构实际偿还的借款；中方替外方担保，由中方实际履行偿还义务的债务等。

7.2.2　国际债务规模适度管理和监测指标

1. 国际债务规模的适度管理

对外举债一般基于两种目的：一是满足经济建设的资金需要。在经济开放条件下，一国经济建设的总投资应该源于国内和国外两个资金渠道，当国内积累不能满足其投资需要时，就有必要借用国外资金，来满足本国的经济增长的需要。二是弥补暂时的外汇不足。当一国出现国际收支不平衡，如出现经常项目逆差时，在不动用其储备的情况下，就可以利用外资来弥补，使其国际收支重新达到平衡。

一般说来，适度的国际债务规模可以加速一国的经济增长，而超出国力承受极限的国际债务则可能对一国的经济产生很大的压力，因为国际债务的还本付息可能会减少一国今后所能动用的资源，从而影响到经济的增长；而且国际债务增长过快也将影响到一国的进出口及国际收支的平衡；过度借债甚至还会导致债务危机，以及引发经济衰退或经济危机。因此，确定适度的国际债务规模是一国有效利用国际债务和管理国际债务的关键，也是难点。

实现国际债务的适度管理目标需要综合考虑如下因素：一是国内经济建设资金需要的缺口（受国民经济的增长速度、国内资金供给、物资、技术及人员的配套能力等因素的影响）；二是国际资本市场的资金可供量（受国际经济和金融环境的影响）；三是本国对国际债务的承受能力（受国际债务的投向、国际债务对出口创汇的提升效果等的影响）。

2. 适度的监测指标

国际债务适度的监测指标主要有：偿债率、负债率、债务率、短期债务比率和一些其他指标。

（1）偿债率。偿债率又称国际债务清偿比率，是指一国当年国际债务还本付息额占当年货物和服务贸易外汇收入的比率。用公式表示为：

偿债率＝（当年应偿还债务本金＋当年应付债务利息）/当年商品与劳务出口外汇收入这是衡量一个国家偿债能力的主要参考指标，其意义在于说明一国当年的出口外汇有多少被用于偿还国际债务本息。这一指标的数值越低，说明一国的偿债能力越强。国际公认的参考值应不高于 20%，如果超过这一指标，就有发生债务危机的可能性。

（2）负债率。负债率是指一国当年国际债务余额与当年该国国内生产总值的比率。

用公式表示为：负债率＝当年国际余额/当年国民生产总值

该比率用于衡量一个国家对外资的依赖程度，或一国总体的债务风险。负债率越高，债务国的经济负担就越重，偿债能力就越差。国际公认的参考数值应不高于 20%。

（3）债务率。债务率是指一国当年国际债务余额占当年货物和服务贸易外汇收入的比率。

用公式表示为：债务率=当年国际债务余额÷当年商品与劳务出口外汇收入

这是衡量一国负债能力和风险的主要参考指标，其意义在于说明，以债务国目前的外汇收入水平，需要多长时间才能偿清现存的总债务。这一指标的数值越高说明债务国的偿债能力越差。国际公认的参考数值应不高于 100%。

（4）短期债务比率。短期债务比率指短期国际债务在全部国际债务中的比重。用公式表示为：

短期债务比率＝一年内需要归还的国际债务余额÷国际债务总额

这一指标用来衡量一国在短期内的偿债压力，该指标值越大，短期内还债外汇就需要的越多，债务风险就越大。长短期外债结构逐渐优化（即该指标的降低），有利于借款国长期经济建设资金的稳定需要，有利于借款国在时间上根据国情对还债资金进行调剂，降低债务风险。

（5）其他指标。除以上常用的衡量一国偿债能力和债务负担的指标以外，还有其他一些指标可以作为参考，如债务和国内生产总值增减变化比率、国际储备对国民生产总值的比率、经常项目同国内生产总值的比率、平均进口倾向等。

我国近十年的债务指标如表 7.1 所示。

表 7.1　我国近十年的债务指标

年　份	偿　债　率（%）	负　债　率（%）	债　务　率（%）
2004	3.2	13.9	37.8
2005	3.1	12.6	33.6
2006	2.1	12.3	30.4
2007	2.0	11.5	27.8
2008	1.8	8.7	23.7
2009	2. 9	8. 6	32. 2
2010	1. 6	9. 3	29. 2
2011	1. 7	9. 5	33. 3
2012	1. 6	9. 0	32. 8
2013	1. 57	9. 40	35. 59
警戒线	≤25%	≤20%	≤100%

（资料来源：《中国统计年鉴》）

7.2.3　国际债务结构管理

1．利率结构

利率结构管理主要是指固定利率债务与浮动利率债务的合理搭配，同时债务管理者要善于运用各种国际金融工具，以减少在借债中的利率风险。

浮动利率贷款的风险一般来说比固定利率贷款风险大，可是中长期贷款的固定利率贷款一般只有双边政府贷款采用，其他贷款大都是浮动利率，因为浮动利率贷款剧增，偿债负担才大大加重。

为了避免和减少利率风险，国际上通常的做法有：

（1）通过对世界经济贸易、国际资本流动等的分析，预测金融市场的变化趋势，对利率变化做出种种假定，并计算出各种假定条件下的筹资成本。

（2）债务管理者有时可提高固定利率的债务比率。例如，官方出口信贷常常能代替商业贷款。新的金融手段，如偿还期灵活、分享股权的贷款，发展中国家都有可能取得。

2．币种结构

国际金融市场的汇率变化莫测，为了减小和避免对外借款由于汇率变化引起的损失，主要通货应有一定的比例，避免某一币种过于集中。也就是说，筹措的资金中，不仅以美元计价，也以欧元、英镑、瑞士法郎等货币计价。多币种可以起到互相抵消汇率变化的作用，对外借款的币种结构要和本国出口收汇的币种结构相一致，这是一条重要原则，此外，还要考虑国家外汇储备的币种结构。

3．期限结构

在贷款期限结构的管理上，要注意避免还款期出现高峰，力求对不同期限的贷款进行均衡安排。合理安排债务偿还期结构，要注意以下两个方面。

（1）贷款偿还期应尽可能地与贷款项目的投资回收期相结合。很多国家由于借款期限过短而遇到困难，如 20 世纪 50 年代末期和 20 世纪 60 年代初期，阿根廷、巴西、智利、加纳和印度尼西亚的债务清偿困难，主要原因是贷款的 5～7 年偿还期不能满足比投资方案长得多的建设期的需要。此外，还必须避免还本付息“挤在一起”，因为这样容易激化外债的问题。

（2）借债要长、中、短期结合，并保持一定比例，而且短期债务不能占太高的比重。近年来债务国的债务偿还期明显缩短，主要债务国中长期债务的平均偿还期明显缩短，这也是造成债务偿还困难的原因之一。短期债务的适当水平应保持在债务一般不超过三个月的进口额的水平，或全部债的 25%以内。短期国际债务，除用于贸易周转和少量生产经营流动资金外，不能用在长期的建设项目上，债务更不能将短期借款持续地转期。

4．来源结构

对外债务来源有两大类：一类是官方来源，即外国政府和国际金融组织的贷款；另一类是商业来源，即国际金融市场的商业贷款和发行国际债券。

一般来说，应当尽可能提高双边政府贷款和国际金融组织贷款的比重，降低商业贷款的比重，将短期债务控制在最低水平。

（1）要积极争取双边政府贷款和国际金融组织贷款。我们应争取多安排官方来源的贷款，因其赠与成分较高，而且偿还期限较长。但这种贷款都有限制条件，如政府贷款必须购买贷款商品等。

（2）加强商业贷款的管理。商业贷款比较灵活，借用方便，但利率高（多为浮动利率），偿还期短，受金融市场波动的影响大、贷款成本高、风险大，因此，使用商业贷款应特别慎重。

发行债券是国际金融市场上筹措中长期资金的重要手段。目前在国际金融市场上，发行债券已占中长期资金筹集总额的 60%以上。但是发债市场有限，并且要通过信誉评级，发行债券利率可以是浮动的，也可以是固定的，同样要承担汇率、利率风险。

5. 使用结构

国际债务管理能否进入良性循环，关键在于国际债务的使用是否产生效益。而效益的产生往往与国际债务投向结构有很大关系。国际债务的投向决定了国际债务的回收和偿还，关系到能否支持国民经济长期、稳定、协调发展，因此，国际债务的投向要与国民经济发展战略和产业政策相一致。

6. 债务人结构

由于经济中所有制结构的不同，各个借款人所承担的债务对国民经济构成的潜在压力不尽相同。过多的国际债务负担，意味着过大的偿债风险，一般来说，各国政府都力图避免国际债务负担全部集中在中央政府身上。

7.2.4 国际债务危机的形成原因

由于债务负担日趋加重，致使债务人无力偿付到期的债务本金和利息，这一现象就是所谓的债务危机。债务危机是由于许多因素共同作用的结果，一般将这些因素分为内因和外因。

1. 债务危机爆发的内因

（1）债务国宏观经济政策失误。例如，20 世纪 70 年代中期发生世界性经济衰退后，不少债务国都不顾国力，采取了长期扩张性财政和货币政策，导致消费急剧膨胀，国内储蓄减少，引起资本外逃，投资效率减低，国内经济发展缓慢，从而影响了国家还债能力。

（2）债务国缺乏有效的国际债务管理。发展中国家缺乏有效的国际债务管理，主要体现在：一是国际债务统计、监督制度不健全，债务结构不合理，以致出现债务短期化、偿债期过分集中，造成债务困难；二是国际债务的投向不合理，大量投向消费、军事设施及劳动生产率较低的基础设施，这不仅不能改善其产品的国际竞争力，也无助于增加外汇收入；三是贷款使用效率不高，不能有效地把贷款用到提高生产方面，借来的外资未能充分用于创汇，而且还降低了国内经济发展的速度，使偿债更加困难。

（3）债务国未能形成合理的国际债务结构。主要表现在：一是浮动利率贷款比重增大，20 世纪 80 年代初国际金融市场利率上升，造成债务国偿债负担加重；二是商业贷款比重增大，国际债务优惠成份减少，负担加重。

（4）各债务国利率水平低，使储蓄资金不能及时转化为生产力，造成对外资的依赖，同时也造成债务国大量资金外逃。

2．债务危机爆发的外部经济条件

（1）工业国家的经济衰退。工业国家经济衰退，使得国际市场商品价格长期下降，发达国家对发展中国家的进口需求缩减，致使发展中国家的出口迅速下降，从而不得不降低出口价格，导致发展中国家外汇收入缩减，贸易条件恶化，偿债能力逐步削弱。

（2）国际利率水平的上升。例如，1979—1982 年国际市场利率水平大幅度提高，大大加重了债务国的债务负担，直接影响到债务国的经济利益，使许多重债国陷入借新债还旧债的恶性循环之中。

（3）西方商业银行贷款政策的影响。20 世纪 70 年代中期，由于西方国家普遍陷入滞胀期，各国大量的剩余资金急于寻找出路，再加上石油价格暴涨给石油输出国带来巨额外汇盈余，这些石油收入存入西方商业银行，形成向发展中国家提供贷款的巨大财源。因此，西方一些商业银行为了盈利，不顾后果地向发展中国家提供贷款，使其债务猛增。如一旦国际经济环境有变，债务国的负担必然加重。紧随着 1980 年年初的第二次石油冲击，西方银行对发展中国家的贷款不断升级，对少数重债国的风险也增大到前所未有的程度。然而，在此期间，由于发展中国家未对全球性经济逆转采取相应的调整措施，它们的偿债能力受到怀疑，商业银行为了减少贷款风险，开始对发展中国家采取紧缩信贷政策，致使国际经济环境恶化。

（4）债务货币的升值。如 1981—1984 年美元大幅度升值，由于发展中国家大部分债务都以美元计算，这就更加重了他们的债务负担。

（5）国际间借贷结构的变化。一是西方国家对发展中国家的官方援助减少，有偿投资增加；二是以直接投资为主变为以贷款为主；三是由财政贷款为主转为以商业贷款为主。这种贷款结构的变化，加速了债务危机的爆发。

7.2.5　债务危机的解决方案

1．国际金融组织的救助措施

当发展中国家出现国际债务危机时，国际金融组织积极采取救助措施。20 世纪 80 年代，针对南美洲的债务危机，国际货币基金组织首先提供紧急贷款，进行紧急救援，此外，还提供中长期经济结构调整贷款。国际货币基金组织提供的贷款中，有些贷款条件非常宽，如石油贷款、出口波动补偿贷款等：有些贷款则以严格的经济调整为前提，条件非常苛刻。这些贷款对一国经济调整有一定的作用。其次，世界银行也通过快速拨付政策性贷款对债务沉重的中等收入国家给予资金支持。2010 年 4 月，针对希腊危机，国际货币基金组织宣布提供 150 亿欧元援助款项，而且正在考虑追加 100 亿欧元。

2. 国际社会的积极援助

为了解决 20 世纪 80 年代南美洲的债务危机，1985 年 10 月，在韩国汉城召开的国际货币基金组织和世界银行第 40 届年会上，美国财政部长詹姆斯·贝克提出了一项“美国关于发展中国家持续增长的计划”。这一计划旨在增加向主要债务国提供新资金，以支持它们的经济增长和提高其偿债能力，国际上称之为“贝克计划”，其主要内容是：主要债务国应采取宏观经济综合性和结构性调整政策，促进其经济增长，平衡国际收支，减少通货膨胀。

3. 债权国减免债务

1989 年 3 月，美国财政部长布雷迪公布了“布雷迪计划”，其中心内容是鼓励商业银行取消债务国部分债务，还要求国际金融机构继续向债务国提供新贷款，以促进债务国经济发展，提高还债能力。“布雷迪计划”把解决外债的重点放在债务本息的减免上，而不是放在借新债还旧债的方式上。

4. 债务国积极努力实施经济调整政策

解决债务危机的根本在于债务国调整本国的经济政策，这是一切救助措施发挥作用的基础。具体包括调整税收政策，增加财政收入；实施紧缩的财政政策，减少财政支出；经济结构合理化措施；积极推进经济自由化改革，加大部分行业市场开放度等。此外，还可以通过扩张性货币政策，如降息等，以及通过货币贬值，从而刺激出口，增加税收，减少赤字，提高偿还债务的能力。

7.3 国际金融危机

7.3.1 国际金融危机的概念和类型

1. 国际金融危机的概念

国际金融危机是指发生在一国的资本市场和银行体系等国内金融市场上的价格波动以及金融机构的经营困难或破产，而且这种危机通过各种渠道传递到其他国家从而引起国际范围的危机大爆发。其金融危机的特征是人们基于未来经济将更加悲观的预期，整个区域内货币值出现较大幅度的贬值，经济总量与经济规模出现较大的损失，经济增长受到打击。企业大量倒闭，失业率提高，社会普遍的经济萧条，甚至有些时候伴随着社会动乱或国家政治层面的动荡。

从世界经济的历史发展来看，金融危机所造成的危害是巨大的。严重破坏一国的银行信用体系、货币资本市场、对外经济贸易、国际收支平衡甚至整个国民经济，同时，通过各种渠道传到其他国家从而引起国际范围的危机。

2. 国际金融危机的类型

国际金融危机可以分为货币危机、债务危机、银行危机等几种类型。近年来的金融危机越来越表现为某种混合形式。

（1）货币危机。货币危机有狭义、广义之分，狭义的货币危机与特定的汇率制度（通常是固定汇率制）相对应，其含义是，实行固定汇率制的国家，在非常被动的情况下，对本国的汇率制度进行调整，转而实行浮动汇率制，而由市场决定的汇率水平远远高于原先所刻意维护的水平（即官方汇率），这种汇率变动的影响难以控制、难以容忍，这一现象就是货币危机；广义的货币危机指汇率的变动幅度超出了一国可承受的范围的这一现象。

（2）债务危机。债务危机是指在国际借贷领域中大量负债，超过了借款者自身的清偿能力，造成无力还债或必须延期还债的现象。债务国经济结构单一，财政赤字过大，抗干扰能力差，通胀率、失业率过高，社会投资过度盲目引发低级债务增加，而后泡沫破灭，引起债务危机。

（3）银行危机。银行危机是指银行过度涉足从事高风险行业（如房地产、股票），从而导致资产负债严重失衡，呆账负担过重而使资本运营呆滞而破产倒闭的危机。银行业是金融业的主体，在一国社会经济生活中具有非常重要的地位，也关系到广大民众。因此银行业危机的影响之大也非一般行业危机可比，它可能会波及一国的社会、经济、政治等方方面面。

知识链接

美国次贷危机

美国次贷危机（Subprime Crisis）又称次级房贷危机，也译为次债危机。它是指一场发生在美国，因次级抵押贷款机构破产、投资基金被迫关闭、股市剧烈震荡引起的金融风暴。美国“次贷危机”是从 2006 年春季开始逐步显现的，2007 年 8 月开始席卷美国、欧盟和日本等世界主要金融市场。次贷危机目前已经成为国际上的一个热点问题。

引起美国次级抵押贷款市场风暴的直接原因是美国的利率上升和住房市场持续降温。利息上升，导致还款压力增大，很多本来信用不好的用户感觉还款压力大，出现违约的可能，对银行贷款的收回造成影响的危机，对全世界很多国家包括中国也造成严重影响。

7.3.2 国际金融危机的原因

国际金融危机的发生已经有了相当长的历史，尤其到了 20 世纪 90 年代更是频繁出现，这其中的原因是多方面的，有国际货币制度的缺陷、国际资本流动、一国内在的缺陷以及国际传递机制等。

1. 国际货币制度的缺陷

（1）金本位制度的缺陷。世界经济的飞速增长，对货币需求量也在增加，而黄金的储量和产量有限，世界黄金产量不能满足经济和维持稳定汇率的需要，市场的自发调节机制难以发挥作用，纸币与黄金的自由兑换很难维持。

（2）布雷顿森林体系下的制度缺陷。布雷顿森林货币制度的核心是美元与黄金的固定比价，但是随着美国国际收支的持续逆差，美元的泛滥使人们对美元的信心开始动摇，对美元与黄金之间的兑换性产生了怀疑，于是就会抛售美元，抢购黄金和其他硬通货，美元危机不可避免。

（3）牙买加体系下的制度缺陷。在多元化国际储备格局下，缺乏统一的稳定的货币标准，可能造成国际金融的不稳定；国际收支调节机制并不健全，各种现有的调节方法都有各自的局限性，牙买加货币制度并没有消除全球性的国际收支失衡问题；主要工业国家普遍采取浮动汇率制，汇率大起大落，变动不定，汇率体系极不稳定。与布雷顿森林货币制度下汇率被限制在相对狭小的范围不同，牙买加货币制度下汇率有时会“过度波动”。近年来，随着国际资本流动的飞速发展，汇率剧烈变动现象更为普遍，很多情况下就直接演变成了金融危机，尤其是 20 世纪 90 年代以来成了金融危机的高发期，牙买加货币制度并没有像设想的那样朝着安全的方向发展。

2．国际资本流动对国际金融危机的影响

20 世纪 90 年代国际危机的关系，其运行特征的变化表现出与国际资本流动的密切关系，主要表现在如下方面。

（1）国际资本的大量涌入加剧了一国的经济失衡。20 世纪 90 年代的多次金融危机大部分发生在新兴市场国家，在爆发前这些国家都出现了巨额外债的流入。这些新兴市场国家容量过小，国内工业体系还不够完善，而国际资本流入的规模却过大。巨额外资大量流向房地产等非生产和贸易部门，导致房地产价格的迅速攀高，形成经济泡沫，实体经济受到侵蚀；新兴市场国家的金融业因国际金融市场有利的融资条件和大量国际资本的涌入，也过度投入到畸形繁荣的证券市场和房地产市场，出现贷款质量不高、坏账居高不下现象。若有突发性事件的发生，金融领域出现的问题将打击市场信心，加速外资抽逃，为金融危机的发生埋下了伏笔。

（2）资本大量抽逃会破坏一国金融市场的平衡。随着国际资本的流动性的提高，国际资本的流入、流出变得非常方便。对长期严重依赖于外资支持的国家来说，外资流入减少甚至净流出的突然发生，会使实体经济受到重创；而且大量国际资本的流出还会破坏国内金融市场资金供求的平衡，打击了市场信心，导致资金紧张，利率攀升；此外，由于一些新兴市场国家的外债管理松弛，外债水平过高，短期外债比重太大，外债与国内投资期限结构“错配”等，若内部基本经济因素出现恶化，外来冲击加剧，外汇市场供求的平衡必然被打破，就会引起货币的突然贬值，出现货币危机；金融市场供求环境的恶化及汇率、利率的剧烈变动，必然导致新兴市场国家金融机构资产质量恶化，流动性降低，加剧其经营的困难，甚至陷入危机。

（3）国际投机资本的冲击是金融危机爆发的导火线。国际投机资本也称“热钱”或“国际游资”，它没有固定的、长期的投资领域，而以追逐短期高额利润为目的，在各个市场间迅速流动。据国际货币基金组织估计，目前活跃在全球金融市场上的这类资金在 72000 亿美元以上。国际投机资本最大的破坏作用之一就是，通过对一国货币制度的冲击来获取高额利润，表现为国际金融市场上投机力量与被冲击国的中央银行围绕一个相对固定的汇率水平或一个确定的汇率波动幅度，进行冲击与反冲击的争夺。如果冲击成功，汇率的固定水平或固定波动幅度就不得不放弃，通常会引起货币信心及整体经济的巨大震荡。例如，1997 年的亚洲金融危机起源于泰铢在投机资本冲击下的大幅度贬值，国际投机资本对新兴市场的冲击成为引发金融危机的导火索。

显然，资本流动的全球化在为世界经济和贸易发展带来前所未有的发展机遇的同时，也带来了全球化的风险，不仅诱发了金融危机的产生，还加剧了金融危机在世界范围的快速传递。为此，必须对于国际资本流动进行适当的管制和引导，以有效地防范金融危机，降低金融风险。

3．一国经济政策和经济模式的失误

导致金融危机的爆发除外部因素以外，还有一国内部政策问题或经济问题的诱因，即内部缺陷。

（1）宏观经济政策上的失误。一些国家经济发展的很多方面是依托政策政策的引导和行政干预实现的，这样不可避免会有很多经济政策失误和权利腐败，进而侵蚀一国经济机体。

（2）经济模式的局限性。一些成功的经济模式，一开始可能带来经济增长，但随着经济情况的不断变化，经济模式并没有随之变化，也会给一些国家带来严重的问题。近年来，美国储蓄率持续下降，长期的低储蓄高消费经济模式造成的“双赤字”，增加了美国经济金融体系的危弱性，特别是经常账户大幅逆差的可持续性越来越令人担忧。美国经济的正常运转，完全依赖发达的金融市场为其“双赤字”融资。一旦金融危机导致的信心丧失引发信贷紧缩，金融市场的流动性会骤然下降，并造成一些领域资金链的断裂，由此引发危机的大面积扩散，金融体系、实体经济均会受到损害。美国“债务型”经济运行模式，是引发危机的经济根源。

（3）汇率政策失误。一些国家在汇率选择上主要是与美元挂钩的盯住汇率制和联系汇率制。20 世纪 90 年代以来美元对其他主要货币的汇率大幅升值的情况下，引起了亚洲各国货币的相应升值趋势，货币被人为地高估了，从而导致该地区的商品出口竞争力下降。为了维护固定汇率制，各国的中央银行必须大量抛售外汇储备，减少外汇储备，这样就给国际投机者提供了投机缺口。

4．金融危机的国际传递机制

国际金融危机传递是指引起各国汇率剧烈波动和金融市场秩序混乱的国际资本流动，它不仅由一国的金融危机影响到另一国，而且也造成各国和地区之间的连锁反应，即“危机传染”。其传染的渠道主要有以下几方面。

（1）贸易渠道传染。一国货币对外贬值后，该国出口商品的竞争力增大，国际市场上的竞争对手就处于相对不利的地位。他们为改善自身处境，就会使本国货币贬值，掀起竞争性贬值浪潮。

（2）恐慌性传染。一旦看到某国发生货币危机，管理共同基金、对冲基金、养老基金和保险公司等机构财产的基金经理人，马上会联想到宏观经济状况类似的其他国家很可能会有相同的前景，于是纷纷从这些国家撤出资金，导致资本恐慌性外逃。

（3）补偿性传染。一些机构投资者和国际公司在一国的货币危机中遭受损失后，为弥补这种损失或提高其资产的流动性，会从其他国家的金融市场上抽出资金，抛售当地货币，以

换取高流动性的国际货币，结果导致更多的货币市场出现动荡。

（4）偶发性传染。偶发性传染与经济基本面无关，仅仅是投资者或金融市场其他参与者行为（特别是非理性行为）的结果，因而又有“真正的传染”“纯粹的传染”之称，这些传染机制往往是建立在贸易联系和“中心”国家对“边缘”国家投资的基础之上，是来自发达国家的机构投资者纷纷弃新兴市场资产而追逐本国优质资产所致。但就美国次贷危机对中国的影响而言，中外贸易联系与外国对华投资机制的作用可能并不十分关键，反而是中国对外投资和中国企业海外上市可能成为最主要的危机传染途径。

知识链接

东南亚金融危机的成因分析

东南亚金融危机的成因，归纳起来主要有两方面：一是房地产业的长期过度发展、外汇储备不足、筹措使用外债外资不当、产业结构调整不及时、对外开放金融市场但监管不力、汇率制度僵化等内因，二是以索罗斯为代表的国际投机性游资的兴风作浪等外因。深层次的原因有五点：一、政府过度干预经济的“国家资本主义”式的体制必将导致经济过热等重重隐患，由此埋下危机的种子；二、推行出口导向型经济发展战略时出现急功近利思想，此外还导致国内经济过分依赖出口；三、亚洲国家和地区竞相放宽争夺外资的政策，在这一竞争中盲目地取消吸引外资的限制；四、亚洲地区产业结构趋同化严重，造成出口形势恶化，国际收支经常项目赤字不断出现，同时造成该地区汇率波动的联动效应的出现；五、僵硬的汇率制度所导致的双重效应，也是造成东南亚国家货币大幅贬值的主要原因。

7.3.3 国际金融危机的影响和防范

1. 国际金融危机的影响

随着世界经济全球化、一体化的发展，各国在经济、贸易、金融等领域的一体化程度逐渐加强，一国或一个地区在经济金融领域出现危机后，或多或少会影响到其他国家。

（1）经济衰退，全球经济增长放慢。爆发在20世纪末的亚洲金融危机给我们留下了深刻的教训，日本、韩国、东南亚国家和俄罗斯经济陷入严重衰退状况，其他国家经济增长率都不同程度受挫。亚洲区经济增长停滞或呈现衰退，与该地区有密切贸易联系的国家的出口减少，在该地区投资的跨国公司利润下降。亚洲金融危机迟迟难以消退，使已出现经济泡沫的西方股市更加脆弱，美欧股市在危机期间持续暴跌，减少了投资者的财富效应，影响消费者开支和企业投资，导致经济增长下降。发展中的经济体，特别是快速融入全球经济的新兴市场经济体，由于外需减弱，经济增长的动能受到削弱，经济减速明显。

（2）贸易、投资自由化进程受阻。因危机受害严重的国家会对过去在贸易、投资自由化方面做出的承诺重新审视，避免政策的过分宽松；经济规模大势力强、结构良好、受危机冲击小的国家在危机后会由于本币走强而使竞争力削弱，一旦危机国家出口恢复，贸易顺差增多，贸易保护主义的势力也会抬头。观察金融危机的历史，人们发现尾随其后而来的往往是对贸易和投资自由化的限制。每一次大危机后，世界范围内的关税战、贸易战不断。20 世纪 70 年代的美元危机，美国国内呼吁进行贸易保护，并掀起了世界范围内的一场贸易保护主义。亚洲金融危机以后，在温哥华召开亚太经合组织会议期间，一些国家就表示在实行贸易投资自由化好时应根据有关成员的实际情况自行决定。

（3）变革国际金融体系。每一次国际金融危机的爆发，根源于现存的国际金融体系的一些致命缺陷。20 世纪 30 年代的国际经济大危机终结了国际金本位制，诞生了固定汇率制下的、以“双挂钩”为特征的布雷顿森林体系。20 世纪 70 年代的美元危机后，布雷顿森林体系被牙买加体系取代了。20 世纪 90 年代后，国际金融危机爆发的频率更高，而原因也更为复杂，牙买加体系下的浮动汇率制也并没有像设想的那样自动实现内外均衡。1997 年 11 月，亚太地区高级财政金融会议通过了旨在加强亚洲地区金融合作的新机制，“亚元区”也开始成为政府和学者讨论的热点话题。1999 年 1 月 1 日，欧元在欧元区正式启动，对现存国际货币体系提出挑战。

（4）金融市场极度动荡。金融危机全面爆发以来，无论是成熟金融市场，还是新兴金融市场，波动幅度都急剧扩大，并创造了多个涨跌幅纪录。据统计，在雷曼兄弟宣布申请破产保护后的一个月内（2008 年 9 月 15 日—2008 年 10 月 15 日），因市场信心受到严重打击，美国道琼斯股指有 10 个交易日跌幅超过 3%，其中还有两个交易日跌幅超过 7%。其他经济体股票市场情况类似，一些新兴市场股票市场跌幅更大，俄罗斯股市甚至多次因为跌幅过大而暂时休市。次贷危机演变为全面金融危机以后，全球经济增长受到重创，世界经济增长前景骤然黯淡，原油、基本金属、农产品等大宗商品价格在需求疲弱等因素的推动下大幅下降，其中纽约商品交易所 WTI 原油期货价格从 2008 年 9 月末的 100 美元/桶最低下跌至 2008 年 12 月 19 日的 33.87 美元/桶，3 个月内最大跌幅超过 75%。

2．国际金融危机的防范

（1）调整经济模式、完善政策手段。增强国内的经济实力，优化产业结构，促进本国的经济发展是抵御金融危机最根本的途径。因此，一国的经济模式首先必须与本国的国情和经济发展的阶段相适应，要根据经济发展的情况而进行必要的调整，如采取“高消费低储蓄模式”或是采取“出口导向模式”等；其次完善宏观经济政策手段，如货币政策、操作政策、税收政策、产业政策等，引导和调控经济健康有序的发展。

（2）完善国内金融体系和健全国内金融机构。良好的国内金融运行体系是维护国家金融安全的必要条件。建立存款保险制度是完善国内金融运行体系的重要内容。金融机构的内在缺陷则是历次金融危机爆发的一个重要原因。金融家机构的内在缺陷如资本充足率不高、资产损失准备金不足、贷款管理机制不健全、风险防范措施不到位、资产负债期限币种严重不匹配等。因此，克服上述缺陷，健全国内金融机构的管理机制对防范金融危机具有重要的意义。

（3）改革现行汇率制度。几次区域性金融危机发生，都与实行盯住美元或其他强币的固定汇率制有关。这些制度曾在各国经济发展初期起到积极的推动作用，但随着各国经济开放程度增大和国际资本流动全球化，国际金融市场变化日益剧烈，各国货币稳定性越来越差，固定汇率制日益暴露出很大缺陷，成为国际金融危机的直接导火线。东南亚金融危机后，泰国等东亚各国现已普遍放弃原盯住美元的汇率制度，采取自由浮动汇率制度。当然自由浮动汇率制度会导致新的不确定因素，使汇率频繁波动，从而使各国经济秩序难以恢复正常。尤其是这种汇率制度容易形成汇率错位，给政府干预调控带来困难。比较而言，有管理的浮动汇率制是比较合理的选择，它有利于克服以上两种汇率制度的缺陷。

（4）改革现行的国际金融体系。战后的布雷顿森林体系及20世纪70年代形成的以美元为主略呈多元化的国际货币体系，对于战后全球经济恢复、国际贸易的开展、资本跨境流动及金融业的发展和繁荣等都起到了良好的促进作用。20世纪90年代中期以来，随着经济全球化及区域化的迅猛发展、科学技术的突飞猛进，全球经济金融格局发生了较大变化，新兴市场经济体在全球经济贸易格局中的地位日趋上升，而现行国际金融体系未能跟随国际经济金融形势的变化及时做出调整，此次全球性金融危机也暴露了国际金融体系中一些不稳定因素，国际金融体系需要进行适度改革。

国际金融体系改革，短期内应着眼于如何应对当前的金融危机，中长期内应针对国际金融体系的不合理、不稳定因素进行渐进性改革。通过改革，强化国家国际责任在国际金融体系中占主导地位，扩大发展中国家在国际金融体系中的作用，提高国际金融体系的稳定性。改革举措将主要体现在改善国际货币体系、改革国际金融组织、加强国际金融监管、鼓励区域金融合作等多个方面。

（5）建立和完善国际金融风险的预警和监测体系。1996年，国际货币基金组织建立的金融市场预警系统要求182个成员国及时提供重要指标，其中包括国内生产总值外汇储备、贸易逆差、通货膨胀率、货币供应增长率等。但在预警体系的建立中，这些指标还远远不够，应不断完善。为了对国际金融运行实行有效的监督，还应在区域内建立起金融风险预警组织和监督机构，并健全法规形成预警制度体系，最终形成世界性预警网络。

（6）加强国际合作和协调以防范金融危机。各种资本通过操纵或控制局部市场，破坏市场秩序，严重影响金融市场的稳定，因此，有效防范金融危机必须从对国际资本尤其是国际投机资本流动的有效监控和管理入手。但是，资本大规模、大范围的跨国界流动，大大降低了单个国家宏观经济政策的有效性和资本流动风险的控制能力。因此，只有国际社会积极沟通，加强协调和合作，特别是要更好地发挥国际货币基金组织、世界银行、国际清算银行等国际多边金融机构的作用才能够有效地防范国际资本流动的风险，防范金融危机的爆发。

案例分析示例

美国次贷危机产生的原因和对我国的启示

美国次贷危机演变成全球金融危机。在2008年9月中旬演变成全面金融危机之前，次贷危机曾引发了四轮冲击波。第一轮发生于2007年3月中旬到4月初。由于次贷违约率大幅上升，美国新世纪公司宣布濒临破产，而后申请破产保护，次贷风险开始凸显。第二轮发生于2007年7月到8月，穆迪和标准普尔宣布降低一千多种次贷相关债券的评级，美国第五大投资银行贝尔斯登宣布旗下两支基金申请破产，法国最大银行巴黎银行宣布冻结旗下3支与次贷有关基金的申购和赎回，全球金融市场出现大幅振荡。第三轮发生于2007年年末至2008年3月，由于大型金融机构纷纷公布资产损失或资本减记，并寻求外部融资，美国贝尔斯登濒临破产，最终被摩根大通银行收购，全球经济增长前景黯淡，金融市场动荡加剧。第四轮发生于2008年7月至9月初，由于美国两大联邦住房抵押贷款机构房利美、房地美陷入财务困境，并被美国政府接管，美国住房金融市场遭受重创，全球金融市场信心再受打击。

2008年9月14日，由于美国政府拒绝为巴克莱银行等机构收购美国第四大投资银行雷曼兄弟提供担保，相关收购方退出竞购，雷曼宣布申请破产保护。同日，美国第三大投资银行美林证券被美国银行收购，而美国最大保险集团美国国际集团被曝陷入财务困境。受这些事件影响，金融市场信心受到重创：全球股市暴跌、信贷市场紧缩加剧，次贷危机演化为全面金融危机。

【要求】学生通过网络等手段收集资料，分析危机产生的原因以及对我国的启示，应当采取怎样的应对措施。

【分析】美国次贷危机的原因和启示。

美国次贷危机爆发的原因归纳起来，主要有以下几个方面：

一是大规模推行高风险的金融产品。美国次级抵押贷款可以满足借款人希望拥有地产的愿望，满足金融机构和机构投资者获得高收益、扩大市场份额等愿望，也满足投机者投机的欲望。尤其是在美国这个金融业竞争十分激烈的地方，很多小型贷款机构为了与大型金融机构争夺客户采用低息战略，并且大肆推行高风险金融产品，导致市场定价机制扭曲。

二是发放条件和审核程序太过宽松。次级抵押贷款是面向信用较差、收入较低、负债率和违约率较高的借款人提供的贷款。这样我们看出次级抵押贷款的目标客户原本是在放贷过程中需要严格审查的人群。然而，在利益的诱惑下，各大小金融机构为了在优质贷款市场饱和的情况下，尽可能地抢占市场，便尽可能地发放贷前的调查，并争相降低申请贷款的门槛。在以往的贷款业务中，发放贷款的金融机构都会对借款人的收入和房地产的价值进行调查。然而在次级抵押贷款过程中，发放贷款的金融机构基本不承担任何贷前审查工作，而是由抵押贷款中介、房屋估值公司和评级机构代理。这样就在无形当中放松了发放条件和审核条件。

三是对风险转移过分依赖。虽然经营次级抵押贷款业务的金融机构为了规避风险，便通过资产证券化，但是这种风险的转移只是将风险转移到了资本市场。发放贷款的金融机构虽然降低了风险，但是风险并没有消失，风险以一种更加复杂的形式加载到资本市场。正是由于美国一直采用证券化的方式规避风险，并且很少出问题，使得大部分市场参与者认为自己的资金在一个相对封闭的循环中运行，一旦进行了风险规避和转移，就会认为自己的风险已经转嫁出去了，没有深刻地意识到资金的运行是整个次级债券系统中的一环，一旦次级债券系统中的一环出现了问题或断裂，就会使系统内的各个环节都不可避免地承受风险带来的冲击，最后导致整个系统的覆灭。

次贷危机的发生，说明了金融监管的重要性，同时也说明了一味追求的高利益、高风险的金融创新是不可取的。美国的次贷危机对我国的启示是：

一是加强贷款前审查。次贷危机的产生主要是因为发放贷款的金融机构没有坚持严格的贷前审查。因此我国商业银行在发放贷款前要认真对审核借款人的还款能力，房地产的价值。对不同信用等级的借款者实行严格区分，从各个方面考察借款人。并且这些工作要由商业银行自己做，不要盲目委托其他的机构，防止道德风险的发生。只有把这些工作做好，防微杜渐，才能真正提高自身抵御风险的能力。

二是提高金融监管水平。次贷危机的产生，反映了监管部门对潜在风险反应不迅速的状况。因此我国的监管部门应该监督发放贷款的金融机构，在各种金融产品的营销中，要向借款者充分了解金融产品的信息，让借款者充分地了解产品的还款方式和潜在风险。并且告知借款者必须应尽的义务和享受的权利。由于房地产行业容易出现泡沫，因此，监管部门还应建立房地产金融预警和监控体系，提高借款人和投资机构的防风险的能力。

三是防止过度使用风险转移。风险转移虽然在理论上将市场参与者的风险进行了分解，使得不同风险偏好的参与者承担不同的风险和收益，看似好像每个市场参与者的风险已经转移出去。但是从整个金融市场来看，所谓的转移只不过是从金融市场的一个环节转移到另外一个环节，而整个市场的风险没有减少。过度地使用风险转移只不过是把风险以更复杂的方式来转嫁给更多的人，风险依旧存在，并最终酿成系统性风险。这对发展和使用我国金融风险转移工具具有很好的借鉴作用。

本章小结

1. 国际资本流动是指一个国家（或地区）的政府、企业或个人与另外一个国家（或地区）的政府、企业或个人之间，以及国际金融组织之间资本的流入和流出。它是国际间经济交易的基本内容之一。

2. 按照资本跨国界流动的方向，国际资本流动可以分为资本流入和资本流出；按照资本跨国流动时间的长短期限，国际资本流动可以分为短期资本流动与长期资本流动。短期资本流动主要包括贸易资本流动、银行资金调拨、保值性资本流动、投机性资本流动四类；长期资本流动主要包括国际直接投资、国际证券投资、国际贷款和国际经济援助四种类型。

3. 国际资本流动的根本原因在于资本供给与需求的相互作用。影响它的具体因素有利率、汇率、财政赤字与通货膨胀、政府的经济政策和经济、政治、战争等风险的存在。

4. 国际资本流动在资本输入国、资本输出国以及国际金融市场上都存在着广泛的影响，与利益的分配、风险的产生都有密切的关系。在带来经济效益的同时也带来了一定的风险与危害。

5. 国际债务（外债）指向非本国居民用本国货币或外国货币承担的具有契约性偿还义务的全部债务。一国国际债务规模是否适度，国际上通常用偿债率、债务率、负债率、短期债务比率等经济指标衡量。国际债务结构管理主要包括利率结构、币种结构、期限结构、来源结构、使用结构以及债务人结构等方面的管理。

6. 国际金融危机是指发生在一国的资本市场和银行体系等国内金融市场上的价格波动以及金融机构的经营困难与破产，而且这种危机通过各种渠道传递到其他国家从而引起国际范围的危机大爆发。国际金融危机包括货币危机、债务危机、银行危机等。引发国际金融危机的原因包括国际金融危机的制度背景、国际资本流动与国际金融危机的关系、国际金融危机发生的内部因素、金融危机的国际传递机制。

7. 国际金融危机的防范主要从政府加强金融安全、改革现行汇率制度和国际金融体系、建立和完善国际金融风险预警和监测体系、加强国际合作和协调等几方面着手。

8. 本章学习重点包括国际资本流动的概念、分类、形成的原因和作用；国际债务的含义及监测指标、国际债务结构管理；国际金融危机的含义、形成原因及防范措施。本章学习难点包括国际资本流动形成的原因、外债结构管理、国际金融危机爆发原因和防范措施。

课后阅读

历史上四次重大经济金融危机

20世纪，全球爆发了四次规模较大且较具代表性的经济金融危机，即1929—1933年世界经济危机、20世纪80年代拉美债务危机、20世纪90年代日本经济危机和1997—1999年亚洲金融危机。

1. 1929—1933年世界经济危机

1929—1933年，世界上爆发了一场历史上最深刻、破坏性最大的经济危机。危机于1929年10月开始于美国，其后迅速蔓延至德、英、法、日等国。危机爆发和扩大的原因

有：股市泡沫的破灭，这是危机爆发的导火索；西方各国自由放任的经济政策；危机应对中的政策失误，如贸易保护主义，则是危机恶化的重要原因。

经济危机爆发初期，受危机影响的国家都坚持"自由放任主义"政策，如美国的胡佛放任主义政策，德国魏玛政府的传统经济政策，致使各国的经济危机日益严重。1930年，胡佛政府采取了一系列反危机措施，其中之一就是签署旨在保护美国贸易的《斯姆特—霍利关税法》，大幅提高超过2万种外国商品的进口关税，引发了各国之间的贸易战，加剧了世界经济大萧条，教训殊为深刻。

1933年美国实施罗斯福新政后，危机才有所缓解。罗斯福新政包括出台一系列整顿经

济金融体系的法律，如《紧急银行法》《存款保险法》《联邦证券法》《住房法》《社会保障法》等，对美国经济金融的长期发展发挥了持续影响。罗斯福新政的短期性政策包括全面清理银行业、对金融业注资、大力兴办公共工程、通过复兴金融公司对工商企业给予大量贷款和补贴、对低收入者提供住房补贴等。

2. 20世纪80年代的拉美债务危机

1982年8月20日，墨西哥政府宣布无力偿还到期外债，要求推迟90天，随后其他42个债务国都因无力偿还债务而要求推迟还债，由此引发了全球性的发展中国家（主要集中在拉美地区）的债务危机。导致拉美债务危机的原因有：拉美国家财政赤字、贸易逆差、对外债务等增长过快；美国等债权国采取紧缩性货币政策、外部需求下降、资本外逃等加大了危机的严重程度。

为了应对债务危机，IMF、世界银行和美国财政部达成解决拉美国家债务和经济发展问题的一致意见。1985年10月美国财长贝克提出的"美国关于发展中国家持续增长的计划"，其核心是要求发展中国家采取紧缩性宏观经济政策，实施经济自由化和市场化，并以此作为新增贷款的前提条件。在该计划下，拉美国家开始进行改革，并在2~3年内都取得了一定成效，但债务危机仍在发展。1987年后，拉美和非洲国家联合要求减免国际债务，因此，1989年3月美国财长布雷迪提出一项减免发展中国家债务的新方案，主要内容是由商业银行大幅度削减拉美等发展中国家原有债务、由国际金融机构增加对债务国的支援贷款，拉美国家的债务危机由此开始缓解。

3. 20世纪90年代的日本经济危机

1991年2月—1993年10月日本股票和房地产泡沫破灭后，日本经济从高峰滑入谷底，

进入长达10年的经济衰退期。

此次经济危机中，日本经济遭受重创，经济增长持续低迷。自1992—1998年，日本经济实际GDP年均增长率仅为1%，其中1997和1998年出现负增长。危机中，日本企业大量倒闭。负债总额在1000万日元以上的倒闭企业持续增加，从1995年的1.51万家上升到1998年1.92万家。曾经处于政府全面干预和保护下的各类金融机构也相继倒闭，1997年金融机构倒闭达到了高峰，连日本第四大证券公司山一证券和排名第十的北海道拓殖银行也宣布破产。另外，在经济形势恶化的同时，日本政局也进入了战后最为动荡的时期。在1993年以后的7年里，日本内阁六易其主，各届内阁对国内经济的改革措施或是偏离实际，或是不能持续，致使日本的经济形势进一步恶化。

鉴于日本经济金融面临的严峻形势，日本银行在1991年7月1日至1993年9月21日间分7次降息将基准利率由6%降至1.75%，并最终于1999年将基准利率下降为零；日本政府在1992—1999年间实施了11次经济刺激计划，涉及金额131.4万亿日元；日本政府还于1996年11月以自由、公正和国际化为原则，进行了包括行政、财政、社会保障、经济结构及教育在内的一系列制度性改革。

4. 1997—1999年的亚洲金融危机

1997年7月2日，泰国中央银行宣布放弃实施十多年的泰铢盯住美元的固定汇率政策，让泰铢兑美元汇率自由浮动。这一事件成为亚洲金融危机的导火索，之后危机迅速扩散到整个东南亚地区，并逐渐影响到日本、韩国、中国香港、俄罗斯等国家和地区。导致亚洲金融危机发生和蔓延的因素主要有：经常项目赤字不断扩大；外债不断增长，1996年年底，泰国、马来西亚、印度尼西亚、韩国、菲律宾等欠工业化国家银行的债务占GDP的比率就分别达53.61%、26.33%、24.85%、22.44%和15.93%，多数远远超过国际公认的20%的警戒线，这也为国际金融投机者提供了重点袭击目标；虽然IMF的救援措施在帮助危机发生国摆脱短期外债偿还危机、增加外汇储备以恢复国际投资者信心等方面起到了一定的积极作用，但过度紧缩的宏观经济政策也延缓了各国经济复苏的进程。

亚洲金融危机使东南亚国家和地区的汇市、股市轮番暴跌，金融体系乃至社会经济遭受重创。1997年7月至1998年1月半年时间，东南亚大多数国家和地区的货币贬值幅度高达30%～50%，其中印尼盾贬值达70%以上，同期这些国家和地区的股市跌幅高达30%～60%。受汇市、股市暴跌影响，这些国家和地区出现了严重的经济衰退。

（资料来源：中国人民银行网站。）

课后练习

技能训练

1. 判断题

（1）国际资本流动就是资本输出和输出入。（　　）

（2）资本流入表示资本从境外流入境内，外国在本国资产的增加和外国对本国负债的减少。（　　）

（3）资本流出表示资本从境内流向境外，外国在本国资产的增加和外国对本国负债的减少。（　　）

（4）保值性资本流动指投机者为了赚取投机利润，利用国际市场上汇率、利率及黄金、证券等价格波动，通过低进高出等方式而引起的资本在国际间的转移。（　　）

（5）在国际资本流动中，追逐利润是唯一的动机。（　　）

（6）引起美国次级抵押贷款市场风暴的直接原因是美国的利率上升和住房市场持续降温。（　　）

（7）资本的大量抽逃，打破了国内金融市场的平衡是金融危机爆发的导火索。（　　）

（8）银行危机是指银行过度涉足从事高风险行业，从而导致资产负债严重失衡，呆账负担过重而使资本运营呆滞而破产倒闭的危机。（　　）

（9）“布雷迪计划”把解决外债的重点放在债务利息的减免上，而不是放在借新债还旧债的方式上。（　　）

（10）偿债率是衡量一个国家偿债能力的主要参考指标，国际公认的参考值应不高于 50%，如果超过这一指标，就有发生债务危机的可能性。（　　）

2．案例分析题

（1）登录国家外汇管理局网站 http://www.safe.gov.cn，查询我国近年使用外债的有关资料，用衡量一国偿债能力的指标进行计算后说明，我国目前的外债规模是否合适？外债结构是否合理？

（2）分析迪拜金融危机成因和影响。

崛起在沙漠上的迪拜，近年来一派繁荣，成为世界奢华之都。迪拜政府雄心勃勃，要把迪拜打造成世界级观光和金融中心。海湾地区充足的石油美元在迪拜聚集，令迪拜的金融、贸易、房地产、旅游业飞速发展，许多外国人涌入迪拜，抛巨资到迪拜购置房产，一时间迪拜引来无数亿万富翁。随着金融危机横扫全球，严重依赖外资的迪拜骤然失色，金融地产泡沫迅速破裂，许多人的财富大幅缩水，甚至负债累累。

迪拜世界的欠债约为 590 亿美元，而整个迪拜政府的欠债 800 亿美元，即迪拜世界占去了国家超过一半的债务。要求延迟还款的消息传出后，迪拜世界的违约交易掉期升至历来最高水平，令迪拜成为全球第 6 个最大机会破产的国家投资公司。迪拜世界的债权人，包括汇丰控股、巴克莱、莱斯和苏格兰皇家银行等。若迪拜破产，将对全球金融市场生成冲击，令尚未摆脱金融危机阴影的世界再添阴霾。

根据上述资料，分析迪拜金融危机的成因及其对世界及我国经济的影响？

复习思考

1．名词解释

国际资本流动　债务危机　国际金融危机　银行危机　国际证券投资　偿债率
负债率债务率　短期债务比率

2．填空题

（1）国际资本流动不同于以所有权的转移为特征的商品交易，它是以__________为特征的，但一般仍以盈利为目的，主要反映在其国际收支平衡表的__________，集中反映了该国（或地区）在一定时期内与他国（或地区）的资本流动的综合情况。

（2）适度的债务结构可以降低总成本，也有利于避免风险。合理的外债结构对于提高偿债能力具有重要的意义，它主要包括以下几个方面__________、__________、__________、__________、__________、__________。

（3）布雷迪计划强调债务本金和__________的减免。

（4）国际金融危机的发生已经有了相当长的历史，尤其到了 20 世纪 90 年代更是频繁出现，这其中的原因是多方面的，由__________、__________、__________以及________造成。

（5）一个国家的国际债务可定义为，向__________用本国货币或外国货币承担的具有__________义务的全部债务。

3．单项选择题

（1）导致本国对外国的负债增加或者本国在外国的资产减少的是（　　）。

A．资本流出　　B．资本流入　　C．资本转移　　D．利润再投资

（2）偿债率作为衡量一个国家偿债能力的主要参考指标，其意义在于说明一国当年的出口外汇有多少被用于偿还外债本息。国际公认的参考值应不高于（　　）。

A．10%　　B．25%　　C．50%　　D．20%

（3）债务率作为衡量一国负债能力和风险的主要参考指标，其意义在于说明以债务国目前的外汇收入水平，需要多长时间才能偿清现存的总债务。国际公认的参考数值应不高于（　　）。

A．10%　　B．25%　　C．100%　　D．50%

（4）最传统的短期国际资本流动方式是（　　）。

A．短期证券投资与贷款　　B．保值性资本流动

C．投机性资本流动　　D．贸易资本流动

（5）强调必须实现债务国经济长期增长的债务危机解决方案是（　　）。

A．贝克计划　　B．布雷迪计划　　C．怀特方案　　D．史密森协定

（6）解决国际债务危机的最初挽救措施是（　　）。

A．向重债国重新提供贷款和重新安排到期债务

B．实施贝克计划

C．调整债务国经济政策，实现经济增长

D．执行布雷迪计划

4．多项选择题

（1）长期国际资本流动的具体形式有（　　）。

A．国际直接投资　　B．国际证券投资

C．国际贷款　　D．贸易资金流动
E．国际经济援助

（2）直接投资的具体形式有（　　）。
A．创办新企业　　B．收购国外企业股权一定比例以上
C．利润再投资　　D．直接收购
E．购买债券

（3）国际贷款的主要形式有（　　）。
A．政府贷款　　B．国际银行贷款
C．国际金融机构贷款　　D．出口信贷
E．买方信贷

（4）短期国际资本流动的具体形式有（　　）。
A．短期证券投资与贷款　　B．保值性资本流动
C．投机性资本流动　　D．银行性资本流动
E．贸易资本流动

（5）下列选项属于外债监测指标的是（　　）。
A．偿债率　　B．负债率
C．债务率　　D．短期债务比率
E．国际储备对国民生产总值的比率

（6）下列（　　）可以用来防范国际金融危机。
A．各国政府增强金融风险防范意识
B．改革现行的国际金融体系
C．改革现行汇率制度
D．建立和完善国际金融风险的预警和监测体系
E．加强国际合作和协调以防范金融危机

5．简答题

（1）什么是国际资本流动？请比较国际资本流动与资本输出入之间的关系。
（2）国际资本流动的分类包括哪些？
（3）国际资本流动的根本原因是什么？
（4）国际资本流动产生的积极影响包括哪些方面？国际资本流动会产生哪些风险？
（5）如何对国际债务进行管理？
（6）简述金融危机的成因？
（7）如何防范国际金融危机？

第8章

国际货币制度

学习目标

1. 知识目标

（1）了解国际货币制度的概念、主要内容、作用和演进；
（2）掌握各种国际货币制度的概念、主要内容、特点和作用。

2. 技能目标

（1）学会分析国际货币制度的优缺点；
（2）学会分析货币一体化的利弊。

章前引例

2008年金融危机的爆发与蔓延使我们再次面对一个古老、悬而未决的问题，那就是什么样的国际储备货币才能保持全球金融稳定，才能促进世界经济发展。央行行长周小川撰文提出“创造一种与主权国家脱钩、并能保持币值长期稳定的国际储备货币”；日本重弹“亚元”老调；俄罗斯捡起“新兴经济体话语权”；英国强调现行国际货币体制必须改变；美国则说：还是美元最合适，也最强势。在刚刚闭幕的博鳌亚洲论坛2009年年会上，建立亚洲区域外汇储备库也再次被提上议事日程。

历史上的银本位、金本位、金汇兑本位、布雷顿森林货币制度都是解决该问题的不同制度安排，这也是国际货币基金组织（IMF）成立的宗旨之一。但此次金融危机表明，这一问题不仅远未解决，由于现行国际货币制度的内在缺陷反而愈演愈烈。

此次危机再次警示我们，必须创造性地改革和完善现行国际货币制度，推动国际储备货币向着币值稳定、供应有序、总量可调的方向完善，才能从根本上维护全球经济金融稳定。

（资料来源：上海金融报 http://www.shfinancialnews.com）

思考下列问题：

1. 什么是国际货币制度？
2. 国际历史上先后采用过的国际货币制度的类型有哪些？
3. 国际货币制度改革的原因是什么？应当如何进行改革？

8.1 国际货币制度概述

8.1.1 国际货币制度的含义与内容

1. 国际货币制度的含义

国际货币制度也称国际货币体系，是理顺国家之间金融关系的协议、规则、程序、措施的总称，包括有法律约束力的有关货币国际关系的规章和制度性安排，具有传统约束力的各国已经在实践中共同遵守的某些规则和程序。

具体来讲，国际货币制度是对各国货币本位、汇率制度和国际收支调节方式等方面所做的一系列制度安排的总称，包括为此所确定的原则、采取的措施和建立的组织机构等。

国际货币制度的形成有两种方式：一种是通过经济自发形成的，如国际金本位制度；一种是通过国际间协调在短期内人为地建立起来的，如布雷顿森林货币制度和牙买加货币制度。

2. 国际货币制度的主要内容

（1）货币本位（或储备货币）的确定。为满足国际支付的需要，一国必需有一定的国际储备，保存一定数量的、为世界各国所普遍接受的国际储备资产，也是构成国际货币制度的一项主要内容。第一次世界大战以前，资本主义国家的主要国际储备资产是黄金；第一次世界大战以后，黄金与外汇储备起着同等重要的作用；当前，一国在国际货币基金组织分得的特别提款权，与黄金、外汇一起构成一国的国际储备资产。

（2）汇率制度的确定。根据国际交往与国际支付的需要，使货币在国际市场上发挥世界货币的职能，各国之间的货币一定要确定一个比价，即确定一个汇率。围绕汇率的确定，各国政府一般还规定了货币比价确定的依据、货币比价波动的界限、货币比价的调整、维持货币比价所采取的措施以及对同一货币是否采取多元比价等。

（3）各国货币的兑换性与国际收支的调节方式。有时一国对某些项目的国外支付加以限制，对另外一些项目的支付则不加限制；有的国家则对国外一切项目的支付都加以限制等。各国政府一般还颁布金融法令，规定本国货币能否对外兑换与对外支付是否有所限制等。

（4）国际货币活动的协调与管理。由于各个国家都存在不同的社会经济条件和特定的政策目标，因而各国的国际收支调节、国际汇率制度、国际储备体系都不同，所以在国际货币制度中，就产生了国际货币活动协调与管理的问题，其实质是协调各国的国际货币活动及与此相关的经济政策。

其中，国际储备资产是国际货币制度的基础，汇率制度是国际货币制度的核心。

8.1.2 国际货币制度的作用

国际货币制度提供一种货币秩序或结构，使其能够充分发挥国际交易媒介和国际价值贮藏作用，以利于国际贸易和国际资本流动。能够提供足够的国际清偿能力并保持国际储备资产的信心，保证国际收支失衡能够得到稳定而有效的调节。

具体来讲，国际货币制度的作用主要体现在以下几方面。

1．确定了国际清算和支付的手段

通过对国际货币和储备资产的确定，明确了国际清算和支付手段的来源、形式和数量，为世界经济的发展提供必要的、充分的国际货币，并规定了国际货币及其同各国货币的相互关系准则。国际货币制度应能提供足够的国际清偿能力，使国际清偿能力保持与世界经济和贸易发展相当的增长速度。清偿能力的适量增长是维持储备货币信心的关键，只有这样，各国政府和私人才愿意继续持有国际储备资产，而不会发生大规模抛售国际储备货币的危机。

2．提供相对稳定的汇率机制

提供相对稳定的汇率机制，促进国际贸易与国际投资的发展。各国在汇率安排上要受制于国际规则和惯例，汇率相对稳定，有利于国际贸易与国际投资的开展。

3．规范了国际收支失衡的调节机制

一是对逆差国的资金融通机制，即一国在发生国际收支逆差时，能在什么样的条件下，从何处获得资金及资金的数量和币种；二是对储备货币发行国的国际收支纪律约束机制，即防止国际货币发行国为达到某种目的而持续性地保持国际收支逆差和输出纸币。

4．确立了有关国际金融事务的协商机制和监督机构

国际货币制度的共同准则，无疑给各国的对外经济活动设了一道安全线，不允许国际收支持续不平衡，不允许汇率波动大起大落，实际上就是要求各国国内的经济政策要服从共同的准则。

知识链接

国际货币体系改革的重要性

国际货币体系是国际金融领域的中心环节，是国际货币关系稳定的基础。国际货币体系的改革，直接关系到国际贸易和国际信贷投资的发展及各国的经济利益，成为当代国际经济关系中的一个重大课题。尤其在各国普遍实行浮动汇率制，世界性危机不断爆发，国际间缺乏一个统一、稳定的货币体系的情况下，探讨如何改革国际货币体系也就显得尤为重要了。

8.1.3　国际货币制度的演进

1. 国际金本位制度

最早的国际货币制度是形成于 1870 年而延续至第一次世界大战爆发（即 1914 年）的国际金本位制度。1879 年，美国等世界主要工业大国和大多数中小型国家才开始施行国际金本位制度。在 1880—1913 年间国际金本位制度成功运行，大多数的国家使用此制度来清算其国际交易的余额，这些国家的通货与黄金之间维持一个等价的兑换关系。一战爆发后，国际金本位制度崩溃，各国纷纷采取浮动汇率制度的形式。

2. 布雷顿森林货币制度

第二次世界大战以后，从 1945—1973 年，国际间实行的是布雷顿森林货币制度，是可兑换的美元本位制度，实行可调整的固定汇率制度。

3. 牙买加货币制度

1973 年布雷顿森林货币制度崩溃，1978 年牙买加协议生效后，世界各国进入了牙买加货币制度，它是不兑换的纸币本位制度，实行浮动汇率制度，或者确切地说是有管理的浮动汇率制度。

4. 区域货币一体化

20 世纪 70 年代以来，随着以美元为中心的国际货币制度的解体以及区域性经济一体化的趋势的加强，货币集团化趋势越来越明显，在国际金融领域形成了各种各样的区域性货币组织。但从货币一体化程度来看，成效最大的要数欧洲货币一体化。

8.2　国际金本位制度

8.2.1　国际金本位制度的类型

1. 金币本位制度

金币本位制度是以黄金作为货币金属进行流通的货币制度，它是 19 世纪末到 20 世纪上半期资本主义各国普遍实行的一种货币制度。

这个制度的主要内容是：金币可以自由铸造、自由兑换，黄金可以自由输出入，即著名的“三大自由”政策；铸币平价是各国货币比价的确定基础，各国货币汇率波动受到黄金输送点的调节，幅度不大；汇率变化无须任何国际组织监督，因为黄金输送点会对汇率进行自动调节；银行券可以兑换金币；由于各国货币可以自由兑换，对外支付也没有任何限制，实行自由、多边的结算制度；黄金是最后的国际支付手段。

这种制度具有两个特点：一是统一性，由于这种制度所采取的措施大多相同，黄金在国际支付原则、结算制度与运行规律都是统一的；二是松散性，这个制度是各国自行规定其货币在国际范围发挥世界货币职能的办法，而并非是在一个国际组织的领导与监督下、拟定共同的章程后形成的。

2．金块本位制度

金块本位制度是以黄金作为准备金，以有法定含金量的价值符号（纸币），作为流通手段的一种货币制度，该制度的主要特点是纸币只有达到规定的数量才能兑换黄金。

金块本位制度的主要内容是：基本货币单位仍规定含金量；不再铸造和流通金币，只有银行券流通，且银行券必须按含金量计算，达到规定数量才能兑换黄金。在这种制度下，既没有金币流通，银行券兑换黄金也做了严格的限制。

3．金汇兑本位制度

金汇兑本位制度又称为虚金本位制度，它将本国货币与黄金间接地联系起来，其主要特点是只有将本国货币兑换为有联系的外国货币，并且符合该国的外汇制度才能兑换黄金。

金汇兑本位制的主要内容是：国内不准流通金币，只能流通银行券；银行券只能兑换外汇，而这些外汇必须符合货币发行国的管汇规定才能兑换黄金；实行金汇兑本位制度的国家，将本国货币同另一个国家的货币建立起联系，并制定两种货币的固定比价，然后将本国的一部分外汇和黄金储备，存放在“货币联系国”的中央银行，作为准备金。这种货币制度实际上是一种依附性货币制度，一般多为殖民地和附属国所采用，工业化国家则很少采用。

8.2.2 国际金本位制度的崩溃

在一战爆发前，国际金本位制度便出现了崩溃的苗头。这主要表现在：第一，世界黄金产量跟不上世界经济的增长；第二，自由铸造和自由流通遭到破坏；第三，自由兑换的条件已不具备；第四，自由输出入的条件不复存在。在各国经济发展不平衡的情况下，国际收支逆差的国家流失巨额黄金往往无法弥补。为了防止黄金外流，各国纷纷采取限制黄金输出的措施，黄金的输出入受到越来越多的限制。1914 年一战爆发时，各参战国便禁止黄金输出并中止银行券与黄金的兑换，国际金本位制度便宣告瓦解。

知识链接

金本位制度的先天性缺陷

第一，金本位无法满足经济发展对货币的需要。由于黄金储备量有限，金本位制度下货币供应量增长缓慢，黄金的生产速度远远无法满足经济活动对货币的需求。从历史数据来看，1900 年世界黄金产量约 386 吨，100 余年来其平均增速不到 1%。而自 20 世纪 90 年代中期以来，世界黄金年产量一直保持稳定，仅为 2500 吨左右。如果沿用金本位制度不进行改革，与快速发展的世界经济是极不匹配的。由于经济发展的需要，第二次世界大战之后，美国禁止国民用美元兑换黄金，黄金只用于国际贸易结算，而随着贸易逆差增加，导致黄金供应不足，美国在 1971 年不得不终止了国际贸易用途的黄金兑换。

第二，金本位制度具有不稳定性，有实际资产支持的货币制度也会爆发货币危机。与固定汇率制度类似，在一国出现宏观经济政策失当时（如政府赤字过高），外汇投机者会预测货币与黄金之间的比价难以维持而发起攻击。如，1967 年，英镑因投机性攻击而被迫贬值，1968 年发生黄金挤兑事件等均证明有黄金支持的货币制度依然存在着不稳定性因素。

8.3 布雷顿森林货币制度

8.3.1 布雷顿森林货币制度的建立

二战前和战争期间，由于国际货币制度的不统一，各国国际收支危机严重，使国际货币关系处于严重的混乱状况。为了克服混乱的国际货币关系同国际贸易发展之间的矛盾，在第二次大战末期，美、英等国经济学者与专家着手拟订建立战后国际货币制度的方案。

1. 国际清算同盟计划

凯恩斯计划的“国际清算同盟计划”是从英国负有巨额外债、国际收支发生严重危机以及黄金外汇储备陷于枯竭的情况出发，按照西方银行融通短期资金的原则提出的。凯恩斯计划实际上主张恢复多边清算，取消双边结算，但不主张干涉英镑区。此外，凯恩斯计划还特别强调设立清算同盟的目的是代替黄金作为结算的支配因素。凯恩斯明显地表现出维护英国利益的立场，关于“同盟”总部与理事会会议地址的规定更暴露出英国企图同美国分享国际金融领导权的意图。

2. 怀特计划

在英国公布国际清算同盟计划的同时，美国财政部官员怀特提出了国际稳定基金方案，即怀特计划。此方案采取存款原则，即设置一个国际货币稳定基金，总额为 50 亿美元。该计划企图由美国控制“联合国平准基金”，通过“基金”使会员国的货币“盯住”美元。这个计划还立足于取消外汇管制和各国对国际资金转移的限制。

3. 布雷顿森林会议

凯恩斯计划与怀特计划提出后，英、美两国政府代表团在双边谈判中展开了激烈的争论。由于英国的经济、军事实力不及美国，双方于 1944 年 4 月达成了基本反映怀特计划的“关于设立国际货币基金的专家共同声明”。这时，美国认为时机已经成熟，遂于同年 5 月邀请参加筹建联合国的 44 国政府代表举行“布雷顿森林会议”，经过三周的激烈讨论，于同年 7 月通过了以怀特计划为基础的《国际货币基金协定》和《国际复兴与开发银行协定》，总称《布雷顿森林协定》，确立了布雷顿森林货币制度。

8.3.2 布雷顿森林货币制度的主要内容

布雷顿森林制度的主要内容，是以作为国际协议的《国际货币基金协定》（以下简称《协定》）的法律形式固定下来的，主要包括以下 4 个方面。

1. 建立国际货币基金组织

建立了一个永久性的国际金融机构，即国际货币基金组织，对货币事项进行国际磋商。基金组织是战后国际货币制度的中心，具有一定的任务和权力，它对会员国融通资金，以稳定外汇市场，扩大国际贸易。基金组织的各项规定，构成了国际金融领域的纪律，在一定程度上维护着国际金融与外汇交易的秩序。

2. 实施以美元为中心的固定汇率制

《协定》确认了美国政府在二战前规定的美元对黄金的官价，即 1 盎司黄金＝35 美元，美国政府承担其他国家政府或中央银行用美元外汇随时向美国按官价兑换黄金的义务。另外，《协定》还规定：各国货币规定金平价，并以此确定对美元的比价，从而确定了其他货币通过美元与黄金间接挂钩的关系；各国货币均与美元保持固定比价关系，汇率波动范围不得超出货币平价的 1%，各国政府有义务通过干预外汇市场来实现汇率的稳定；会员国在国际收支出现“基本失衡”时，经基金组织批准才可以进行汇率调整。这些规定说明，布雷顿森林货币制度下的汇率制度是可调整的固定汇率制。

3. 规定调节国际收支的方法

弥补国际收支逆差，为会员国融通逆差所需的资金是国际货币制度顺利运转的必要条件。为此，《协定》规定：设立普通贷款账户，向会员国提供贷款，用于会员国弥补经常项目收支暂时存在的逆差。此外，《协定》还规定了顺差国也有调节国际收支的责任，这主要体现在《协定》的“稀缺货币”条款上，当一国的国际收支持续出现大量顺差时，逆差国对顺差国货币的需求将明显、持续增长，并向基金组织借取该种货币，这就会使这种货币在基金组织的库存急剧下降，当库存下降到该会员国份额的 75%以下时，基金组织可将该会员国货币宣布为“稀缺货币”，并按逆差国的需要进行限额分配，逆差国也有权对“稀缺货币”采取临时的兑换限制措施。这样，“稀缺货币”发行国的出口贸易就可能受到影响，从而迫使其采取调节国际收支的措施。

4. 取消外汇管制

《协定》第八条规定会员国不得限制经常项目的支付，不得采取歧视性的货币措施，要在兑换性的基础上实行多边支付。但有三种特殊情况除外：第一，货币兑换性只适用于国际贸易中的经常项目，对经常项目的交易，不容许各国政府限制外汇的买卖，但容许对资本项目的交易采取管制措施；第二，会员国在处于战后过渡时期的情形下，由于条件不具备，也可延迟履行货币兑换性的义务，这类国家被称为“第 14 条款国家”，履行兑换性义务的，则被称为“第 8 条款国家”；第三，会员国有权对“稀缺货币”采取临时性的兑换限制。

8.3.3　布雷顿森林货币制度的特点与作用

1. 布雷顿森林货币制度的特点

（1）制度内容上的特点。

第一，货币比价上的特点。第二次世界大战后的国际货币制度不是按各国的铸币平价来确定汇率，而是根据各国货币法定金平价的对比，普遍地与美元建立固定比例关系。

第二，汇率调节机制不同。战前，黄金输送点是汇率波动的界限，自动地调节汇率。第二次世界大战后，人为地规定汇率波动的幅度，汇率的波动是在基金组织的监督下，由各国干预外汇市场来调节。

第三，货币兑换的程度不同。国际金本位制度下，各国货币自由兑换，对国际支付一般不采取限制措施。在布雷顿森林货币制度下，许多国家不能实现货币的自由兑换，对外支付受到一定的限制。当然，基金组织规定，一般不得对经常项目的支付进行限制，并规定在条件具备时，取消限制，实行货币自由兑换。

第四，国际储备上的特点。第二次世界大战后的国际储备资产是黄金、可兑换货币和特别提款权，其中黄金与美元并重。在外汇储备上，二战前除英镑外，还有美元与法国法郎。而第二次世界大战后的国际货币制度几乎包括资本主义世界所有国家和地区的货币，美元是最主要的外汇储备。

第五，国际结算原则上的差异。国际金本位制度下，各国实行自由的多边结算。战后的国际货币制度，尚有不少国家实行外汇管制，采用贸易和支付的双边安排。

第六，黄金流动与兑换上的差异。战前英、美、法三国都允许居民兑换黄金；而实行金汇兑本位制度的国家也允许居民用外汇（英镑、法郎或美元）向英、美、法三国兑换黄金；战后美国只同意外国政府在一定条件下用美元向美国兑换黄金，而不允许外国居民用美元向美国兑换黄金，大大削弱了金汇兑本位制度。

（2）体制上的特点。

第一，建立了永久性的国际金融机构。在战前，虽然英国国际货币关系中占有统治地位，但没没有一个国际机构维持着国际货币秩序。而布雷顿森林货币制度建立了国际货币基金组织、国际复兴开发银行等永久性国际金融机构。通过国际金融机构的组织、协调和监督，保证统一的国际金汇兑本位制各项原则、措施的推行。

第二，签订了有一定约束力的《国际货币基金协定》。战后的《国际货币基金协定》，是一种国际协议，对会员国政府具有一定的约束力。它的统一性在于几乎把所有的资本主义国家都囊括在国际金汇兑本位制度之下；它的严整性在于对维持货币制度运转的有关问题做了全面规定，并要求各国遵守。

第三，根据《国际货币基金协定》，建立了现代国际货币管理所必需的各项制度。例如，国际收支调节制度、国际信贷监督制度、国际金融统计制度、国际汇率制度、国际储备制度、国际清算制度等。

2. 布雷顿森林货币制度的作用

布雷顿森林货币制度的运转对战后国际贸易和世界经济的发展起着一定作用。

第一，布雷顿森林体系确立了美元与黄金、各国货币与美元的双挂钩原则，结束了战前国际货币金融领域的动荡混乱状态，使得国际金融关系进入了相对稳定时期。这为战后50～60年代世界经济的稳定发展创造了良好的条件。

第二，国际储备能随着国际贸易的增长而不断增加。这个货币制度基本上是以黄金为基础，黄金仍发挥着世界货币的作用。但美元处于“关键货币”的地位，是最主要的一种国际储备货币，它等同于黄金，可作为黄金的补充。在战后黄金产量增长停滞的情况下，美元的供应可以弥补国际清偿能力的不足，这在一定程度上解决了国际储备的短缺问题。

第三，《布雷顿森林协定》实行可调整的盯住汇率制度，汇率的波动受到严格约束，所以汇率可以相对稳定，这有利于国际贸易的发展和国际资本的流通。布雷顿森林体系实行时期，世界经济增长迅速，国际贸易和投资也有很大的发展。

第四，基金组织在促进国际货币合作和建立多边支付体系方面也起了一定作用，特别是对会员国提供各种类型的短期和中期贷款，可以暂时缓和会员国国际收支逆差所造成的问题，使它们的对外贸易和经济发展得以正常进行，从而有利于世界经济的稳定和增长。

总之，布雷顿森货币制度是战后国际货币合作一个比较成功的事例，它为稳定国际金融和扩大国际贸易提供了有利条件。

8.3.4 布雷顿森林货币制度崩溃

虽然布雷顿森林货币制度对战后世界的发展产生了重要的影响，但事实上，该货币制度也存在着一些严重的缺陷，这是布雷顿森林货币制度的崩溃的根本原因。具体原因包括：

1. 美元享有特殊地位，导致美国货币政策对各国经济产生重要影响

由于美元是主要的储备资产，享有“纸黄金”之称，美国就可以利用美元直接对外投资，购买外国企业，或利用美元弥补国际收支赤字；而各国货币又都是盯住美元，对美元存在着一种依附关系，美国货币当局的一举一动都将波及整个世界金融领域，从而导致世界金融体系的不稳定。

2. 以一国货币作为主要的储备资产，必然给国际储备带来难以克服的矛盾

战后，由于黄金生产的停滞，美元在国际储备总额中的比重显著增加，而国际贸易和国际金融的发展要求国际储备相应扩大，在这种情况下，世界各国储备的增长需要依靠美国国际收支持续出现逆差，但这必然影响美元信用，引起美元危机。如果美国保持国际收支平衡，稳定美元，则又会断绝国际储备的来源，导致国际清偿能力的不足，这是一个不可克服的矛盾，被国际经济学界称为的“特里芬难题”。

3. 汇率机制缺乏弹性，导致国际收支调节机制失灵

布雷顿森林货币制度过分强调汇率的稳定，各国不能利用汇率的变动来达到调节国际收

支平衡的目的，而只能消极地实行外汇管制，或放弃稳定国内经济的政策目标。前者必然阻碍贸易的发展，而后者则违反了稳定和发展本国经济的原则，这两者都是不可取的。可见，缺乏弹性的汇率机制不利于各国经济的稳定发展。

8.4 牙买加货币制度和区域货币一体化

8.4.1 牙买加货币制度概述

1. 牙买加货币制度的建立

布雷顿森林货币制度崩溃以后，国际金融形势更加动荡不安，国际间为如何改革国际货币货币制度并建立一个新货币制度的问题进行了长期的磋商，最终达成共识。1976 年 1 月，国际货币基金组织“国际货币制度临时委员会”在牙买加首都金斯敦召开会议，并签署了一个协议。此次会议由于是在牙买加召开的，所以也称“牙买加会议”，所达成的协议则称为“牙买加协议”。根据“牙买加协议”规定，国际货币基金组织的执行董事会在 1976 年 3 月完成了国际货币基金组织协定条文的修改草案，送交理事会做书面表决。同年 4 月，国际货币基金组织理事会通过了《国际货币基金组织协定第二次修正案》（第一次修正案是在 1968 年，授权国际货币基金组织发行特别提款权）。1978 年 4 月 1 日，经修改的国际货币基金组织协定获得法定的 60%以上的会员国和 80%以上多数票的通过，从而正式生效。从此国际货币制度进入了一个新的阶段——牙买加货币制度阶段。

2. 牙买加货币制度的主要内容

“牙买加协议”涉及汇率制度、黄金问题、扩大对发展中国家的资金融通、增加基金组织及会员国的份额等方面问题，其中最核心的是汇率制度和黄金问题，主要内容如下所述。

（1）浮动汇率合法化。会员国可根据自己的情况选择汇率制度，可以采取浮动汇率制，也可以采取其他形式的固定汇率制，但必须事先取得基金组织的同意。基金组织有权对会员国的汇率政策进行监督，以确保国际金融的稳定和避免操纵汇率来谋取不公平的竞争利益。

（2）黄金非货币化。废除黄金条款，取消黄金官价，黄金与货币彻底脱钩，黄金不再是平价的基础，也不能用于会员国之间以及会员国与国际货币基金组织之间债权、债务的清算。

（3）提高特别提款权的国际储备地位。协议扩大了特别提款权的作用，还扩大了特别提款权的使用范围等。

（4）扩大对发展中国家的资金融通。除用出售黄金所得收益设立“信托基金”，以优惠条件向最贫穷的发展中国家提供贷款或援助外，还扩大了国际货币基金组织贷款的额度。

（5）扩大基金组织的份额。各会员国对基金组织所缴纳的总份额，由原来的 292 亿特别提款权增加到 390 亿特别提款权，增加 33.6%。

8.4.2 牙买加货币制度的特点和作用

1. 牙买加货币制度的特点

（1）国际储备货币多元化。牙买加货币制度是以美元为中心的多元化国际储备体系。

在这个体系中，美元在诸多储备货币中仍居主导地位，但它的储备地位在不断下降，黄金的国际储备地位也在不断下降，而欧元、日元等货币以及特别提款权的储备地位不断加强。

（2）汇率安排多样化。根据1978年生效的牙买加协议，国际货币基金组织成员国可以自行安排其汇率，因此目前各国的汇率安排呈现多样化的局面。

（3）国际收支调节手段多样化。在牙买加货币制度下，国际收支的不平衡可以通过多种渠道进行调节。主要有：汇率调节、国际金融市场调节、利率调节（财政和货币政策调节）、国际金融机构调节以及外汇储备调节等方式。

2. 牙买加货币制度的作用

（1）积极作用。

① 牙买加货币制度基本上摆脱了布雷顿森林货币制度时期基准货币国家与依附国家相互牵连的弊端，并在一定程度上解决了"特里芬难题"。在牙买加货币制度下，由于美元与黄金脱钩，即使发生美元贬值的征兆，各国也不可能用手中的美元储备向美国兑换黄金，因此避免了基准货币国家同依附国家之间的相互牵连。另外，牙买加货币制度实行国际储备货币的多元化，使充当国际储备货币的好处和风险由多种货币分担，使"特里芬两难"的问题在一定程度上得到缓解。

② 牙买加货币制度下的多种汇率安排能更灵活地适应多变的世界经济形势和促进各国经济的发展。这具体表现在：首先，在牙买加货币制度下，主要储备货币的汇率自由浮动，它们随着市场供求状况的变化而自发调整，从而更好地适应了瞬息万变的世界经济状况；其次，多种汇率安排能使各国充分考虑本国的客观经济条件，并使宏观经济政策更具有独立性和有效性，而不必为了维持汇率的稳定而丧失国内的经济目标；最后，在以浮动汇率为主的多种汇率安排下，各国没有维持固定汇率的义务，因而不需要持有过多的外汇储备，可以将这部分节约下来的外汇储备用于发展国内经济。

③ 牙买加货币制度下的多种国际收支调节手段相互补充，在一定程度上缓和了布雷顿森林货币制度下国际收支调节失灵的困难。在牙买加货币制度下，各国对国际收支的调节除了向国际货币基金组织贷款、变动外汇储备、运用财政政策和货币政策工具以外，还可以采用变动汇率、利用国际金融市场融资等方法。这些调节方法可以单独使用，也可以结合运用，进行相互补充，比较适应当今世界经济发展不平衡，各国经济发展水平相差悬殊，以及各国发展模式、政策目标和客观经济环境都不相同的特点，从而缓和了布雷顿森林货币制度下国际收支调节失灵的困难，对世界经济的正常运转和发展起到了一定的促进作用。

（2）消极作用。

① 牙买加货币制度下的国际储备货币多元化具有不稳定的因素。首先，国际储备货币多元化的增长不均衡。虽然美元的储备地位不断下降，但仍然占据着主导地位，美国的国际收

支状况仍然左右着世界外汇储备的增长。在牙买加货币制度下，国际清偿力的增长仍不能完全符合世界经济均衡增长的形势，没有完全解决“特里芬两难”。其次，国际储备多元化缺乏统一稳定的货币标准，这本身就是不稳定的因素。

② 牙买加货币制度下的汇率剧烈波动也产生诸多弊端。汇率剧烈波动会产生以下弊端：第一，不利于进出口商和对外投资者的成本与利润核算，而且增加了汇率风险，因此会影响国际贸易和国际投资的发展；第二，对国际借贷也有重要影响，汇率波动不是使债权方蒙受损失，就是使债务方负担加重，甚至引发债务危机；第三，对发展中国家不利，发展中国家预测和影响汇率的走向、防范汇率风险的能力都较差，因此遭受汇率浮动不利的影响更多；第四，汇率可以自由下浮，容易导致通货膨胀；第五，汇率频繁波动，助长了外汇投机活动，加剧了国际金融市场的动荡与混乱。

③ 牙买加货币制度下的各国政策仍然不能相互独立。目前各主要国家实行的基本上都是浮动汇率制度，他们在必要的时候仍然要对市场汇率进行干预，因而这种浮动汇率制度并没有完全隔绝外部经济的冲击，而且各国的政策仍然是在相互制约而不能各自独立。

④ 牙买加货币制度下的国际收支调节机制仍不健全。如前所述，目前各种国际收支的调节机制都有局限性，而国际货币基金组织的贷款能力又有限，同时也无力指导与监督顺差国和逆差国双方对称地调节国际收支，所以自 1973 年以来，国际收支失衡的局面一直没有改善，而且还日趋严重，一些国家长期顺差，一些国家长期逆差，失衡数额越来越大。

8.4.3　区域货币一体化概述

区域性货币一体化是在战后国际金融权力日益分散化、国际货币关系趋于区域化的背景下，一定地区的国家为建立相对稳定的货币区域而进行的货币协调与合作，其最终目标是组建一个由统一的货币管理机构发行单一货币、执行单一货币政策的紧密的区域性货币联盟。

20 世纪 70 年代以来，在国际金融领域形成了各种各样的区域性货币组织，主要有欧洲货币体系、西非货币联盟、中非货币联盟、中美洲经济一体化银行和阿拉伯货币基金组织。其中成就最大、影响深远的是欧洲货币体系的建立。

1. 区域货币一体化的特征

区域货币一体化是指一定地区内的有关国家为了货币金融合作而组成的货币联盟，这种货币联盟具有三个基本特征：一是汇率的统一，即成员国之间实行固定的汇率政策，对外则逐步实现统一的汇率；二是货币的统一，即各成员国使用统一的货币币种，成员国之间将不再存在不同币种的兑换风险；三是货币政策的统一，即各成员国均执行单一的货币政策，形成紧密的区域性货币联盟。

2. 欧洲货币体系

欧洲货币一体化，是布雷顿森林体系崩溃后国际金融一体化的突出表现与勇敢的尝试。1999 年 1 月 1 日，欧洲货币一体化结出硕果，推出了统一的货币——欧元，这是 70 年代以来国际金融领域最为重要的事件之一，其作用与意义将十分重大而深远。

所谓欧洲货币一体化，是指欧洲经济共同体各成员国在货币金融领域进行合作，协调货币金融关系，最终建立一个统一的货币体系，其实质是这些国家集团为了货币金融领域的多方面合作而组成的货币联盟。

欧洲货币体系主要包括三方面的内容：一是创设欧洲货币单位；二是建立欧洲货币基金；三是建立稳定汇率机制。其中以稳定汇率机制最为重要。

（1）创设欧洲货币单位。欧洲货币单位被称为埃居，它是一种复合货币，其价值由欧共体 12 个成员国货币的加权平均得到，每种货币的权数根据该国在欧共体内部贸易中所占的比重和该国国民生产总值规模进行确定，权数每 5 年变动一次，它是过去欧洲计算单位的继续与发展。欧洲货币单位类似于特别提款权，具有价值相对稳定的特点。在欧洲货币单位中，德国马克、法国法郎和英镑是最为重要的三种货币，其中德国马克所占的比重最大，因此，马克汇率的上升或下降，对欧洲货币单位的升降往往具有决定性的影响。

欧洲货币单位历史发展的结果是出现了欧元。欧元于 1999 年 1 月 1 日起正式启动，并于 2002 年 6 月 30 日之后成为欧洲货币联盟范围内唯一合法通货的欧元。欧元的作用主要有：第一，作为欧共体成员国之间的信贷手段、清算手段、储藏手段以及计价单位等，它在国际储备资产中的比重仅次于美元。第二，作为国际金融市场的信贷、计价、清算、储藏等手段。欧元的特点可以概括为以下两点：

① 跨主权国家创造的信用本位货币。其信用将来自于人们对欧洲货币联盟内高效率的协调能力、其经济实力和经济增长潜力所赋予的信心。

② 货币政策与财政政策的分离造成欧元的缺陷。一国范围内的货币政策与财政政策是有矛盾情形的，该矛盾对于具有第一个特点的欧元来讲显得更加突出，因为其统一的欧洲中央银行与分离的各国主权政府之间，并不能保证在必要时能够完全协调一致。因此分离的财政政策和货币政策也可能从内部动摇欧元的生命所在——币值稳定。

欧元对现行国际货币体系提出了巨大的挑战。欧元对现行国际货币体系的挑战具体表现在三个方面：第一，对国际货币基金组织协调能力的挑战；第二，对国际储备体系的挑战；第三，挑战目前的所谓“非体系”，为世界货币的发展起到示范作用。

（2）建立欧洲货币基金。建立欧洲货币基金是欧洲货币体系的一大任务，欧共体曾于

1973 年 4 月建立了欧洲货币合作基金，建立欧洲货币体系以后，欧共体理事会决定继续运用原来的欧洲货币合作基金，并以两年为期限将其扩建成欧洲货币基金。但是欧洲货币基金并没有如计划在两年之间建成，主要是在基金的组织形式和发展方向上，各国的意见不完全统一，所以至今仍然沿用过去的“欧洲货币合作基金”的名称。

（3）建立稳定汇率机制。稳定汇率机制是欧洲货币体系的核心组成部分。根据该机制的安排，参加汇率机制的每个国家都确定本国货币同欧洲货币单位的（可调整的）固定比价，也即确定一个中心汇率，并依据中心汇率套算出与其他参加国货币相互之间的比价。

3. 其他区域性货币组织

（1）西非货币联盟。1962 年 5 月 12 日，西非的塞内加尔、尼日尔、贝宁、科特迪瓦、布基纳法索、马里、毛里塔尼亚等 7 个成员共同发起组建了西非货币联盟；次年，多哥加入了该联盟。同年，西非货币联盟成立了“西非国家中央银行”作为成员国的共同银行，总行设在塞内加尔首都达喀尔，主要是负责制定共同货币政策、管理外汇储备，统一规定各国商

业银行的再贴现总量和准备金率，发行共同的货币“非洲金融共同体法郎”。1994 年 1 月 10 日西非货币联盟改为西非经济货币联盟，总部设在布基纳法索首都瓦加杜古。

（2）中非货币联盟。由喀麦隆、乍得、刚果、加蓬和中非共和国等 5 个成员则发起组建了中非货币联盟。1973 年 4 月 1 日，中非货币联盟成立了共同的中央银行——中非国家银行，发行共同的货币“中非金融合作法郎”，在各成员国都设有分行和国家货币委员会。该行的决策机构为董事会，董事会负责制定货币政策，决定利润分配、资本增减和审核账目，确定再贴现率及其他利率水平，规定对成员国贷款、贴现和短期融资的最高限额。该行的主要职责包括：发行货币联盟成员国内的共同货币——中非金融合作法郎，并使之与法国法郎的比价固定，实行自由兑换；在法国国库开立“业务账户”，该行需将 65%的外汇收入存入该账户，以法国法郎计值，作为发行共同货币的担保；为成员国制定统一的货币政策，但也接受个别国家货币委员会制订的信用政策目标；办理票据贴现，对成员国提供贷款。在金融监管方面，则因各国银行法相异由各国自行执行。成员国各自设立的国家货币委员会，其职能是按董事会的指示研究本国在信贷方面的总需求，决定解决办法和规定贴现额度。该行还设立监督委员会，负责监督账目和业务的正常进行。

（3）中美洲经济一体化银行。中美洲经济一体化银行是中美洲的区域性金融机构，1961 年 5 月在尼加拉瓜首都马那瓜建立。它是根据 1960 年 12 月危地马拉、萨尔瓦多、洪都拉斯、尼加拉瓜签署的《中美洲经济一体化总条约》成立的，其宗旨和使命是为本地区成员国的工业、农业、服务业发展等发展提供资助和贷款，加速中美经济一体化进程。

（4）阿拉伯货币基金组织。阿拉伯货币基金组织是面向阿拉伯国家的区域性的国际金融机构，成立于 1977 年 2 月 2 日。该组织宗旨是：向成员国中国际收支发生困难的国家提供援助，稳定各成员国间的汇率，消除彼此在货币支付上的障碍，推进成员国间的贸易，以加快各成员国的经济发展。其资金来源于各会员国缴纳的股本。其主要业务活动有：提供贷款，即向成员国政府、公共和私人机构提供优惠贷款，以资助其投资经济发展项目；鼓励投资，即直接或间接地鼓励成员国的政府和私人做出有利于阿拉伯国家经济发展的投资；提供技术援助，即为成员国经济发展的各个领域提供技术援助；政策协调，即协调各成员国的金融货币政策，就成员国的经济情况定期交换意见并磋商解决存在的问题，管理好会员国存放的资金等。

案例分析示例

从亚洲金融危机看国际货币制度改革的必要性

1997 年 7 月爆发于泰国的金融危机，成为自第二次世界大战以来持续时间最长、波及范围最广、影响最大的金融危机。

1992 年泰国对外资的流入放松限制，并采取泰铢和美元挂钩的固定汇率制。1997 年 2 月，以索罗斯为首的国际对冲基金开始对泰铢发动进攻。同年 7 月 2 日，泰国宣布泰铢和美元脱钩，实行浮动汇率制，泰铢开始大幅贬值。金融危机拉开了序幕。

随泰国之后，菲律宾、马来西亚、印度尼西亚、新加坡等陷入危机之中。中国台湾地区放弃对台币的保卫，台币自动和美元脱钩，台币迅速贬值。

1997年11月中旬，韩国金融市场崩溃。11月21日韩国求助于国际货币基金组织，并被迫接受该组织向其提供贷款的条件。

1998年6月，日元大幅贬值。金融危机的波及面再次扩大，除东南亚国家外，日元贬值造成的冲击波扩及拉美、欧洲和美国。

1998年8月，俄罗斯再次爆发严重的金融危机，并引发了政治危机。

1999年1月，巴西金融大幅动荡。国际货币基金组织及时提供415亿美元的资金援助，美国对巴西的金融局势也给予高度关注，将巴西金融危机的影响面控制在最小范围内。

【分析】不可否认，造成这场大规模金融危机的根本原因在于这些国家的经济结构存在缺陷，宏观经济发展政策存在失误。但是，在这其中，国际货币制度的不完善也难辞其咎。国际货币制度不完善的突出表现分析如下：第一，整体来看，国际货币制度未能跟上经济全球化发展的步伐，不能满足国际经济与金融形势的需要；第二，国际货币制度未能很好地组织国际金融合作；第三，国际货币制度对新形势下的金融危机缺乏足够认识，对国际金融市场疏于监管，也未建立起预警机制，不能做到"防危机于未然"；第四，国际货币基金组织面对危机反应迟缓，如在控制危机至关重要的最初一段时间里，只派了两个专家小组协助泰国央行处理泰铢浮动的技术性问题，丧失了控制危机的最好时机；第五，提供给遭遇危机国家的建议忽视了不同国家的结构问题和社会现实，从而缺乏针对性和有效性，甚至起到了反作用等。

本章小结

1. 国际货币制度也称国际货币体系，是对各国货币本位、汇率制度和国际收支调节方式等方面所做的一系列制度安排的总称，包括为此所确定的原则、采取的措施和建立的组织机构等。

2. 金本位制度是指以黄金作为本位货币的一种制度，国际金本位制度就是以各国普遍采用金本位制为基础的国际货币制度。它包括金币本位制度、金块本位制度、金汇兑本位制度三种形式。

3. 布雷顿森林货币制度的主要内容包括：实行以美元—黄金为本位的可调整的固定汇率制；促使美元成为主要的国际储备货币与储备资产；确定了针对顺差国和逆差国不同的国际收支调节方式；取消对经常账户的外汇管制；建立了一个永久性的国际金融机构——国际货币基金组织。

4. 牙买加货币制度的主要内容包括：浮动汇率合法化；黄金非货币化；提高特别提款权的国际储备地位；扩大对发展中国家的资金融通；扩大基金组织的份额。

5. 区域货币一体化，是指一定地区内的有关国家和地区在货币金融领域实行协调与结合而形成一个统一体，最终实现一个统一的货币制度。其实质上是一些国家或者国家集团为实现货币金融合作而组成的货币联盟。

6. 欧洲货币体系的主要内容包括：创设欧洲货币单位；建立欧洲货币基金；建立稳定汇率机制。其中以稳定汇率机制最为重要。

7. 本章重点内容是国际货币制度的概念和分类、国际金本位制度、布雷顿森林货币制度和牙买加货币制度的内容和评价。本章难点内容是布雷顿森林货币制度和牙买加货币制度的内容和评价、区域货币一体化的影响。

课后阅读

“三足鼎立”呼唤“亚元”诞生

第二次世界大战以后，亚洲经济发展奇迹备受世人瞩目。从 20 世纪 70 年代的日本到四小龙，再从四小虎到中国，多边贸易的作用功不可没。战后出口导向型经济发展模式的盛行，使亚洲比任何一个地区都更依赖于外部市场，尤其是世界最大经济体美国。从贸易开始，亚洲和美国的经贸联系日益密切，形成共生关系。亚洲向美国输出廉价商品，美国向亚洲输出美元和美元资产；亚洲把积累的储蓄投向美国金融市场，美国再把聚集的资本投回亚洲及世界各地。这种经济分工，既充分体现了亚洲对美元经济的依附性，也日益暴露出了亚洲经济模式的内在不稳定性。

1997 年亚洲金融危机之后，深受危机之苦的亚洲国家纷纷采取紧缩性宏观经济政策，国际收支状况得以逆转，出现了持续巨额顺差。到 2000 年，新兴市场国家特别是亚洲国家已成为资本净输出国，对外资产规模进一步膨胀。到 2008 年年底，亚洲地区国家积累了超过 4.5 万亿美元的外汇储备。但是，美元持续贬值使亚洲各国蒙受了对外资产缩水，再加上原材料、能源价格等随美元贬值而飙升，亚洲国家面临双重的经济损失。

为了避免汇率波动对贸易的冲击，将本国货币盯住主要贸易伙伴国货币，不失为一种明智选择。在全球纷纷转向浮动汇率制度之时，亚洲各国货币一直或明或暗、不同程度地盯住美元，形成了事实上的美元本位制。1997 年亚洲金融危机暂时中断了这种关系，但危机之后亚洲又重新回到旧的轨道。美元本位制使亚洲与美国经贸联系更加密切，并固化了这种格局。这种情况自然引起了美国的不满，因为这种汇率制度加强了亚洲地区对美国的出口顺差，进一步恶化了美国的国际收支，并增加了美国非农业人口的就业压力。

但是，在美元持续贬值的条件下，亚洲国家损失更大。直接损失就是造成大量持有的对外资产价值缩水。亚洲对外资产主要是机构债和国债等金融资产，股权比重远低于世界平均水平。世界上主要储备大国大多集中在亚洲，亚洲拥有全球外汇储备的 2/3，而其中超过 2/3 是美元资产。最近几年，美元贬值每年给亚洲外汇储备带来数千亿美元的损失。庞大的美元外汇储备成为亚洲在美国的“人质”。如果不减持美元，美元衰落让亚洲外汇储备未来进一步缩水；而现时大量减持美元，美元贬值加剧又带来眼前的现实损失。亚洲陷于左右为难的被动处境。美国尼克松政府时期的财长康纳利曾经说过：“美元是美国的货币，但美元问题是你们的问题。”如何解决这个问题？现实的窘境迫使亚洲国家必须认真地思考这个问题，欧元的出现为亚洲树立了一个成功的样板。进入 21 世纪以来，亚洲地区国家充分利用东盟“10＋3”等合作机制，逐步深化了地区金融合作。但由于亚洲各国历史与现实关系的复杂性，实现亚洲单一货币“亚元”的理想仍然任重道远。

2001 年 10 月，欧元之父蒙代尔在上海 APEC 会议上发表了自己对未来世界货币格局的看法：未来 10 年，世界将出现三大货币区，即欧元区、美元区和亚元区。他指出，亚洲国家多是发展中国家，多样性突出，发展水平参差不齐，所以亚洲货币应该采取分步走的策略，先建立固定汇率区，再逐步过渡到共同货币区，并在此基础上实行亚洲共同货币。

考虑到部分国家不愿意放弃本国货币，蒙代尔建议，实行“亚元”时，可以设立由一组货币组成的共同货币，由一个亚洲货币基金发行，并由这些货币的储备金加以支持，令亚洲形成平行的两种货币机制，即在每个国家不放弃本币的情况下，也能让“亚元”流通。

蒙代尔提出了成立“亚元”的五部曲：

第一步，东南亚国家应将本币与美元汇率固定下来；

第二步，固定汇率区在亚洲区内逐步扩大，形成共同的对美元浮动的汇率制度；

第三步，说服日本和韩国将日元和韩元与美元保持固定的汇率；

第四步，将亚洲固定汇率地区逐步过渡成共同货币地区，形成共同货币的基础；

第五步，设立由一组货币组成的共同货币，并由亚洲货币基金发行，令亚洲实行平行的两种货币机制，让“亚元”在区内流通。

上述方案，总体上是粗线条的，还远未达到具体可操作的程度。但是，更令人遗憾的是，蒙代尔的这一设想，目前并没有得到亚洲主要大国政治家的认可，因此，只能停留在学术研究的层面。

（资料来源：http://zonghe.17xie.com）

课后练习

技能训练

1．判断题

（1）目前特别提款权的 4 种定值货币为美元、欧元、日元和英镑。（ ）

（2）国际货币制度大体可分为国际金本位制度、布雷顿森林货币制度、牙买加货币制度三种。（ ）

（3）最早的国际货币制度是国际金本位制度。（ ）

（4）“特里芬两难”是导致布雷顿森林货币制度崩溃的根本原因。（ ）

（5）特别提款权又称为“纸黄金”。（ ）

（6）牙买加货币制度是以美元为中心的多元化国际储备制度。（ ）

（7）牙买加货币制度完全解决了“特里芬难题”。（ ）

（8）欧洲支付同盟成立是欧洲货币一体化的开端。（ ）

2．案例分析题

从网络查找资料，了解 2008 年金融危机发生原因和演变，并以此分析国际货币制度改革必要性以及如何进行改革。

复习思考

1．名词解释

国际货币制度　金币本位制度　金块本位制度　金汇兑本位制度　稀缺货币

国际金汇兑本位制度 布雷顿森林货币制度 特里芬两难 牙买加货币制度

2. 单项选择题

（1）以下属自发形成的国际货币制度是（ ）。
A．国际金本位制度 B．布雷顿森林货币制度
C．牙买加货币制度 D．以上都是
（2）以下属浮动汇率制的国际货币制度是（ ）。
A．国际金本位制度 B．布雷顿森林货币制度
C．牙买加货币制度 D．以上都是
（3）二战邻近结束时建立起来的国际货币制度是（ ）。
A．国际金本位制度 B．布雷顿森林货币制度
C．牙买加货币制度 D．以上都不是
（4）牙买加货币制度的特点有（ ）。
A．国际储备货币多元化 B．汇率安排多样化
C．国际收支调节手段多样化 D．以上都是
（5）欧洲货币体系的主要内容有（ ）。
A．创设欧洲货币单位 B．建立欧洲货币基金
C．建立稳定汇率机制 D．以上都是
（6）欧洲货币体系的最重要的内容是（ ）。
A．创设欧洲货币单位 B．建立欧洲货币基金
C．建立稳定汇率机制 D．以上都是
（7）欧元正式启动的时间是（ ）。
A．1999 年 1 月 1 日 B．2000 年 1 月 1 日
C．2001 年 1 月 1 日 D．2002 年 1 月 1 日

3. 多项选择题

（1）国际货币制度包括的内容有（ ）。
A．货币本位的确定 B．汇率制度的确定
C．国际收支的调节方式 D．国际货币活动的协调与管理。
（2）以下属人为建立起来的国际货币制度是（ ）。
A．国际金本位制 B．布雷顿森林货币制度
C．牙买加货币制度 D．以上都是
（3）属固定汇率制的国际货币制度是（ ）。
A．国际金本位制度 B．布雷顿森林货币制度
C．牙买加货币制度 D．以上都是
（4）国际金本位制度的特点有（ ）。
A．黄金和美元充当国际储备货币 B．汇率稳定
C．国际收支能够自动调节 D．以上都是
（5）“牙买加协议”的主要内容有（ ）。

A．浮动汇率合法化

B．黄金非货币化

C．提高特别提款权的国际储备地位

D．扩大对发展中国家的资金融通和基金组织的份额

（6）在牙买加货币制度下，调节国际收支不平衡的手段有（　　）。

A．汇率调节　　B．国际金融市场调节

C．财政和货币政策调节　　D．国际金融机构调节

4．思考题

（1）什么是国际货币制度？它包括哪些类型？

（2）什么是金币本位制度，它有哪些特点？

（3）如何理解金块本位制度与金汇兑本位制度？

（4）布雷顿森林货币制度有哪些内容？其特点和作用是什么？

（5）布雷顿森林货币制度为什么会崩溃？

（6）牙买加协定的主要内容是什么？

第 9 章

国际金融机构

学习目标

1. 知识目标

（1）了解各种国际金融机构的组织机构；
（2）掌握各种国际金融机构的宗旨、资金来源、业务活动等。

2. 技能目标

（1）熟练掌握各种国际金融机构的业务活动程序；
（2）能够结合我国国情分析如何更好地利用国际金融机构贷款，发展我国经济。

章前引例

世界银行集团活动集锦

一、中国。世行贷款辽宁省中等城市基础设施项目在六个城市实施，助力提高现有城市交通基础设施的通达性、便利性和安全性，直接惠及机动车驾驶员、公交乘客、骑自行车人、行人和残疾人，推动东北老工业基地的全面振兴。

二、印尼。世界银行集团行长金墉出访印尼，承诺在未来 3～4 年向这个世界人口第四大国提供资金最多可达 110 亿美元，他还访问了爪哇日惹的一个社区灾后重建项目。

三、绿色债券。世界银行倡导建立了绿色债券市场，并于 2008 年发行了其首只绿色债券。世界银行发行的绿色债券中，旨在专门应对气候变化的可持续。绿色增长债券是一种创新型债券产品，其设计初衷是吸引大型机构投资者和个人（或散户）投资者认购。截至目前，世界银行以 18 货币通过 94 笔交易已累计发行了 82 亿美元绿色债券。目前，所筹集的资金正被用于资助在 24 个国家实施 75 个气候友好型项目。此外，世界银行集团旗下私营部门机构国际金融公司也已发行了逾 37 亿美元绿色债券，其中包括 2013 年的两笔 10 亿美元交易。

（资料来源：http://www.worldbank.org.cn）

思考下列问题：
1. 什么是世界银行集团？
2. 世界银行集团的宗旨是什么？有哪些业务活动？
3. 国际货币基金组织的作用是什么？
4. 如何利用这些国际金融机构进行融资活动？

9.1 世界银行集团

世界银行集团（简称世界银行）包括国际复兴开发银行、国际开发协会、国际金融公司、多边投资担保机构、解决投资争端国际中心五个紧密联系的机构。

9.1.1 世界银行概述

同基金组织一样，世界银行也是联合国的专门机构之一，其设立的主要目的是利用其资金、人才资源、知识与技术帮助世界各国走出一条稳定的、可持续的发展道路。凡参加世界银行的国家必须是基金组织的会员国，但基金组织的会员国不一定是世界银行的会员国。我国于 1980 年 5 月 15 日恢复了在世界银行的合法席位。

1．世界银行的宗旨和目标

根据《国际复兴开发银行协定》的规定，世界银行的宗旨是：为生产性投资提供便利，以协助会员国的复兴与开发，并鼓励不发达国家生产与资源的开发；以担保或参加私人贷款和私人投资的方式，促进私人的对外投资；以开发会员国生产资源的方法，鼓励国际投资，促进国际收支的长期平衡发展；在提供贷款保证时，应与其他方面的国际贷款配合。总之，世界银行是向会员国提供长期贷款，协助发展中国家发展生产、开发资源，促进战后经济复兴的组织。

世界银行为全世界设定了到 2030 年要实现的两大目标：终结极度贫困，将日均生活费低于 1.25 美元的人口比例降低到 3%以下。促进共享繁荣，促进每个国家底层 40%人口的收入增长。

2．世界银行的组织机构

世界银行的最高权力机构是理事会，由每一会员国委派理事和副理事各一人组成。理事、副理事任期 5 年，可以连任。副理事在理事缺席时才有投票权。理事会的主要职权为：批准接纳新会员国，增加或减少世界银行资本，停止会员国资格，决定世界银行净收入的分配，以及其他重大问题。理事会每年举行一次会议（即年会），一般与基金组织理事会联合举行。执行董事会负责领导并处理世界银行的日常业务，执行董事会现为 21 人，其中 5 人由持股最多的美、英、德、法、日 5 国指派，其余 16 人由其他会员国按地区分组推选。世界银行有许多办事机构，并在主要资本主义国家和许多发展中国家设有办事处，办理贷款有关事宜。

3．世界银行的资金来源

（1）会员国缴纳的股金。世界银行规定，每个会员国加入时均须认购股份，认购数额的多少取决于该国经济、财政力量及其在国际货币经济组织中的份额。会员国认购股金分两部分缴付：①会员国加入世界银行时，先缴股金的 20%，其中的 2%以黄金或美元缴付，其余的 18%以会员国本国货币缴付，世界银行将这部分股金用于贷款时，须征得该会员国同意；②会员国认购股金的 80%是待缴股金，在世界银行催交时，会员国以黄金、美元或世界银行需用的其他货币缴付。

（2）借款。世界银行贷款资金的很大部分是靠发行债券筹措的，在国际债券市场发行中长期债券，筹集资金一般占到其提供贷款的 70%左右。此外，世界银行还直接向会员国政府、政府机构或中央银行出售中短期债券。每年，世界银行（官方全称“国际复兴开发银行”）都会在国际资本市场上发行 300 亿美元～500 亿美元债券，为其向客户国提供的贷款筹集资金。

（3）业务收入。世界银行从 1947 年开始营业以来，除第一年有小额亏损外，几乎年年都有巨额的业务收入，除将一部分收入以赠款形式拨给国际开发协会外，其余均充做本身的储备金，成为发放贷款的资金来源。

（4）债权转让。从 20 世纪 80 年代以来，世界银行常把一部分贷出款项的债权，有偿地转让给商业银行等私人投资者，以提前收回资金，加速资金周转。

4．世界银行的主要业务活动

世界银行最主要的业务活动是向发展中国家提供贷款、投资和技术援助等。

（1）提供贷款的条件。

① 世界银行只向会员国政府、中央银行担保的公、私机构提供贷款。

② 贷款一般与世界银行审定、批准的特定项目相结合。

③ 申请贷款的国家确实不能以合理的条件从其他方面取得贷款时，世界银行才考虑发放贷款。

④ 贷款必须专款专用，并接受世界银行的监督。

⑤ 贷款的期限一般为数年，最长可达 30 年。

⑥ 世界银行发放贷款，使用不同的货币；对承担贷款项目的承包商或物资供应商，一般用该承包商、供应商所属国的货币支付，如由借款国承包商供应本地物资，则用借款国货币支付；如本地供应商购买进口物资，则用出口国的货币进行支付。

（2）贷款种类。

① 项目贷款与非项目贷款。项目贷款，是世界银行最主要的贷款，是世界银行对会员国工农业生产、交通、通信，以及市政、文教卫生等具体项目所提供的贷款的总称。非项目贷款是世界银行为支持会员国现有的生产性设施进口物资、设备所需外汇提供的贷款，或是为支持会员国实现一定的计划所提供的贷款的总称。

② 第三窗口贷款。世界银行于 1975 年 12 月开办的、在一般性贷款之外的一种中间性贷款，是世界银行原有贷款的一种补充。所谓第三窗口贷款，是指在世界银行原有两种贷款（世界银行接近市场利率的一般性贷款和国际开发协会的优惠贷款）之外，再增设一种贷款，其贷款条件宽于一般性贷款，但优惠条件不如协会贷款，而介于这两种贷款之间。

③ 技术援助贷款，指在许多贷款项目中用于可行性研究、管理或计划的咨询，以及专门培训方面的资金贷款，独立的技术援助贷款，为完全从事技术援助项目提供的贷款。

④ 联合贷款，是世界银行同其他贷款者一起共同为借款国的项目融资，以有助于缓和世

界银行资金有限与发展中会员国资金需求不断增长之间的矛盾。

（3）贷款特点。

① 贷款对象一般限于发展中国家和由成员国政府担保的公私机构，且贷款期限较长，利率比较优惠。

② 贷款一般与特定的项目相联系，贷款额度根据该项目所需外汇资金的一定比例确定，其余部分由借款国自己提供，专款专用，并接受世行监督；贷款项目的准备时间比较长，一般约需1～2年的准备时间。世界银行需要从技术、经济和环境等方面对每一贷款项目进行全面详细的调查与评估，以确定项目的可行性。

③ 手续严密，管理严格，贷款资金使用实行报账制。另外，使用世界银行贷款的项目，其货物采购、工程建设和咨询专家的聘请等，均需按照世界银行的有关采购指南，主要以竞争性招标的方式进行。

④ 世界银行的项目贷款不仅仅为项目提供建设资金，同时还帮助借款国引进技术，提供咨询和培训服务，改善项目和机构管理。

向会员国提供技术援助和人员培训是世界银行业务活动的重要组成部分。技术援助往往与贷款相结合，该行派出人员、专家帮助借款国进行项目的组织和管理，提高项目资金使用效益。世界银行还设立由该行直接领导的一所经济发展学院，其任务主要是为发展中国家培训中高级管理干部。世界银行也经常帮助会员国制订社会经济发展计划，为某些特殊问题提供咨询意见和解决方案。

此外，世界银行还进行社会经济调查和提供咨询服务。

5. 中国与世界银行的关系

与国际货币基金组织一样，世界银行建立时，中国也是创始会员国之一。新中国成立后，直到1980年5月15日，世界银行执行董事会才恢复我国在世界银行的地位，我国也向世界银行派出了理事与副理会。

我国与世界银行的业务往来要比国际货币基金组织多，这是由世界银行业务性质所决定的。中国截至2009年10月，总共向世界银行申请到项目贷款454亿美元，用于403个项目，可以说世界银行是中国改革开放30年来重要的见证者与参与者。世界银行贷款属于国际金融组织援助性贷款的一种，在我国交通、城市基础设施建设、能源、教育、环保等部门发挥了重要的作用，为我国经济的长期增长和扶贫作出了不可磨灭的贡献。

中国是迄今为止世界银行贷款项目最多的国家之一，世界银行贷款项目涉及我国国民经济的各个部门，遍及中国的大多数省、市、自治区。中国也是执行世界银行贷款项目最好的国家之一。世界银行的中国业务由世界银行驻中国代表处负责管理，代表处现有工作人员90多人。世界银行在中国的业务主管部门是财务部，主管世界银行中国援助计划的制订和实施。

2010年起，中国在国际复兴开发银行的投票权占总票权的4.42%，居第三位。

6. 世界银行贷款的获得程序

（1）银行与借款国洽谈提供贷款的可能性，以确定申请贷款的项目是否适合银行资助的类型。

（2）双方选定具体贷款项目。项目的选定至关重要，能否从借款国众多的项目中选出可行的项目，直接关系到世界银行贷款业务的成败，因此，世界银行对项目的选定工作历来非常重视。世界银行对项目的选定主要采取如下几种方式：与借款国开展各个方面的经济调研工作；制订贷款原则，明确贷款方向；与借款国商讨贷款计划；派出项目鉴定团。

（3）双方对贷款项目进行审查和评估。世界银行审查和评估的内容主要有五个方面，即技术、经济、财务、机构、社会和环境。项目评估基本上是由世界银行自己来完成的。

（4）双方就贷款项目进行谈判、签约。项目谈判一般先由世界银行和借款国双方商定谈判时间，然后由世界银行邀请借款国派出代表团到华盛顿进行谈判。双方一般就贷款协议和项目协定两个法律文件的条款进行确认，并就有关技术问题展开讨论。

（5）贷款项目的执行和监督。谈判结束后，借款国和项目受益人要对谈判达成的贷款协定和项目协定进行正式确认。在此基础上，世界银行管理部门根据贷款计划，将所谈项目提交世界银行执行董事会批准。项目获批准后，世界银行和借款国在协议上正式签字，借款国方可根据贷款条件，办理手续并将文件送世界银行进行审查。如手续齐备，世界银行宣布贷款协议正式生效，项目进入执行阶段。

（6）世界银行对贷款项目进行总结评价。即通过对完工项目执行清款，进行回顾，总结项目前几个周期过程中得出的经验和教训，评价项目预期受益的实现程度。

9.1.2　国际开发协会

国际开发协会成立于 1960 年 9 月 24 日，是世界银行的一个附属机构，总部设在华盛顿，是专门向低收入国家、发展中国家提供长期优惠贷款的一个国际金融组织。

1．国际开发协会的宗旨

国际开发协会的宗旨是对欠发达国家提供比世界银行条件优惠、期限较长、负担较轻、并可用部分当地货币偿还的贷款，以促进经济发展和居民生活水平的提高，从而补充世界银行的活动，促成世界银行目标的实现。

2．国际开发协会的组织机构

国际开发协会是世界银行的附属机构，与世界银行是“两块牌子，一套机构”，故有“第二世界银行”之称。协会的组织机构与世界银行相同，从经理到内部机构的人员均由世界银行相应机构的人员兼任，世界银行的工作人员也即协会的工作人员。

3．国际开发协会的资金来源

（1）会员国认缴的股本。会员国认缴股本数额按其在世界银行认购股份的比例确定。其中工业发达国家和南非、科威特等国认缴的股本需以可兑换货币支付；亚、非、拉等发展中国家所缴股本的 10%需以可兑换货币进行缴付，其余 90%以本国货币缴付。

（2）会员国提供的补充资金。会员国缴纳的股本有限，不能满足会员国不断增长的信贷需求。同时，协会又不能在国际金融市场发行债券来募集资金。因此，协会不得不要求会员国政府不时地提供补充资金，以满足其业务活动。

（3）世界银行的捐赠，即世界银行从其净收入中拨给协会的一部分款项，作为协会贷款的资金来源。

（4）业务收入。协会本身经营业务获得的净收入，也是资金来源的一部分。

4. 国际开发协会的主要业务活动

国际开发协会的主要业务活动是向低收入的贫穷国家提供长期的优惠贷款。协会规定，贷款对象为会员国政府或公、私企业，但实际上均向会员国政府发放。协会贷款主要用于发展农业、能源、交通运输、教育设施等部门。协会贷款的期限很长，通常为35～40 年，宽限期 10 年。偿还贷款时，可以全部或一部分使用本国货币偿还，贷款只收取 0.75%的管理费。因此，国际开发协会的贷款具有很明显的援助性质，是世界银行贷款的补充。

5. 我国与国际开发协会的关系

随着我国在世界银行席位的恢复，1980 年我国再次成为国际开发协会的会员国。在 20 世纪 90 年代，我国与国际开发协会的业务往来日益密切，国家开发协会对我国的贷款项目主要有：黄浦港项目 2500 万美元；教师培训项目 5000 万美元；大兴安岭森林火灾后恢复项目 5690 万美元；四川路建项目 5000 万美元贷款等。

截至 1999 年 7 月，国际开发协会共向中国提供了约 102 亿美元的软贷款。从 1999 年 7 月起，国际开发协会停止对中国提供贷款。2007 年 12 月，我国向国际开发协会捐款 3000 万美元。2010 年 12 月，我国承诺向国际开发协会第 16 次增资捐款 5000 万美元和按照世行法律条款双倍加速偿还借款，并在此基础之上自愿额外一次性提前偿还 10 亿美元借款。对于我自愿额外一次性提前偿还的 10 亿美元，世界银行折合成约 1.1 亿美元计入我国的直接捐款。

9.1.3 国际金融公司

国际金融公司也是世界银行的一个附属机构，于 1956 年 7 月成立。成立之初有会员国 31 个，截至 2004 年有 176 个成员国。我国于 1980 年 5 月恢复在国际金融公司的合法席位。

1. 国际金融公司的宗旨

国际金融公司的宗旨是为发展中国家的私人企业提供没有政府担保的贷款与投资，促进成员国的经济发展；鼓励私人资本流向发展中国家，支持当地资本市场的发展，推动私人企业的成长，促进成员国经济发展，从而补充世界银行的活动。

2. 国际金融公司的组织机构

国际金融公司在法律和财务上虽是独立的国际金融组织，但实际是世界银行的附属机构，管理办法和组织结构与世界银行相同。世界银行行长兼任公司总经理，也是公司执行董事会主席。公司的内部机构和人员多数由世界银行相应的机构、人员兼管。按照公司的规定，只有世界银行会员国才能成为公司的会员国。

3．国际金融公司的资金来源

（1）会员国认缴的股金，这是公司最主要的资金来源。国际金融公司最初的法定资本为 1 亿美元，分为 10 万股，每股 1000 美元。会员国认缴股金须以黄金或可兑换货币缴付。每个会员国的基本票为 250 票。此外，每认 1 股，增加 1 票。国际金融公司也进行了多次增资。

（2）通过发行国际债券，在国际资本市场借款。

（3）世界银行与会员国政府提供的贷款。

（4）业务收入。国际金融公司贷款与投资的利润收入。

4．国际金融公司的贷款

国际金融公司贷款只面向发展中国家的私营中小型生产企业，并且不要求会员国政府为偿还贷款提供担保。国际金融公司贷款的部门主要是制造业、加工业、采掘业、旅游业等。

国际金融公司贷款的方式：直接向私人生产性企业提供贷款；向私人生产性企业入股投资，分享企业利润，并参与企业的管理；上述两种方式相结合的投资。

国际金融公司贷款的期限一般为 7～15 年，还款时需用原借入货币进行支付，贷款的利率不统一，视投资对象的风险和预期收益而定，但一般高于世界银行贷款的利率。对于未提用的贷款资金，公司按年率收取 1%的承诺费。

5．我国与国际金融公司的关系

与国际开发协会一样，我国恢复在世界银行的合法席位后，自然也成为国际金融公司的会员国。中国目前是国际金融公司投资增长最快的国家之一，是国际金融公司投资的第九大国。国际金融公司在中国通过向具有示范作用的项目提供融资，来推动私营部门的发展。国际金融公司在中国投资的重点是：

（1）通过有限追索权的项目融资的方式，帮助项目融通资金；

（2）促进地方非国有部门的发展；

（3）促进金融行业的进一步开放及现代化；

（4）注重向中西部投资；

（5）鼓励私营企业参与基础设施建设；

（6）支持国有企业改革。

小资料

世行国际金融公司向我国清洁能源项目发放贷款

世界银行下属的国际金融公司（IFC）2006 年 5 月 11 日下午与云南中大盐津发电公司在杭州签署投资协议。这是 IFC 首度向中国清洁能源项目发放贷款。

根据协议，IFC 将向云南中大盐津发电公司在云南省盐津县的小水电项目提供 2200 万美元的贷款。IFC 的合作伙伴德国投资与开发公司（DEG）和法国开发署控股的 Por parco 公司将分别提供 1300 万美元和 1000 万美元的贷款。贷款期限均为 15 年。这也是 IFC 首度在云南省投资项目。云南中大盐津发电公司是由浙江中大集团相对控股的中外合资股份制企业。这一项目将在流经盐津县的白水江上建设和运营三座径流式发电站，总装机容量为7.8万千瓦。工程2004年6月开工，2006年年底全部建成，总投资6亿元人民币。据IFC测算，这一项目将在30年内的运营期内，每年提供3.8亿度的电力，并可减少800万吨温室气体排放。

IFC是唯一面向发展中国家私营部门的世行下属机构，从1985年起它在中国已经投资了101个项目，共计24.51亿美元。公司执行副总裁拉尔斯·特内尔表示，IFC将支持中国开发清洁能源和可再生能源，特别是鼓励私营企业开发清洁能源和可再生能源，相信这一项目将会产生巨大的示范作用。

（资料来源：中国能源网2006—05—19。）

9.1.4 其他机构

1. 多边投资担保机构

多边投资担保机构是世界银行集团的最新成员，创建于1988年，该机构的任务是通过减少非商业投资障碍，鼓励股本投资和其他直接投资流入发展中国家。

多边投资担保机构对以下四类风险提供担保：

（1）由于投资所在国政府对货币兑换和转移的限制而造成的转移风险。

（2）由于投资所在国政府的法律变动而造成投资者丧失投资所有权、控制权的风险。

（3）在投资者无法进入主管法庭，或这类法庭不合理地拖延时，政府撤销与投资者签订的合同而造成的风险。

（4）武装冲突和国内动乱造成的风险。

2. 解决投资纠纷国际中心

解决投资纠纷国际中心是世界银行下属的非财务机构。它是为解决一国国民与其他国民之间投资争端而于1966年建立的机构。我国于1990年2月在该公约上签字。解决投资纠纷国际中心的任务是调节和仲裁政府和外国投资者之间的纠纷，从而使国际投资更多地流向发展中国家。为了推动其促进投资目标的实现，还在外国投资法领域开展一系列的研究和出版工作。

知识链接

中国与世界

随着经济的发展，中国也应当逐步从一个受援者的角色向援助者的角色转变，积极支持其他发展中国家的经济发展。将自身的发展经验，特别是技术进步、政策选择、人力资源开发、制度建设与创新方面的经验，向发展中国家介绍，从而为发展中国家的经济增长、结构转型、社会发展与可持续发展等提供积极的“知识贡献”。政府要鼓励国内企业对发展中国家投资，如利用出口信贷鼓励国内企业进行高技术出口、资源开发、基础设施建设等；进一步加大对发展中国家官方援助额，开展多方面的发展援助或优惠贷款；与发展中国家全面地分享发展经验；与发展中国家共同开展社会环保领域的国际合作；减免贫困国家的债务；积极帮助发展中国家培养各类人才，促进其与人力资源开发方的广泛合作；率先向发展中国家开放市场，实行免关税待遇。另外，中国要积极参与全球反贫困行动，积极参与全球可持续发展进程，关注环境，关注自然资源，关注水处理，落实国家“十二五”规划及西部大开发中的可持续发展战略。

（资料来源：http://economy.guoxue.com/?p=5888）

9.2 国际货币基金组织

国际货币基金组织（LMF）是联合国的一个专门机构，是为促进国际经济合作、维持国际经济秩序稳定而建立的，由主权国家自愿参加的多边合作组织。

9.2.1 国际货币基金组织概述

1．国际货币基金组织的宗旨

根据《国际货币基金组织协定》的规定，国际货币基金组织的宗旨为：通过设立一个常设机构，就国际货币问题进行磋商，促进国际货币合作；促进国际贸易平衡发展，开发所有成员国的生产性资源，提高就业率和收入水平；促进汇率的稳定，保持成员国之间有秩序的汇兑安排，避免竞争性通货贬值；协助建立成员国之间经常性交易的多边支付体系，取消阻碍国际贸易发展的外汇管制；在有充分保障的前提下，向成员国提供暂时性资金融通，增强其信心，使其有机会在无须采取有损于本国和国际经济繁荣的情况下，纠正其国际收支失衡问题；缩短成员国国际收支失衡时间，以减轻失衡的程度。

2．国际货币基金组织的组织机构

到 2008 年 4 月，国际货币基金组织共有 185 个成员国或地区。会员国分为两类：凡参加布雷顿森林会议，并于 1945 年 12 月 31 日前在《协定》上签字的国家为创始会员国，在此之后参加的国家为其他会员国。

IMF 的组织机构由理事会、发展委员会、临时委员会、总裁、执行董事会和若干业务职能机构组成，如图 9.1 所示。

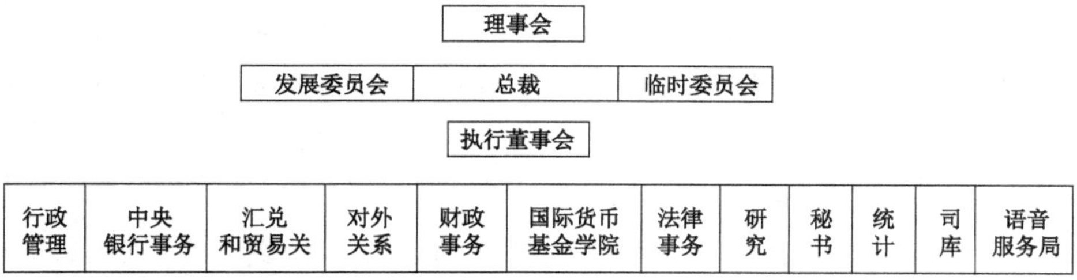

图 9.1　国际货币基金组织的结构图

理事会是IMF的最高决策机构，其成员由各国中央银行行长或财政部长组成。理事会的主要职责是：批准接纳新会员国，调整基金份额，修改基金协议等有关国际货币制度的重大问题。理事会每年举行一次会议，必要时可举行特别会议。1974年10月，设立了由20个会员国部长级代表组成的附属机构“临时委员会”，每年举行3～4次会议。临时委员会的决议在大多数情况下等于理事会的决议，因而成为事实上的决策机构。

执行董事会是IMF的常设机构，负责日常行政工作和处理日常业务。它由在IMF内占有份额最多的6个会员国（美、英、法、日本、德国和沙特阿拉伯）各指派一名执行董事，其他会员国按地理区域划分16个选举集团，各推选一名执行董事，我国和俄罗斯为单独选取，也各自单独指派执行董事一名。每名执行董事指派副执行董事一名，在执行董事缺席时代行职权。执行董事不得兼任理事，每两年由会员国指派或改选一次。

理事或执行董事按所代表国家的投票权进行投票；由会员国联合推选的执行董事，则按照这些国家加在一起的投票权进行投票。

总裁由执行董事会推选，兼任执行董事会主席，总管IMF的业务工作，是最高行政领导人。通常情况下不参加董事会的投票，只有在执行董事会进行表决，出现赞成票和反对票数量相等时，可以投决定票。

小资料

国际货币基金组织的成立

国际货币基金组织，是根据1944年7月在布雷顿森林会议签订的《国际货币基金协定》，于1945年12月27日在华盛顿成立的。

第二次世界大战后，英、美等国为了稳定战后的国际货币金融，决定成立一个国际性的常设金融机构，国际货币基金组织就是适应这种需要而成立的。1947年11月15日国际货币基金组织成为联合国的专门机构之一。

国际货币基金组织所在地是美国的华盛顿，现在该组织已有一百多个成员国。它的主要任务是：促进国际货币合作，便利国际贸易的扩大与平衡发展；促进汇兑稳定，维持有程序的汇兑安排，并避免竞争性的外汇贬值；协助建立关于成员国之间货币交易的多边支付制度和消除阻碍世界贸易的外汇限制。它的最高权力机构是理事会，由各成员国委派理事和副理事各一人组成。执行董事会负责日常工作，董事会之下按地区和职能设置许多业务部门。该组织的主要活动是组织成员国按议定的份额筹集资金，通过贷款调整其成员国国际收支的暂时失调。该组织在1969年创设了“特别提款权”，这是作为基金组织成员国原有提款权以外的一种补充，也是国际流通手段的一个补充。特别提款权根据成员国所缴的份额按比例分配，它可以同黄金和外汇一起用作成员国的货币储备，现被货币基金等组织作为其份额、贷款的计账单位。该组织的资金主要来自会员国缴纳的基金份额和在国际资金市场上的借款。

国际货币的贷款仅限于向会员国政府发放，主要用于解决会员国国际收支不平衡；贷款额度与会员国缴纳的份额成正比；贷款采取由会员国用本国货币向基金组织申请换购外汇的方式，亦称购买或提取；还款时，以黄金或外汇买回本国货币，称为购回。基金组织发放的贷款种类有：普通贷款、出口波动补偿贷款、缓冲存货贷款、石油贷款、中期贷款、信托基金和补充贷款等。

国际货币基金组织于1980年4月恢复了我国的合法席位。我国已在该组织设立了执行董事办公室，参与货币基金的管理，基金组织也向我国提供一定的技术援助，并帮助培训金融管理人员。

9.2.2　国际货币基金组织的资金来源

1. 份额

基金组织的份额是其最主要的资金来源，它相当于股东加入股份公司的股金。在 1978 年 4 月 1 日之前，成员国缴纳份额的 75%以本国货币支付，其余 25%以黄金支付。1978 年 4 月 1 日之后，份额的 25%不再要求以黄金支付，而是以基金组织规定的储备资产（特别提款权或可兑换货币）缴纳。

会员国缴纳的份额，除作为 IMF 发放短期信贷的资金来源外，份额的大小对会员国还有两方面作用，一是决定会员国从 IMF 借款数额和定期分配特别权的数额，二是决定会员国的投票权。由此可见，份额大小是十分重要的，它决定了 IMF 的融资能力，决定了各会员国在 IMF 的义务、权利和地位。

2. 借款

借款是 IMF 的另一资金来源，它不仅可以向各会员国官方机构借款，也可以向私人和商业银行借款。IMF 的借款也以特别提款权计值，大部份期限为 4～7 年，小部分为 1～3 年，平均 5 年左右。IMF 借款的主要特点是：除国际清算银行外，贷款人如果发生国际收支困难，可以提前收回贷款。因此，基金组织的借款具有很高的流动性，贷款国往往将这部分贷款视为储备的一部分。

3. 信托基金

1976 年 1 月，IMF 将其持有黄金的 1/6（2500 万盎司）分 4 年以市场价出售，以所得利润的一部分作为信托基金的资金来源，按优惠条件向低收入发展中国家提供贷款。

9.2.3　国际货币基金组织的业务活动

国际货币基金组织为实现其宗旨，开展汇率监督、政策协调、贷款、储备资产创造等业务活动。

1. 汇率监督

汇率监督是国际货币基金组织一项重要职能，要求会员国提供必要的资料进行汇率政策磋商；或者国际货币基金组织收集所需资料，以全面估价会员国的汇率政策。具体而言，国际货币基金组织在下列原则下监督成员国的汇率政策：成员国不得操纵汇率阻碍国际收支平衡的调节；在对付该国汇率短期变动造成混乱时，国际货币基金组织可命令其他成员国干预该国的外汇市场；在实施干预政策时应适当考虑其他成员国的利益。

2. 政策协调

国际货币基金组织一般根据对世界经济形势定期审查结果进行特别磋商。磋商的目的是，使国际货币基金组织能够履行监督成员国汇率政策的责任；有助于国际货币基金组织了解成员国的经济发展和政策措施，以便能够迅速处理成员国申请贷款的要求。磋商的周期一般是每年举行一次。除定期磋商以外，国际货币基金组织还与成员国进行非正式的秘密磋商或临时磋商。磋商的一般程序如下所述。

（1）磋商前的准备。在磋商前，基金组织职员提供一份近期经济发展报告，介绍相关国家的一般经济金融形势和近期发展，如外汇安排、外汇管制、汇率政策等。

（2）实地考察。基金组织派代表团进行两周左右的调查，做出一份关于考察内容和政策建议的详细报告，提交执行董事会研究。

（3）执行董事会讨论考察报告并做出决议。执行董事会接到代表团报告后，一般在三至四周内进行讨论，被考察国家的执行董事应参加讨论，并对该国的经济状况进行说明，听取其他董事对该国经济状况的评价。讨论结束后，国际货币基金组织提出加强该国经济薄弱环节的建议，提交成员国政府。

总之，磋商主要是由执行董事会做出结论，促使成员国不要实行违反国际货币基金组织协定的政策。

3．贷款业务

贷款业务是国际货币基金组织最主要的业务活动。贷款的特点主要体现在以下三个方面：贷款的对象是会员国政府，即只与会员国的财政部、中央银行、外汇平准基金组织或其他类似的机构往来；贷款的用途，为弥补会员国因经常项目收支而发生的国际收支不平衡；贷款的规模，同会员国向 IMF 缴纳的份额成正比。

贷款的种类也多种多样，主要包括：普通贷款、出口波动补偿贷款、缓冲库存贷款、石油贷款、信托基金贷款、补充贷款、结构调整贷款和制度转型贷款等几种形式。其中普通贷款是基金组织最基本的贷款，用于满足会员国出现国际收支逆差时的资金需要。

（1）普通贷款。普通贷款是基金组织最基本的贷款，用于满足会员国出现国际收支逆差时的资金需要。其主要规定如下：各会员国借取普通贷款的最高额度为会员国所缴份额的125%，贷款期限为3～5年，利率随期限递增，第一年利率为4.375%，1～2年为4.875%，2～3年为5.375%，3～4年为5.875%，4～5年为6.375%。

普通贷款分为储备部分贷款和信贷部分贷款。储备部分贷款，也称黄金份额贷款，即会员国申请不高于本国所缴份额25%的贷款，可自动提用，无须特殊批准。信贷部分贷款，即会员国申请贷款的额度在其所缴份额25%～125%。信贷部分贷款又有4个档次，每个档次均占份额的25%。会员国使用完储备部分贷款之后，可依次使用第一、二、三、四档信贷部分。

（2）出口波动补偿贷款。出口波动补偿贷款设立于1963年，主要用于初级产品出口国出口收入下降，发生国际收支困难时，可在原有的普通贷款之外，另向 IMF 申请此项贷款。这项贷款额度最初规定为会员国份额的25%，1966年9月提高到份额的50%，后提高到75%，1979年8月以后又提高到份额的100%。借取这项贷款的条件为：出口收入的下降是短期性的，且是会员国本身不能控制的原因造成的；借款国有义务与 IMF 合作采取适当措施解决其国际收支困难。此项贷款期限为3～5年，要求借款国的出口收入一旦恢复，要尽早归还。

（3）缓冲库存贷款。缓冲库存贷款设立于1969年6月。主要用于支持初级产品出口国稳定国际市场，建立国际缓冲库存的资金需要。贷款额度可达借款国份额的50%，期限为3～5

年。由于此项贷款与出口波动补偿贷款的目的联系密切，特规定此项贷款与出口波动补偿贷款的总额度不得超过借款国缴纳份额的 75%。

（4）石油贷款。石油贷款设立于 1974 年 6 月，专门向 1973 年因石油涨价而引起国际收支困难的发达国家和发展中国家发放的临时性贷款。该种贷款是专项贷款，资金由石油输出国（如沙特阿拉伯、伊朗、科威特、委内瑞拉等）和发达国家（如原西德、荷兰、瑞士等）借入，专款专用。1974 年此项贷款的最高额度为份额的 75%，1975 年提高到 125%，但贷款条件比 1974 年要求严格，贷款期限为 3～7 年，要求按季度分 16 次归还，利率高于普通贷款。为减轻最困难的发展中国家借取石油贷款的利息负担，1975 年 IMF 决定建立利息贴补账户，其资金来源由 24 个发达国家和石油输出国捐献。到 1976 年 5 月，此项贷款资金已全部贷出，贷款即告结束。

（5）信托基金贷款。信托基金贷款的条件是：①第一期为 1973 年人均国民收入不超过 360 美元（约合 300SDRs）的国家，第二期为 1975 年人均国民收入不超过 520 美元（约合 444.19SDRs）的国家；②申请贷款国的国际收支、外汇储备和其他发展情况经 IMF 审核证实确有资金需要，而且又有调整国际收支的适当计划。信托资金贷款按年率 0.5%的利率收息，10 年期限，支用五年半后开始还款，每半年一次，分 10 次还清。

（6）补充贷款。该贷款设立于 1977 年 8 月，用于补充普通贷款的不足，贷款资金由石油输出国和有国际收支顺差的发达国家提供，总额为 100 亿美元。

（7）结构调整贷款。该贷款设立于 1986 年 3 月，IMF 设立这项贷款是想通过提供利率为 0.5%～1%，期限可长达 10 年的优惠贷款，促使低收入会员国制定和执行全面的宏观经济调整和结构改革政策，以恢复经济增长和改善国际收支，从而解决它们长期存在的国际收支困难。

（8）制度转型贷款。该贷款设立于 1993 年 4 月，IMF 设立这项贷款是为了帮助成员国克服从计划经济向市场经济转变过程中出现的国际收支困难，属于专项贷款。贷款的最高限额为份额的 50%，期限为 4～10 年，贷款分两次拨给。

4．储备资产的创造

在 1969 年的年会上，国际货币基金组织正式通过了十国集团提出的特别提款权方案，决定创设特别提款权，补充国际储备的不足。特别提款权于 1970 年 1 月开始正式发行，会员国可以自愿参加提款权的分配，目前除了个别国家以外，大部分会员国都是账户的参加国。基金组织按会员国缴纳的份额分配特别提款权，分配后即成为会员国的储备资产，当会员国发生国际收支赤字时，可以用特别提款权偿付债务，或用于偿还 IMF 的贷款。

此外，国际货币基金组织还在其专长领域内向成员国政府和中央银行提供技术援助和培训服务。

9.2.4　中国与国际货币基金组织的关系

1945 年国际货币基金组织成立时，我国是创始会员国之一，但 1980 年以前中国在国际货币基金组织的席位一直被中国台湾当局占据。1971 年我国恢复在联合国的合法席位，在联合国各专门机构的合法席位也相继恢复。经过积极交涉，我国政府与国际货币基金组织于1980年4月初在北京达成协议，国际货币基金组织执行董事会于同年4月17日正式通过决议，决定恢复中国的合法席位。

1980年中国恢复在国际货币基金组织的合法席位后，与国际货币基金组织商定把中国的份额从5.5亿特别提款权提高到12亿。到2008年，我国在国际货币基金组织的份额进一步提高，增加到3.397%，排名第6位。此外，我国在国际货币基金组织单独选派执行董事，并且是临时委员会成员，参加基金组织日常业务处理工作。

小资料

俄罗斯将购买国际货币基金组织债券

中广网北京2009年6月1日消息：俄罗斯副总理兼财政部长库德林1日告诉媒体，俄罗斯总理普京日前已致信国际货币基金组织，表示俄方将动用100亿美元购买其债券。库德林说，普京在信中表示，希望国际货币基金组织对乌克兰的国际收支平衡状况做进一步研究后为该国提供必要支持，以避免出现乌方无力向俄方支付天然气费用的情况。库德林说，在国际货币基金组织和欧盟共同参与的条件下，俄罗斯准备向乌克兰提供帮助。

另据俄罗斯政府官方网站报道，普京在信中指出，俄方购买国际货币基金组织债券的资金应首先用于帮助独联体国家，其中包括帮助乌克兰解决能源领域的问题。

今年4月举行的二十国集团伦敦金融峰会决定将国际货币基金组织的资金规模从2500亿美元提高到7500亿美元，其中部分资金将通过发行债券来募集。俄罗斯总统梅德韦杰夫在峰会结束后责成俄政府研究购买国际货币基金组织债券的可行性。

（资料来源：中广网）

9.3 其他国际金融机构

9.3.1 国际清算银行

国际清算银行成立于1930年，同年正式开业，是世界上历史最悠久的国际金融机构，时至今日，它在国际中心银行的运行中仍起着举足轻重的地位。现在，世界上绝大多数国家的中央银行都与国际清算银行建立了业务关系。除国际货币基金组织和世界银行集团外，国际清算银行已经成为最重要的国际金融机构。

1. 国际清算银行的宗旨与业务

国际清算银行的宗旨是促进各国中央银行之间的合作，为国际金融运作提供便利，在国际清算中充当代理人角色。

根据国际清算银行的章程的规定，有权进行下列业务活动。

（1）办理国际清算业务。二战后，国际清算银行先后成为欧洲经济合作组织、欧洲支付同盟、欧洲煤钢联营、黄金总库、欧洲货币合作基金等国际机构的金融业务代理人，承担着大量的国际结算业务。

（2）办理或代理其他银行业务。二战后，国际清算银行业务不断拓展，目前可从事的业务主要有：接受成员国中央银行的黄金或货币存款；买卖黄金和货币，买卖可供上市的证券；向成员国中央银行贷款或存款，也可与商业银行和国际机构进行类似业务，但不得向政府提供贷款或以其名义开设往来账户。目前，世界上很多中央银行在国际清算银行存有黄金和硬通货，并获取相应的利息。

（3）推进国际货币合作，促进各国中央银行之间的合作。国际清算银行定期在巴塞尔举行西方主要国家中央银行的行长会议，商讨有关国际金融问题，协调有关国家的金融政策。

2. 国际清算银行的组织机构

国际清算银行是以股份公司的形式建立的，因此它的组织机构符合一般股份公司组织机构的特点，即包括股东大会、董事会、办事机构。国际清算银行的最高权力机关为股东大会，股东大会每年 6 月份在巴塞尔召开一次，只有各成员国中央银行的代表参加表决。董事会是国际清算银行的经营管理机构，由 13 名董事组成。国际清算银行下设银行部、货币经济部、法律处、秘书处等办事机构。

9.3.2 其他区域性金融组织

1. 亚洲开发银行

亚洲开发银行（简称亚行）创建于 1966 年，是亚洲、太平洋地区的区域性政府间金融机构。它不以盈利为目的，而以提供援助为宗旨，其总部设在菲律宾首都马尼拉。目前，亚行已有 58 个成员国，其中 42 个来自本地区，16 个为非本地区成员。亚行开展业务经营的资金来源有三部分：一是普通资金来源，主要用于亚行的硬贷款业务；二是亚洲开发基金，用于亚行的软贷款业务；三是技术援助特别基金，专门用于以赠款形式进行的技术援助。除此以外，亚行还从日本政府获得特别基金，并从其他资金渠道安排联合融资。亚洲开发银行贷款种类采用两种划分标准：

（1）按贷款条件划分，亚洲开发银行贷款可分为硬贷款、软贷款和赠款三类。硬贷款是由亚行普通资金提供的贷款，利率为浮动利率，每半年调整一次，贷款期限为 10～30 年，含 2～7 年宽限期。软贷款即优惠贷款，仅提供给人均国民收入低于 670 美元（1983 年价格），而且还债能力有限的成员国，贷款期限为 40 年，含 10 年宽限期，免收利息，仅收 1%的手续费。赠款用于技术援助，资金来源于亚行的技术援助特别基金，一般金额不大。

（2）按贷款方式划分，可以分为项目贷款、规划贷款、部门贷款和联合贷款。项目贷款，为会员国发展规划的具体项目提供贷款。项目贷款是亚洲开发银行传统的、主要的贷款方式，该项贷款的取得必须满足项目的经济效益好、有利于借款国的经济发展、借款国有较好资信三个条件。规划贷款，对成员需要优先发展的部门或其所属部门提供贷款，扩大生产能力，使其产业结构更趋合理化，该项贷款采取分期提供资金、分期执行的方式。部门贷款，对与项目有关的投资进行援助的一种形式，它是为提高所选择的部门或其分部门的执行机构的技术管理能力而提供的贷款。联合贷款，是亚行与区外经济实体共同为会员国提供某一开发项目的融资。

小资料

亚洲开发银行向中国风能项目提供2400万美元贷款

2009年7月8日cnwindpower报道，总部位于马尼拉的亚洲开发银行向中国内蒙古的一家私营公司提供2400万美元的贷款建设风能项目，以帮助该地区战胜气候变化的需要。该风能项目总投资7300万美元，是内蒙古的一家私营公司与日本公司合资建设的，这是第一个中日合资的风能项目。亚洲开发银行官员指出，由于缺乏合理的融资条件而阻碍了在中国发展清洁能源的项目。该项目将作为将来中国国有企业与外国企业在再生能源项目方面合资合作的典范，同时也鼓励中国的私营企业投资风能项目。

（资料来源：中国风力发电信息网转载驻伊朗经商参处子站）

2．亚洲投资银行

亚洲基础设施投资银行（Asian Infrastructure Investment Bank，AIIB）简称亚投行，是一个政府间性质的亚洲区域多边开发机构，重点支持基础设施建设，总部设在北京。

2013年10月2日，习近平主席提出筹建倡议，2014年10月24日，包括中国、印度、新加坡等在内21个首批意向创始成员国的财长和授权代表在北京签约，共同决定成立亚洲基础设施投资银行。

截至2015年4月15日，亚投行意向创始成员国确定为57个，其中域内国家37个、域外国家20个。涵盖了主要西方国家，以及亚欧区域的大部分国家，成员遍及五大洲。其他国家和地区今后仍可以作为普通成员加入亚投行。

亚洲基础设施投资银行主要业务是援助亚太地区国家的基础设施建设。在全面投入运营后，亚洲基础设施投资银行将运用一系列支持方式为亚洲各国的基础设施项目提供融资支持——包括贷款、股权投资以及提供担保等，以振兴包括交通、能源、电信、农业和城市发展在内的各个行业投资。

亚投行的法定资本为1000亿美元，初始认缴资本目标为500亿美元左右，实缴资本为认缴资本的20%。

亚投行的创立意义：

第一，它对促进亚洲国家经济发展与区域经济一体化具有重要意义。创建亚洲基础设施投资银行，通过公共部门与私人部门的合作，有效弥补亚洲地区基础设施建设的资金缺口，推进了亚洲区域经济一体化建设。

第二，有利于扩大全球投资需求，支持世界经济复苏。

第三，有利于通过基础设施项目，推动亚洲地区经济增长，促进私营经济发展并改善就业。

第四，通过提供平台将本地区高储蓄率国家的存款直接导向基础设施建设，实现本地区内资本的有效配置，并最终促进亚洲地区金融市场的迅速发展。

3. 泛美开发银行

泛美开发银行是由美洲及美洲以外国家联合建立的向拉丁美洲国家提供贷款的区域性金融机构，成立于 1959 年 4 月，1960 年 10 月开始营业，行址设在华盛顿。该行创办时有成员国 21 个，到 1987 年 10 月增加到 45 个。其宗旨是集中美洲内外的资金，向成员国政府及公私团体的经济、社会发展项目提供贷款，或对成员国提供技术援助，以促进拉丁美洲国家的经济发展与合作。资金来源是成员国认缴的股本和银行借款。主要经济业务是向成员国提供贷款，包括普通业务贷款和特种业务基金贷款。

4. 欧洲投资银行

欧洲投资银行是欧洲经济共同体各国政府间的一个金融机构，成立于 1958 年 1 月，总行设在卢森堡。该行的宗旨是利用国际资本市场和共同体内部资金，促进共同体的平衡和稳定发展。为此，该行的主要贷款对象是成员国不发达地区的经济开发项目。从 1964 年起，贷款对象扩大到与欧共体有较密切联系或有合作协定的共同体外的国家。

案例分析示例

国际金融公司贷款 5 千万美元建设马旅游岛

世界银行的下属机构国际金融公司（IFC）向香格里拉酒店集团贷款 5 千万美元，共同开发建设马尔代夫南部岛屿。据介绍，香格里拉酒店集团将在威力格里岛（Villingili）建造一家拥有 142 个床位的酒店。该项投资将直接创造 300 个就业岗位，并间接创造 2000 个建筑业就业机会。

结合上述材料回答下列问题:

1. 国际金融公司贷款的资金来源

（1）会员国认缴的股金，这是公司最主要的资金来源。国际金融公司最初的法定资本为 1 亿美元，分为 10 万股，每股 1000 美元。会员国认缴股金须以黄金或可兑换货币缴付。每个会员国的基本票为 250 票。此外，每认 1 股，增加 1 票。IFC 也进行了多次增资。

（2）通过发行国际债券，在国际资本市场借款。

（3）世界银行与会员国政府提供的贷款。

（4）业务收入。国际金融公司贷款与投资的利润收入。

2. 国际金融公司该笔贷款采取的是什么方式

国际金融公司贷款的方式：直接向私人生产性企业提供贷款；向私人生产性企业入股投资，分享企业利润，并参与企业的管理；上述两种方式相结合的投资。该笔贷款属于直接向私人企业提供贷款公司。

3. 该笔贷款与国际金融公司的业务宗旨是否一致，为什么

一致，国际金融公司的业务宗旨是：为发展中国家的私人企业提供没有政府担保的贷款

与投资，促进成员国的经济发展；鼓励私人资本流向发展中国家，支持当地资本市场的发展，推动私人企业的成长，促进成员国经济发展，从而补充世界银行的活动。同时，贷款的部门主要是制造业、加工业和采掘业、旅游业等。所以，该笔贷款与国际金融公司的业务宗旨是完全一致。

（文章来源：斯里兰卡经商处）

本章小结

1. 世界银行集团，简称世界银行，是联合国的专门机构之一，包括国际复兴开发银行、国际开发协会、国际金融公司、多边投资担保机构、解决投资争端国际中心五个紧密联系的机构。世界银行向会员国提供长期贷款，协助发展中国家发展生产、开发资源，促进战后经济的复兴的组织。

2. 国际货币基金组织是联合国系统专门为促进国际货币与金融合作而建立的、由主权国家自愿参加的多边合作组织。国际货币基金组织的设立是为了促进国际经济合作、维持国际经济秩序稳定基金组织的资金来源主要有：基金组织的份额、借款和信托基金。国际货币基金组织为实现其宗旨，开展汇率监督、政策协调、贷款、储备资产创造等业务活动。

3. 国际清算银行的宗旨是促进各国中央银行之间的合作，为国际金融运作提供便利，在国际清算中充当代理人角色。业务活动包括办理国际清算业务、办理或代理其他银行业务以及推进国际货币合作，促进各国中央银行之间的合作。

4. 其他区域性金融组织主要有亚洲开发银行、泛美开发银行和欧洲投资银行。

5. 本章的教学重点是世界银行和国际货币基金组织的资金来源和业务活动；教学难点是世界银行贷款的获得程序。

课后练习

技能训练

1. 判断题

（1）国际货币基金组织的最高权力机构是理事会。（ ）

（2）国际货币基金组织的投票原则与世界贸易组织的投票原则一致，都是一国一票制。（ ）

（3）份额决定国际货币基金组织会员国分得的特别提款权的多少。（ ）

（4）国际货币基金组织的普通贷款是无条件的。（ ）

（5）国际货币基金组织的贷款有中长期贷款，也有短期贷款。（ ）

（6）国际货币基金组织于1945年年底成立，总部设在美国首都华盛顿。（ ）

（7）国际金融公司可以对成员国私人企业提供贷款，但需要政府提供担保。（　　）

（8）世界银行的贷款对象一般限于发展中国家和由成员国政府担保的公私机构（　　）

（9）中国是国际货币基金组织的创始会员国，但不是世界银行的创始会员国。（　　）

（10）国际金融公司贷款面向发展中国家的私营中小型生产企业，且要求会员国政府提供担保。（　　）

2. 模拟世界银行贷款程序

世行贷款林业项目的基本情况

世行四期项目宗旨是增加木材生产以及林副产品，弥补由于天然林禁伐所产生的木材供需缺口，同时增加职工和农户的就业机会及收入。

该项目由太原市的清徐县、晋源区和朔州市的山阴县、怀仁县、应县等2市5县（区）以及省林业局承担，计划营造用材林2220公顷，经济林5180公顷，中幼抚育林6255公顷，改扩建苗圃23个。

该项目总投资11562万元，其中，世行贷款700万美元，折人民币5810万元，国内配套5752万元。

该项目建设期6年，实施期17年，从2002年年底正式启动，2003年开始实施营林等安排。

该项目贷款部分也分两部分转贷，一部分400万美元，通过省、市、县财政系统转贷，由县财政负责还本付息，另一部分300万美元，由省林业局负责还本付息。

半年浮动一次。同时，在贷款生效时，世界银行按贷款总额的1%收取项目先征费，该先征费从项目贷款账户直接扣除。未报账部分贷款按0.75%收取承诺费。

根据所学知识，结合以上资料模拟世界银行贷款程序（利用网络、杂志等资源）。

复习思考

1. 名词解释

世界银行　国际货币基金组织　国际开发协会　国际金融公司　国际清算银行
亚洲开发银行　泛美开发银行　欧洲投资银行

2. 填空题

（1）泛美开发银行是向拉丁美洲国家提供贷款的区域性金融机构，行址设在__________。

（2）国际货币基金组织最主要的资金来源是____________。

（3）欧洲投资银行是欧洲经济共同体各国政府间的一个金融机构，贷款的主要对象是______________。

（4）__________的任务是调节和仲裁政府和外国投资者之间的纠纷。

（5）__________是世界银行集团的最新成员，创建于1988年。

3. 单项选择题

（1）IMF 向会员国发放信贷的规模与会员国（　　）成正比。
A. 所缴纳的份额　　B. 对资金需要的规模
C. 贫穷程度　　D. 外汇储备的缺乏程度

（2）特别提款权是（　　）。
A. 欧洲经济货币联盟创设的货币
B. 欧洲货币体系的中心货币
C. IMF 创设的储备资产和记账单位
D. 世界银行创设的一种特别使用资金的权利

（3）国际货币基金组织的最高权力机构是（　　）。
A. 执行董事会　　B. 发展委员会　　C. 临时委员会　　D. 理事会

（4）国际货币基金组织的常设机构是（　　）。
A. 执行董事会　　B. 发展委员会　　C. 临时委员会　　D. 理事会

（5）国际清算银行建立时间是（　　）。
A. 1973 年　　B. 1947 年　　C. 1945 年　　D. 1930 年

（6）在下列国际金融机构中，目前停止对我国提供贷款的组织是（　　）。
A. 国际开发协会　　B. 国际金融公司
C. 世界银行　　D. 国际货币基金组织

4. 多项选择题

（1）国际货币基金组织的资金来源主要有（　　）。
A. 份额　　B. 借款　　C. 信托基金　　D. 业务收入

（2）世界银行最主要的业务活动是向发展中国家提供（　　）。
A. 贷款　　B. 投资　　C. 技术援助　　D. 汇率监督

（3）下列各项，属于国际货币基金组织的贷款的为（　　）。
A. 普通贷款　　B. 出口波动补偿贷款
C. 缓冲库存贷款　　D. 信托基金贷款

（4）世界银行集团包括（　　）。
A. 复兴开发银行　　B. 国际开发协会
C. 国际金融公司　　D. 国际清算银行

（5）下列各项，属于世界银行的贷款的为（　　）。
A. 项目贷款与非项目贷款　　B. 技术援助贷款
C. 第三窗口贷款　　D. 联合贷款

（6）世界银行的资金来源包括（　　）。
A. 会员国缴纳的股金　　B. 借款
C. 业务收入　　D. 债券转让

5．简答题

1．世界银行的贷款业务有哪些特点？
2．简述世界银行的贷款条件和程序。
3．简述国际货币基金组织的资金来源和主要业务活动。
4．国际货币基金组织的宗旨有哪些？
5．简述国际清算银行的业务。

参 考 文 献

[1] 吕鹰飞，高建侠，《国际金融实务》，中国财政经济出版社，2015.

[2] 王晓光，《国际金融》，清华大学出版社，2013.

[3] 方洁，刘燕，《国际金融概论》，中国金融出版社，2006.

[4] 石月华，《国际金融》，东北财经大学出版社，2014.

[5] 杨峰，贾宪军，《国际金融》，清华大学出版社，2014.

[6] 姜波克，《国际金融新编》，复旦大学出版社，2014.

[7] 刘金波，《国际金融》，中国人民大学出版社，2013.

[8] 倪信琦，李杰辉《国际金融》，中国人民大学出版社，2014.

[9] 姜丽凡，侯迎春《国际金融》，东北师范大学出版社，2014.

[10] 陈雨露，《国际金融》，中国人民大学出版社，2011.

[11] 唐树伶，《国际金融》，南开大学出版社，2010.

[12] 刘淑娥，赵秀艳，《国际金融理论与实务》，清华大学出版社，2012.

[13] 赵海荣，梁涛，《国际金融》，中国金融出版社，2012.

[14] 江暮红，《国际金融》，经济科学出版社，2013.

[15] 李军燕，楼昳江，《国际金融》，东北财经大学出版社，2015.